O DIA EM QUE LACAN ME ADOTOU

GÉRARD HADDAD

O DIA EM QUE LACAN ME ADOTOU

Minha análise com Lacan

TRADUÇÃO
Procópio Abreu

EDITOR
José Nazar

Companhia de Freud
editora

TÍTULO ORIGINAL
Le jour où Lacan m'a adopté

CAPA
Maria Eduarda Carneiro da Cunha

EDITORAÇÃO ELETRÔNICA
FA - Editoração Eletrônica

TRADUÇÃO
Procopio Abreu

REVISÃO
Sandra Regina Felgueiras

EDITOR RESPONSÁVEL
José Nazar

Rio de Janeiro, 2004

FICHA CATALOGRÁFICA

H144d
Haddad, Gérard.
[Le jour où Lacan m'a adopté. Português]
O dia em que Lacan me adotou : minha análise com Lacan / Gérard Haddad ; tradução : Procopio Abreu. – Rio de Janeiro: Companhia de Freud, 2003.

303 p. ; 23 cm

ISBN 85-85717-75-0

1. Lacan, Jacques, 1901-1981. 2. Psicanálise. I. Título.

CDD-150.195

Companhia de Freud
editora

ENDEREÇO PARA CORRESPONDÊNCIA
Rua da Candelária, 86 - 6º andar
Tel.: (21) 2263-3960 • (21) 2263-3891
Centro - Rio de Janeiro
e-mail: ciadefreud@ism.com.br

À memória de meu pai

Minhas observações de doentes se lêem como romances.

S. Freud

Não deixarei discípulos. Não sou um mestre. Sou apenas uma testemunha. A testemunha permanece solitária.

Aimé Pallière

Índice

Memórias de uma transferência 11

Uma vocação precoce 17

Agrônomo em formação 27

Na África 49

A «clínica» do Dr. Lacan 65

Advir ali onde era 79

A volta dos mortos 109

Uma e a Outra 151

Kippur ou O triângulo de Pascal 173

Minha conversão 199

A «leucemia» do Dr. Lacan 219

«Todos ao hospício» 265

Memórias de uma transferência

Teria eu escrito estas páginas sem a insistência do amigo Richard Figuier, mestre em maiêutica?

"Você traz aí dentro uma obra importante", repetia-me quase que em todos os nossos encontros aquele que estudaria o lugar do judaísmo no pensamento e na obra de Jacques Lacan.

Durante muito tempo resisti, tinha outros projetos e este me irritava por razões que teria sido preciso analisar. Velhas lembranças, velhas dores mal curadas do tempo em que soltei, fora de estação e em nota dissonante no concerto das idéias psicanalíticas admitidas, este rabo-de-foguete: há texto judeu nos bastidores da psicanálise. Não texto cabalístico, esotérico, fascinante de mistério, mas trivial texto talmúdico, de Maimônides, ancestral do discurso das Luzes. O que Lacan percebera antes de mim e me transmitira. Afirmei e desenvolvi essa tese em duas obras, escritas no essencial enquanto Lacan vivia e sob seu olhar[1] .

De resto, num século em que a questão judia ocupa o lugar que sabemos na Europa, em sua cultura e em suas tragédias, quando autores de importância (de Sartre a Hannah Arendt) a ela dedicaram reflexões que fizeram época, por que a psicanálise, e Lacan mais particularmente, que cita eventualmente a obra de Sartre para criticá-lo, ficaria fora desse movimento histórico das idéias? Que universo habitaria ela então?

---

[1] *L'Enfant illégitime*, Hachette Littérature, 1981; e *Manger le Livre*, Grasset, 1984, Hachette Pluriel, 1998.

Para além das vãs querelas de um tempo defunto, outras razões me seguraram durante um tempo, antes que eu me lançasse nesse pesado estudo. A obra de Lacan, embora esteja hoje purgando as suas culpas, de qualquer modo deu lugar, ao longo dos anos, a um número impressionante de comentários, leituras específicas, teses universitárias bem documentadas. Que eu saiba, nenhuma dessas análises autorizadas cita um qualquer interesse de Lacan pelo judaísmo, ainda menos uma verdadeira pertinência da questão, o que persisto em sustentar.

Então, em nome de que viria eu cometer "essa insuportável falta de gosto"? O que me autoriza a essa singular leitura? De uma única justificação, bem pouco universitária: de minha própria análise, de minha ligação pessoal com Lacan, diária, prosseguida durante doze anos.

Bem rápido me pareceu necessário, como preâmbulo ao estudo acadêmico dos textos, da totalidade dos vinte e quatro seminários, do espesso volume dos *Escritos* e de algumas outras publicações, indispensável evidentemente, e já trabalhando, empreender o relato dessa análise. Minha análise com Lacan, que sempre me aparece, apesar do tempo que passa, como o acontecimento inaudito de minha vida. Vou, portanto, fazer o relato de minha metamorfose de engenheiro agrônomo, cuja existência parecia ter o sentido e a trajetória firmemente traçados, em psicanalista. No início, sou um técnico respeitado da cultura do arroz como arma contra a fome no mundo, solidamente escorado ideologicamente pelo marxismo-leninismo, versão tropical além disso, totalmente desligado de qualquer interesse e sob qualquer forma que seja pela coisa judia, particularismo desusado no que diz respeito ao universalismo proletário. E eis que sou conduzido, no borbulhar do caldeirão freudiano, não só a seguir em sua totalidade o curso de medicina, especialização incluída, o que, definitivamente, só exige uma sólida perseverança, mas sobretudo a uma mudança ideológica total cujas manifestações externas serão o estudo do hebreu, passagens em escola talmúdica, alguns bons anos de estadia em Israel e o retorno ao lugar de meu nascimento subjetivo, o judaísmo. Metamorfose que não disse respeito só a mim e cuja onda igualmente virou pelo avesso a família que eu havia fundado. Podemos imaginar as provas coletivas que foi preciso atravessar, verificando a contribuição da psicanálise segundo a qual a família constitui a infra-estrutura, quase sempre desconfortável, de nossa vida psíquica e, eventualmente, de nossas produções teóricas.

Pareceu-me *a priori* que algumas dezenas de folhas bastariam para esse preâmbulo ao estudo do judaísmo na obra de Lacan, o relato de minha análise portanto, o que o editor aceitou. Mas eis que, uma vez iniciados, esses prolegômenos puseram-se a proliferar em centenas de páginas e finalmente adquiriram, em relação ao projeto inicial, uma plena autonomia. Empreendimento memorialista de uma experiência vivida há trinta anos, com suas marcas temporais e cronológicas já misturadas, verdadeiro trabalho de historiador sobre documentos de arquivos, aqui papéis pessoais, fichas de pagamento, recibos de aluguel, datas de inscrição em faculdade, buscando com dificuldade preencher buracos de memórias já numerosos. É verdade que eu nunca tomei uma única nota ao longo de minha análise, implicado demais nela, numa imersão total que não permitia esse recolhimento subjetivo em que imaginamos manter um diário.

Freud notou, várias vezes, que o relato completo de uma análise é impossível. Impossível reforçado quando se trata de relatar o que impropriamente designamos como "análise didática", a saber, o percurso singular pelo qual alguém se torna um dia *psicanalista.*

O relato de uma análise, o resumo de seus efeitos constitui, a partir de alguns bons sucessos de livraria e de teatro, um gênero literário em si, muito bem vindo às vezes. Não guarda sempre um certo perfume de investigação policial, de romance, algo picante que capta o interesse?

Que eu saiba, no entanto, e até este dia, nenhum analista ousou contar em detalhes sua própria análise. Seria despojar-se da aura de mistério e, portanto, da distância necessária a ser conservada em relação aos pacientes, seria cair de seu imaginário. "Fundo um empreendimento que nunca teve exemplo e cuja execução não terá imitador", escrevia J.-J. Rousseau na abertura de suas *Confissões*, e penso, por minha vez, ser o primeiro a tentar essa experiência.

O que me incentiva a isso talvez seja o exemplo do fundador, o próprio Sigmund Freud, que não hesitou em utilizar seus próprios sonhos, seus atos falhos, seus sintomas como material privilegiado de análise. Mas, desde então, preferiu-se puxar a cortina e o manto de Noé não esconde mais as fraquezas de nosso genitor, mas as nossas próprias. O lado clerical e empolado da confraria disso se aproveita. Numa época obscena em que o exibicionismo parece sem limites, a confissão sincera, pudica, o testemunho, seriam só eles considerados fora de lugar?

O tempo que vivemos, crepúsculo provável da psicanálise, parece-me impor esse desvelamento. Desde seus primeiros passos, a psicanálise contraiu uma estreita aliança com o conjunto da cultura de seu tempo e Lacan contribuiu magnificamente para reforçar esse vínculo. Este parece doravante algo distendido, senão rompido. A psicanálise quase não dialoga mais com as outras disciplinas ditas impropriamente "ciências humanas", nem tampouco com a literatura ou a filosofia. Não entendemos mais o que ela busca dizer em seu discurso que hesita entre fala inefável e acessório paramédico. Procurei, em cada uma das minhas obras, à minha medida, restaurar esse vínculo e prossigo aqui essa ambição. Mesmo fadada a um certo fracasso, próprio a toda obra, a tentativa que vamos ler pareceu-me desejável e útil. Saberemos assim concretamente que existiu uma estranha e eficiente prática, capaz de mudar radicalmente um destino, até mesmo de aliviar certos sofrimentos particulares.

Tentei um dia, fortemente incentivado por Lacan, dar diante de meus pares de então o testemunho da experiência que eu acabava de atravessar, o que ele mesmo nomeou *o passe*. Não fui ouvido. Vinte anos mais tarde, faço do leitor o depositário dessa confissão.

Mas, acima de tudo, este relato é uma homenagem prestada ao psicanalista que foi Jacques Lacan, homem admirável que uma biografia desonesta recentemente tratou de cachorro morto[2], ele visa dar de sua arte, de seu estilo, um testemunho vivido. Lacan certamente foi um personagem irritante, suas escolhas técnicas parecem insuportáveis, escandalosas para alguns (não esconderei nenhuma nas páginas que se seguem). Resta que ele foi, na França, o promotor de uma experiência intelectual única, autêntica, em que dificilmente se podia trapacear, em que se jogava a vida, às vezes morrendo disso. Nela, de minha parte, encontrei o caminho onde eu que-

[2] A única existente hoje, de Elisabeth Roudinesco, infelizmente, a qual, no entanto, enquanto Lacan foi vivo, deu prova, a seu respeito – disso fui mais de uma vez testemunha ocular –, de uma particular obsequiosidade.

ria e *devia* viver e que poderei, portanto, um dia deixar sem muitos lamentos pois "farto de tantos dias". Aventuras como esta não são legião, se é que ainda existem na França atual.

Por conseguinte, esta tentativa inédita de desvelar a intimidade de um processo singular, que fez de mim, para minha própria surpresa, *um* psicanalista, constitui um golpe exotérico contra o esoterismo que até aqui reina nessa matéria. O espírito sagaz adivinhará, por trás do romanesco de um relato, uma intervenção teórica, em todo caso uma homenagem talvez derradeira a uma disciplina apaixonadamente amada, à qual devo muito e que me parece em risco de extinção.

Uma vocação precoce

Foi bem cedo, na Tunísia, onde nasci, nas primeiras horas dolorosas da adolescência, que tomei esta decisão: *vou ser psicanalista.* Meu pai havia decidido isso, talvez até antes de meu nascimento: o filho mais velho seria médico, ele seria a desforra social de um humilde empregado. Tantas histórias judias através do mundo inteiro nos contam essa história. Eu havia endossado essa escolha sem hesitar, com alegria e seriedade, desde a escola primária. Projetava-me tão bem nessa roupa que costumavam me provocar com o apelido de "doutorzinho".

De qualquer modo, era necessário imprimir minha jovem singularidade sobre essa vontade paterna contra a qual eu logo iria levantar o estandarte da revolta. Eu não seria um simples médico, mas um psiquiatra, "médico de loucos" como se dizia, o que já soava como uma provocação, uma desvalorização do belo título. Mas era cedo demais para levar a sério os gracejos de um adolescente difícil.

Na verdade, essa escolha mergulhava bem fundo na minha alma, na intimidade de minha dor psíquica, com a qual ninguém se preocupava apesar dos numerosos sinais que eu dava. Desde a minha primeira infância, eu sofria, com altos períodos torturantes, do que desde então aprendi a chamar pelo nome de neurose obsessiva. Judeuzinho sinceramente piedoso, cheio de fervor religioso, eu era de tempos em tempos invadido por pensamentos blasfematórios que me pregavam no muro mental da vergonha e do desespero. Uma vez adolescente e tendo descoberto o ateísmo, eu achava muito elegante proclamar-me ateu, o que, numa perfeita lógica, tornava vazio de sentido qualquer pensamento blasfematório.

Ganhei pouco na troca. Aliás, outra temática obsessiva se superpusera nesse meio tempo à precedente, representações dessa vez de conteúdo sexual, que também me mergulhavam numa indizível vergonha e numa insuportável dor. Criança precoce, ia parar em salas de aula com adolescentes bem mais velhos, às voltas com as safadezas homossexuais que pertencem ao fundo cultural mediterrâneo. Minha "identidade" sexual viu-se ameaçada por escabrosas sugestões que tornavam minha vida um inferno e que iam dali por diante ocupar todo o espaço canceroso da neurose. A meu ver, eu era um monstro infame por suscitar tais conversas e ter tais pensamentos.

Impossível confiar meu sofrimento a quem quer que fosse, mesmo a um amigo. Quanto a meus pais, era melhor nem pensar nisso. O sexo era tabu no hipócrita discurso familiar. Minha monstruosidade, sem dúvida já bem transparente, não podia ser descoberta. Eu estava convencido de ser o único ser humano a abrigar pensamentos tão tormentosos. Como poderia eu ter revelado essa tortura? A luta que eu travava contra tais representações me esgotava e eu alternava os momentos de brilhante êxito escolar com severos momentos de depressão que ninguém à minha volta parecia nem queria compreender.

Mas eis que um dia descobri, com indizível alívio, uma inimaginável felicidade, o nome de Freud e os rudimentos de seu pensamento. Sobretudo essa idéia de que o sexual marca bem cedo a criança com seu ferro em brasa. Podíamos, portanto, falar dessas coisas, eu não era aquele monstro único em seu horror. Melhor ainda, eu entendia nessa boa notícia a possibilidade de me curar desse sofrimento. Fazer uma psicanálise tornou-se um sonho, uma verdadeira terra prometida, onde eu bem esperava um dia entrar.

Foi assim que minha escolha se formou. Disfarçada de estudos médicos e psiquiátricos, eu empreendia minha própria análise, que me libertaria da infelicidade. Escolhi assim Freud, pela porta do sintoma.

Muitos talvez se espantem que tal idéia tenha podido desabrochar na mente de um menino que morava naquele pequeno país subdesenvolvido e fracamente povoado que era a Tunísia então. Como o nome de Freud pudera atingir as margens da África colonizada com tal brilho que se tornou a estrela guia da minha existência?

A história e seus acasos nisso tiveram seu papel.

Uma noite de sábado do ano de 1954. Acabado o Shabbat, ligamos o rádio como de costume. Dessa vez, é uma voz nasal, nunca ouvida, que diz coisas estranhas. Pierre Mendès France acaba de aterrizar em Túnis e anuncia o reconhecimento da autonomia interna do país pela França. Dois anos mais tarde, essa autonomia se tornará independência. Não podíamos adivinhar a que ponto aquele discurso inesperado ia transformar as nossas vidas. Mendès France era judeu, o que nos tranqüilizava e nos envaidecia, e amávamos com igual amor a Tunísia, nosso país, e a França, doravante reconciliados.

Um vento novo logo soprou sobre o antigo protetorado, que despertou de sua sonolência colonial. O país saía bruscamente de sua concha e, segundo a orientação de seu visionário dirigente, Bourguiba, abriu-se para o mundo e a modernidade. Vimos desembarcar em massa novos professores e novos técnicos vindos para ajudar na modernização do país. Por conseguinte, a atmosfera do país, seu clima cultural viram-se aliviados da pesada arrogância colonial que reinava até então. Tempos do neocolonialismo. Túnis conheceu durante aqueles anos uma verdadeira efervescência intelectual, de que participou a elite de sua população local, incluídas todas as etnias. Os concertos sinfônicos, as representações teatrais dadas com freqüência por trupes locais que reuniam professores e alunos dos liceus, as conferências brilhantes sucediam-se. Aqueles anos eram os da minha adolescência torturada.

Eu prosseguia então meus estudos secundários, começados numa escola da Aliança Israelita, prosseguidos no Colégio Alaoui, freqüentado por uma maioria de tunisianos muçulmanos e de língua árabe. O Liceu Carnot, estabelecimento ainda controlado pela França, tão avaro até ali em admissões de alunos autóctones, de repente escancarou as portas, em particular para as crianças judias. Recusei essa escolha por fidelidade a meu sentimento nacional e porque me sentia muito bem no colégio onde havia conhecido tantos excelentes professores. Um deles, Sicard, teve um papel particular na minha formação. No dia mesmo da volta às aulas (eu estava então começando o 2º grau), vítima de uma estranha febre, ele nos fez esta declaração surpreendente: o século XX é um dos maiores séculos da história da literatura. Ele pensava então reduzir o programa dedicado a Molière, Racine, Corneille, imensos gênios, enfim, para ceder-lhe lugar.

Ora, sempre nesses anos, outro acontecimento aparentemente menor, editorial dessa vez, ia contribuir para a animação cultural de Túnis: o aparecimento do Livro de Bolso, já com centenas de títulos a um preço acessível.

Sicard propôs que criássemos uma biblioteca de sala de aula composta unicamente de obras contemporâneas. Cada um devia trazer para ela seu donativo e ele mesmo contribuiu generosamente. Numa tarde ensolarada de outubro, partimos todos juntos, nosso professor à frente, para a grande livraria da cidade a fim de comprarmos dezenas de livros de bolso, fascinados pela capa brilhante, de cores tão violentas. Uma verdadeira *razzia* cultural.

Foi assim que descobri Malraux e Camus, Bernanos e Sartre, e sobretudo, entre todas essas obras, a *Introdução à psicanálise* de Freud. A leitura desse livro, desde as primeiras páginas, mexeu profundamente comigo. E eu soube, a partir dessas poucas páginas, que meu destino dali por diante estaria ligado a essa nova disciplina.

Nosso professor tivera outra idéia maluca, a de dedicar uma hora de aula, às segundas-feiras de manhã, à leitura dos grandes semanários literários, tão numerosos nesses anos, *Les Lettres françaises, Le Figaro littéraire, Arts et Spectacles*, escolhidos sem nenhum *a priori* ideológico. Tomávamos assim conhecimento das últimas produções do pensamento que se fazia, literatura, poesia, ensaios reunidos.

A cabeça cheia dessas leituras há pouco descobertas, mal assimiladas, mas que nos deixavam febris, éramos alguns, em longos passeios prolongados até uma hora tardia da noite, sob a densa folhagem dos *ficus* da Avenida, no estrépito dos piados estridentes dos pardais, a refazer a filosofia, a literatura, a política e a economia e o mundo em seu conjunto, que esperávamos socialista. Lançávamos no ar, malabaristas sem experiência, todas essas idéias. O pensamento de Camus me seduzira, meu amigo Dédé defendia a posição de Sartre. A guerra da Argélia já estava pegando fogo.

A maioria dos jovens judeus da minha geração devia então apreciar mais os encantos da praia, a emoção dos primeiros namoros e as partidas de pôquer. A vantagem da neurose, de fato há algumas, foi evitar-me essa ociosidade estéril.

A febre da minha adolescência foi viver em simbiose com os debates do Quartier Latin parisiense, do qual Túnis era a imaginária periferia próxima, tanto que, ao desembarcar em Paris alguns anos mais tarde, bem rápido encontrei minhas referências, sem grande sensação de exílio.

Descobri também, graças às Juventudes Musicais, às audições de discos que davam todas as sextas-feiras à noite num confortável auditório instalado numa ala do liceu Carnot, a grande música clássica, de Beethoven a Schoenberg e Stravinski, música pela qual me apaixonei e que desde então acompanha cada dia da minha vida.

A metamorfose estética que a música clássica me fez conhecer desempenhou um grande papel, disso estou convencido[1], em meu futuro intelectual.

Mas essa efervescência de idéias, essas emoções tão fortes e cotidianas, os conflitos de todas as espécies que me habitavam, os que tinham a ver com a minha identidade, os da minha neurose, o fosso cada vez mais profundo que se cavava entre a minha família e eu punham os meus nervos a rude prova. Eu atravessava momentos difíceis que meus pais atribuíam à música, às minhas novas leituras, fonte de uma solidão sempre maior, e queriam, mas em vão, privar-me delas.

Eu tinha medo de ficar louco. No entanto, meus estudos, com inevitáveis irregularidades, em geral eram brilhantes. Minha aprovação no vestibular estava ao alcance da mão. Em poucos meses eu ia iniciar meus estudos de medicina, começar minha análise e ficaria liberto de todos esses tormentos. Eu avançava por uma via real, sem obstáculo exceto o de minhas forças psíquicas a se digladiarem. No entanto, isso não aconteceu, minha estrada ia conhecer uma bifurcação inesperada.

No ano anterior, durante uma estada em Paris que meu pai me dera de presente como recompensa por meus resultados na primeira parte do vestibular, eu havia encontrado uma jovem alemã. Conheci com S. minha

---

[1] Cf. meu livro *Freud en Italie*, Albin Michel, 1994. A pintura da Renascença italiana teve para Freud esse mesmo papel.

primeira emoção amorosa partilhada, bem casta, enfim. Depois de alguns passeios de mãos dadas pelas ruas do Quartier Latin, voltamos para nossos respectivos países jurando nos escrever e nos rever no verão seguinte para férias na Bavária.

Nossa correspondência afigurou-se das mais sumárias. S. tinha vagas noções de francês e meu alemão, que eu estava começando a estudar no Instituto Goethe de Túnis, permanecia aproximativo.

Perto do verão, as breves missivas que S. me dirigia tornaram-se cada vez mais estranhas, inquietantes. "Não sonhe mais com as nossas belas férias juntos" foi o conteúdo de seu último cartão. Eu colocara tanta esperança nessa viagem que recusei renunciar a ela e parti, vestibular e uns vinténs no bolso, para a pequena localidade de Weiden, próxima de Nuremberg, onde S. residia.

Ligar Túnis a Nuremberg, com o Mediterrâneo a atravessar e mais ou menos sem dinheiro, não é simples. Mas a dificuldade me pareceu bem pequena e em poucos dias, de carona, atravessei a distância de vários milhares de quilômetros. Logo fiquei sabendo, por seu próprio pai, que S. fora internada no hospital psiquiátrico de Munique. A notícia deixou-me no chão. Botei imediatamente a mochila nas costas para dirigir-me, sempre de carona, a Munique, onde cheguei de noite. Dormi no Kolpinghaus, uma espécie de lar para viajantes sem dinheiro, com seus dormitórios e camas beliche. Não pude fechar o olho. Eu esperava na maior angústia poder ir ao hospital psiquiátrico e as horas pareciam-me intermináveis. Cheguei enfim ao imponente edifício cinza, austero, de inquietante limpeza, carcerário, tão diferente dos hospitais psiquiátricos franceses que eu mais tarde conheceria.

O pai de S. enviara por mim um bilhete ao médico que cuidava de sua filha, por isso deixaram-me visitá-la. Ela se encontrava, por erro ou falta de lugar, no pavilhão dos grandes agitados, berrando alto. Foi para mim uma prova terrível, um choque.

De novo ao ar livre, sentei-me num banco diante do hospital e fiquei prostrado longas horas. Irresistíveis soluços vinham por momentos me sacudir.

No dia seguinte e nos outros, passei assim de uma visita ao hospital a horas de prostração no mesmo banco. Esse estado durou uma semana. Nesse meio tempo, eu conseguira que S. deixasse o pavilhão dos agitados. Eu também encontrara refúgio no albergue da juventude de Munique. Lá encontrei uma alegre turma de italianos e ficamos amigos. O verão estava magnífico. Pouco a pouco minha tristeza se dissipou. Se a visita da tarde ao hospital ficou sagrada, restava-me tempo o bastante para freqüentar em bela companhia as cervejarias de Munique.

Entretanto, eu percebia que uma fenda se abrira em mim. Esse primeiro confronto com a doença mental, a loucura que cada homem traz em si, me aterrorizara. Fiquei convencido de não possuir as forças necessárias para um tal combate e joguei fora as armas antes de tê-las usado. Eu bebia abundantemente, ria, brincava numa falsa alegria com as garotas alemãs, mas por dentro eu me vivia como morto, um zumbi.

No entanto, tinha que decidir: que via escolher, que estudos seguir? Sentado em meu banco, diante do sinistro hospital, tomei a decisão de sacrificar minhas aspirações intelectuais no altar de minha saúde mental. Renunciei, em lágrimas, à medicina, mas sobretudo à psicanálise, à filosofia, a todas as minhas ambições no fim das contas, no intuito de me orientar para uma vida mais humilde, mais sã. Iria me inscrever na escola de técnicos agrícolas de Túnis, ilhota de paz na periferia da cidade, com suas laranjeiras e belas oliveiras.

De onde me vinha essa atração inesperada pela agricultura? De meus anos de militância em vários movimentos de juventude sionistas em que me repetiam sem cessar que o trabalho agrícola era doravante o novo ideal do judeu, a via de sua redenção. Obscuros pensadores sionistas haviam proclamado que a regeneração do homem judeu, como se este fosse degenerado, passava pelo trabalho agrícola cooperativo. Que seja assim, pois! A vida ao ar livre, em contato com o mundo rural simples e robusto, com certeza iria me trazer a paz na alma que a especulação intelectual me havia retirado. Eu não era mais sionista, mas patriota tunisiano convencido. Iria, portanto, colocar-me humildemente a serviço da jovem república ao mesmo tempo que lutava pela chegada do socialismo, solução para todos os problemas da humanidade e para os meus em particular. No momento, e durante os anos que se seguiram, esse esquema de vida me acalmou.

O tempo dessas curiosas férias chegava ao fim. Voltei. Meu pai me esperava no porto de Túnis. "Está na hora de você se inscrever no primeiro ano de medicina", disse-me.

Comuniquei-lhe sem meias palavras minha decisão: estava renunciando à medicina e pensava inscrever-me na Escola de Agricultura de Túnis. Foi para ele um golpe terrível, o desabamento de seu sonho que também era o meu. Ele não procurou entender o que pudera causar essa espécie de suicídio mental. Preferiu dar livre curso à mais violenta das cóleras. Foi o inferno durante vários dias. Queriam que eu voltasse atrás em minha decisão, que eu "entregasse os pontos". Meus pais não entendiam que precisamente eu havia entregado os pontos, que eu estava no chão, incapaz de me levantar. Certa noite, enchi-me de toda a minha coragem e, sabendo que meu pai estava só, sentado no terraço de um café, fui lhe falar. "Esta guerra é inútil", disse-lhe. "É acima das minhas forças. Dentro de um ano, meu irmão poderá começar a estudar medicina. É preciso que vocês parem me atormentar".

Meu discurso teve um certo efeito. No dia seguinte, à tarde, dirigi-me à Escola de Agricultura de Túnis para me inscrever.

Uma estranha providência sempre temperou meus mais graves desacertos. Fui recebido por uma pessoa com que eu cruzara várias vezes nos últimos meses, o animador do auditório das JMF que eu freqüentava assiduamente, um melômano, apaixonado pela música de Ravel. Mas eu ignorava qual era a sua verdadeira atividade. De repente descobria que aquele homem, afável e culto, era um engenheiro agrônomo, um daqueles cooperantes técnicos recentemente desembarcados. Depois de examinar meu dossiê, meus brilhantes resultados no vestibular, ele me olhou sorrindo. "Esta escola não é para você", disse-me. "Ela forma bons técnicos agrícolas, mas você deve se preparar para a Agronomia". O que era, afinal, essa Agronomia? Ele me explicou. Ela podia me dar uma bolsa suficiente para assegurar minha autonomia financeira. Eu tinha que ir para a França e buscar um nível mais alto.

Essa simpatia deixou-me emocionado, levantou-me de minha derrelição. Tornar-se agrônomo de repente me pareceu mágico e essa entrevista contada em família agiu como um bálsamo sobre a ferida moral de meu pai, que reencontrou seu sorriso. A idéia de ter um filho camponês, *fellah*, fora para ele uma humilhação insuportável. Mas nesse meio tempo ele se informara e o que ouvira lhe havia devolvido o orgulho paterno. Dali por diante era preciso agir muito rápido. Em primeiro lugar, conseguida a bolsa, encontrar uma classe preparatória num liceu francês. Escrevi a um número enorme deles, em Paris e nas grandes cidades do interior. As respostas me chegaram uma após outra, negativas. Alguns liceus me propunham a preparação para as escolas veterinárias, a medicina ainda. Essas recusas tinham fundamento. Preparando-me para estudar medicina, eu não havia julgado útil preparar-me para um vestibular de matemática.

No entanto, acabei recebendo a resposta que não esperava mais. O Liceu Montaigne de Bordeaux me aceitava em sua preparação para a Agronomia. Era tempo. Estávamos no meio de outubro e as aulas já haviam começado. Peguei o primeiro barco para Marselha, depois o trem para Bordeaux. Eu estava deixando a Tunísia por longos meses, sem saber que essa partida era definitiva.

Agrônomo em formação

Cheguei no pensionato do Liceu Montaigne, em Bordeaux, numa noite de meados de outubro de 1958. Carregava uma pesada mala de papelão toda amassada e trazia um objeto incompatível, meu violino. Eu vinha há alguns anos tentando, sem grande talento, aprender esse instrumento e não me resignara a deixá-lo em Túnis.

Assim equipado, não podia chegar em pior momento, em pleno período de trotes, que praticavam com uma brutalidade particular nesse internato. Seis meses antes houvera o *putsch* de Argel que levara ao poder De Gaulle, que acreditavam então partidário da Argélia francesa. Eu era a favor da causa da Argélia independente e não ia tardar a proclamá-lo.

Na verdade, eu não tinha idéia alguma do lugar e da conjuntura em que fora largado. Minha falta de jeito, minhas provocações irrisórias transformaram em pesadelo minha volta à realidade.

Mas no liceu encontrei também excelentes pessoas, bons camaradas, que procuraram ajudar-me, incitando-me gentilmente a mais diplomacia: Michel Jarrige, meu colega de estudos, que me ajudou a copiar os quinze dias de aulas que eu havia perdido, Mounoulou, que se tornará um sábio brilhante, De Robert, que, depois de ter passado para a Agronomia, desligou-se para dedicar-se à teologia. Fiz amizade sobretudo com Salah El Amami, meu padrinho de promoção, futuro agrônomo tunisiano, que a doença ia prematuramente levar. Entre os filhos da dura e generosa Gasconha que se achavam no internato e eu, a corrente acabou por passar. Mas as primeiras semanas de vida de internato foram terríveis.

O mais terrível, no entanto, foi a intensidade e o ritmo desenfreado dos estudos. Eu estava longe de possuir o nível médio requerido em matemática, disciplina que mesmo assim me interessava muito. Tomei aulas particulares, esforcei-me. Precisava estudar noite e dia, sem descanso, sem fins de semana, sem férias. Quem não freqüentou uma classe preparatória não pode imaginar o esforço que é pedido a esses jovens com a promessa de que um dia eles vão pertencer, se entrarem para a grande escola de seus sonhos, à elite da sociedade.

Sob tal pressão, muitas vezes me senti perdido. Assim, ao fim de cada trimestre, voltava esgotado a minha boa cidade de Túnis, em busca de algum reconforto. Meu pai aproveitava minha angústia para convidar-me a renunciar a meu projeto insensato e a voltar à minha vocação primeira de médico. Mas nunca fui de humor a confessar-me vencido na adversidade.

Aos trancos e barrancos, consegui completar meu primeiro ano de preparação. Entretanto, o ritmo do segundo ano afigurou-se mais terrível ainda. Eu não suportava mais o internato, verdadeiro quartel. Tornei-me externo, mas, sem a competição do estudo coletivo, a qualidade de meu trabalho enfraqueceu perigosamente. Voltei ao internato com a indulgência do diretor, que me recebeu em seu escritório para tentar entender o que me perturbava daquele jeito: "Não suporto mais o carrilhão do seu relógio", disse-lhe. "Cada hora que soa, que passa, tomo a medida de meu abissal atraso".

Por volta do mês de março, a dois meses do concurso, entreguei os pontos. Não agüentava mais. Enquanto meus colegas faziam seus últimos esforços, descobri... a beleza da literatura americana. Li assim com paixão *O barulho e o furor* de Faulkner, o que irritava profundamente meus colegas de estudos.

Mas eu era incapaz de estudar ou de reter o que quer que fosse. Eu flutuava numa estranha vacuidade da memória. Só a matemática continuava a me interessar. Estudar uma função, resolver uma equação diferencial apareciam-me doravante como um prazeroso jogo da mente.

A todas essas dificuldades objetivas acrescentavam-se meus problemas neuróticos, agravados por uma tempestuosa ligação. O amor do qual eu esperava reconforto só fez aumentar meus tormentos.

No entanto, quando os concursos se tornaram iminentes, conheci um sobressalto. Pus-me de novo a trabalhar febrilmente, estudei ao acaso certas partes dos cursos e sobretudo decidi "bater-me, vender caro a pele" sem bem saber o que entendia daquilo.

Foi com esse estado de espírito paradoxal de vencedor que cheguei ao primeiro concurso, o de admissão à Escola de Grignon, não tendo ainda acontecido a fusão com a Agronomia.

As duas provas de francês, de alto coeficiente, garantiram-me um pequeno capital de pontos, aumentado pela prova de matemática. Evitei a eliminação em física e biologia fuçando na memória... e ajudando-me com algumas olhadas furtivas por cima do ombro de meu vizinho.

Uma semana mais tarde, para o concurso da Agronomia, repeti a mesma estratégia, apesar da maior dificuldade das provas.

Um mês mais tarde os resultados nos foram telegrafados. Para surpresa geral, inclusive a do diretor, surpresa misturada a uma certa cólera, eu tinha passado para a segunda fase dos dois concursos, estava apto a fazer as provas orais. Mas, como nenhuma manobra desleal, nenhuma trapaça séria podia ser-me censurada, cada um engoliu seu despeito e recebi algumas felicitações amigáveis.

Era preciso agora ir a Paris para as provas orais. As das escolas de agricultura vinham primeiro. De novo senti o mesmo estado de espírito de vencedor que me conduzira durante as provas escritas, a energia que me tornava apto a utilizar a mínima parcela de memória, de saber. Fui aprovado num nível que me permitia entrar para a melhor das escolas, a de Grignon.

Mas, depois de ter usado as minhas últimas energias, o cansaço começou a me invadir, acompanhado de meus demônios familiares. Minha oral no Instituto Agronômico foi medíocre e terminei o concurso numa classificação bem ruim. Na verdade, eu estava submetido ao ritmo do humor que a neurose imprimia a minhas capacidades, fazendo alternar os momentos de prodigiosa energia e os de abatimento, montanhas russas de meu espírito que mais tarde, sem o socorro de nenhuma terapêutica química, minha análise vai erradicar.

*

Grignon de qualquer modo representava um belo consolo. Três meses mais tarde, fui para a tranqüila escola, aconchegada num belo vale, com seu castelo, seu bosque de aléias bem traçadas, suas grandes plantações de trigo e de alfafa, que mergulhavam vertiginosamente num doce devaneio bucólico a alma menos rural.

Gostei muito dessa escola e do que lá me ensinaram. Os estudos de agronomia permanecem, a meu ver, entre os mais formadores por sua riqueza e sua variedade, em que a biologia sob todos os seus aspectos se mistura à economia, à indústria e ao manejo das máquinas, evidentemente com, como valor dominante, o primado do bom senso de que eu precisava tanto. A influência profunda desses estudos nunca me deixou. No entanto, serei surpreendido alguns anos mais tarde ao ler, na introdução ao *Seminário XI*, que Lacan afirmou, em 1964, que a psicanálise apresentava similitudes com... a agronomia precisamente, porque ambas colocam em jogo um grande número de disciplinas bem diferentes e com as quais é preciso saber simultaneamente jogar. Ele devia dar muito valor à idéia, já que vai repeti-la, em 1972, numa das conferências dadas na capela do Hospital Saint-Anne, com o título *O saber do psicanalista*. Mas, nesse ano de 1960, em que me acantonei na escola de Grignon, o nome de Lacan me era totalmente desconhecido e nenhuma louca imaginação teria podido deixar-me adivinhar o que em breve ia ser o meu percurso.

Essa paz da natureza, à qual eu aspirava e que foi decisiva na escolha de minha profissão, ia enfim acalmar o dilaceramento de minha alma? Nada disso aconteceu. Minha neurose, expressada por meus humores instáveis, meu comportamento desajeitado e irritante, não tardou a retomar seu poder. Fases de trabalho intenso, apaixonado, alternando com os momentos de abulia, ao se aproximarem os exames.

Sentia uma cruel insatisfação, uma falta afetiva que me impedia de encontrar qualquer quietude.

Vinha há anos explorando outra via de salvação. Uma segunda vocação, a da escrita – que também germinou na infância e que não me deixará jamais –, fazia-me companhia. Eu primeiramente tentara alguns poemas antes de me lançar num grande projeto: contar minha adolescência, seus tormentos, suas peripécias.

Na falta de já ter encontrado o ouvido atento do analista que me teria ajudado a desembaraçar o novelo de meus sofrimentos, confiava-os ao papel, a um romance cuja essência era autobiográfica. Eu tinha então quinze anos. Infelizmente o colégio, depois a preparação para o concurso não me deixavam nenhum momento livre para que me dedicasse a ele, a não ser as férias de verão, que empreguei nessa tarefa durante três anos consecutivos, na canícula do verão tunisiano, abandonando aos da minha idade os prazeres da praia e dos primeiros amores. Sobretudo tinha que superar os sarcasmos familiares, os de meus camaradas: escrever um romance, que vaidade estúpida!

Os estudos em Grignon deixavam-me enfim mais tempo livre e minha obra avançava algumas páginas em cada período de férias. Era assim que eu ocupava meus primeiros feriados de Natal na escola desertada por seus pensionistas.

Entretanto, numa noite de 31 de dezembro, senti de repente a imperiosa necessidade de um momento de festa e tomei o trem que ia de Plaisir à Estação Montparnasse. Logo subi o Bulevar Saint-Michel em busca de uma boa aventura. Justamente, na entrada de um pequeno hotel da Rua Victor Cousin, uma jovem, de pele bem morena, olhava-me sorrindo. Respondi ao sorriso, o de uma "profissional" pensei. Aproximei-me dela. Desde as primeiras palavras, compreendi meu terrível mal-entendido. A jovem só falava francês mais ou menos. Estava esperando amigos sul-americanos com quem ela contava festejar o novo ano. Espontaneamente, propôs-me juntar-me ao grupo, se eu não tinha nada de melhor a fazer. E, com efeito, os ditos amigos não tardaram a chegar, entre eles um cubano, grande admirador de Fidel Castro. Como muitos então, eu me entusiasmara pela revolução cubana e aquela presença me alegrou. Minha nova amiga era brasileira. Chamava-se Helena Tavares. Assim, passei nessa alegre companhia o *réveillon* da São Silvestre, fiel escudeiro da bela Helena. "Conhece Jean-Paul Sartre?", perguntou-me ela à queima-roupa. Que pergunta! De nome, é claro!

"Quer encontrá-lo?". Tratava-se de uma brincadeira? Helena confiou-me que era filha de um rico médico brasileiro e que sua família havia recentemente hospedado, e durante várias semanas, o casal Jean-Paul Sartre e Simone de Beauvoir, que acabava de fazer uma longa viagem à América

Latina, a Cuba particularmente, mas também ao Brasil. Durante essa estadia, Simone de Beauvoir ficara seriamente doente e a família Tavares a hospedara e cuidara dela durante semanas. Helena recolhera suas amargas confidências, as que ela logo expressará em seu livro *A força das coisas*. Ela teria gostado muito, ter-lhe-ia dito, de ter um filho de Jean-Paul Sartre, mas este sempre se opusera a isso. A paternidade talvez fosse inconciliável com as brumas de sua doutrina da liberdade.

Confidência por confidência, introduzi Helena em meu pequeno segredo, cujo ridículo eu tanto temia: eu estava escrevendo um livro. "Devo visitar Sartre depois de amanhã, segunda à noite, por que você não vem comigo?".

Como recusar tal presente dos céus, no qual, aliás, eu não ousava crer inteiramente?

Sartre morava então com sua mãe idosa, no último andar de um prédio na praça Saint-Germain-des-Prés, na esquina da Rua Bonaparte. Helena pediu-me para esperá-la no café que ficava embaixo do prédio, o tempo de prevenir seu anfitrião da minha presença. Esperei assim longos minutos, de pé perto do bar, sem esperanças de ouvir enfim a campainha do telefone. Esta não vinha. O que fazer? Forçar o destino! Tomei toda a coragem que tinha, subi e toquei a campainha. Foi Sartre mesmo quem abriu. Preparavam-se para me chamar, disse ele, fazendo-me cortesmente entrar em seu escritório onde se encontravam Helena e Simone de Beauvoir. Foi ela quem me impressionou e me surpreendeu mais. Eu construíra para mim uma imprecisa imagem de "incendiária" e via-me diante de uma aristocrata de rosto severo com seus cabelos comportadamente puxados num impecável coque.

Sartre, este, falava o tempo todo. Contava seu encontro com Fidel Castro, fumava charutos e nos oferecia o rum que o *Lider Maximo* lhe havia ofertado. Ele sentia uma raiva profunda de si mesmo por não ter sido perseguido, feito prisioneiro como os outros membros da rede Jeanson, os "121" que haviam oferecido ajuda concreta ao FLN argelino e aos quais ele havia publicamente trazido seu apoio. Sabemos que conhecer a prisão era a sua fantasia preferida, o selo de verdade enfim aposto à sua filosofia.

Para mim foi evidentemente muito difícil introduzir-me no monólogo endereçado a Helena. Mesmo assim consegui falar de minha admiração por Castro, a meus olhos o exemplo a ser seguido por países subdesenvolvidos como a Tunísia. Helena aproveitou um silêncio para falar de meu projeto de livro que estava sendo escrito. Os dois eminentes filósofos prestaram atenção e cortesmente me convidaram a lhes submeter meu manuscrito uma vez acabado. Talvez pudessem me ajudar a publicá-lo.

Depois de uma boa hora de conversa, despedimo-nos e Sartre bem como Beauvoir me renovaram o convite.

No dia seguinte, Helena voltou ao Brasil e nunca mais tive notícia alguma dessa encantadora pessoa. Duas sombras se cruzaram nessa grande encruzilhada que é Paris. Eu não soube, quando o momento chegou, tirar proveito desse encontro com o casal célebre. Quando meu manuscrito ficou pronto alguns meses mais tarde, não tive a presença de espírito de enviá-lo a Sartre. No intervalo, sua casa fora objeto de um atentado e ele se mudara. Perdido entre minhas plantações de milho e beterraba de Grignon, eu não sabia muito bem como encontrar seu novo endereço. Sobretudo, eu fora nesse meio tempo aspirado por novos e perigosos turbilhões. No entanto, minha relação com Simone de Beauvoir conhecerá ainda algum desenvolvimento.

Esse breve encontro deixou em mim, no entanto, uma profunda impressão. Acabou com minhas inibições. Assim, não era impossível para um judeuzinho desembarcado há pouco de uma modesta colônia, com os pés no barro agrícola, encontrar os mais eminentes espíritos da *intelligentsia* parisiense. Alguns anos mais tarde, será com toda a naturalidade que trocarei uma correspondência com Althusser e meu desejo inconsciente não terá de superar, para encontrar Lacan, intransponíveis obstáculos. Meu projeto de livro, tão hipotético até então, tomava de repente uma nova consistência. Pus-me a acreditar nele, a trabalhar nele mais ativamente e, após alguns meses, nos primeiros dias das grandes férias de verão, acabei uma primeira prova da obra. Restava-me escrever, a partir desse esboço, a versão definitiva.

Meu primeiro ano em Grignon estava acabando e eu me dispunha a voltar ao país quando estourou o trágico caso de Bizerte. Bourguiba queria livrar a Tunísia da última presença militar francesa. Uma imensa manifestação pacífica, uma maré humana desarmada dirigiu-se para a base naval. O exército francês atirou na multidão. Foi uma carnificina assustadora. Contaram-se vários milhares de mortos e feridos.

Meu pai enviou-me um telegrama dizendo-me para ficar em Paris. Uma tensão extrema reinava em Túnis. Mas, uma vez mais, recusei obtemperar. Se o país estava em perigo, não era justamente o momento, para nós, judeus tunisianos, suspeitos de deitar o olho comprido para a França, de mostrar nosso apego à terra natal? Eu queria servir, alistar-me numa unidade. Pus-me então em busca de um avião, de um barco. Mas todas as comunicações com a Tunísia tinham sido cortadas.

Tive de refrear meus ímpetos. Peguei um quartinho num hotel modesto, uma espelunca, perto da Rua de la Huchette, e, ali, dediquei meus dias e minhas noites à versão definitiva de meu livro. Perto de um terço dele logo foi redigido.

Um mês se passou antes que um primeiro barco deixasse Marselha para Túnis e eu estava entre os passageiros. Um trem noturno devia conduzir-me a Marselha. Devolvi o quarto, deixando por algumas horas a bagagem na recepção.

Ao cair a noite, voltei ao hotel a fim de pegar minhas duas malas, uma grande e uma pequena. Ali, terrível choque. A mala pequena, contendo meu manuscrito definitivo, desaparecera. O vigia do hotel negou. Eu não deixara nada além de minha grande mala amassada. Estava ficando ameaçador. Eu tinha que dar o fora bem rápido, arrastando a pesada mala que sobrara. Estava desesperado. Cinco anos de trabalho, arrancados de minhas férias, de minhas horas de lazer, assim destruídos. Só tinha uma vontade, morrer, mergulhar no Sena bem próximo.

Por sorte, no entanto, e por questão de tamanho, o rascunho, o esboço completo, achava-se na mala que sobrara. Sentado no trem que me conduzia a Marselha, no sono agitado que eu tentava aprisionar, a amargura se fez mais surda. Será preciso agüentar firme e começar a trabalhar. Mas que dor. (Anos mais tarde, uma outra malinha contendo uma parte do manuscrito de meu livro *Freud na Itália* me será roubada e, de novo, sentirei o mesmo terrível sofrimento).

Chegado a Túnis, outras dores me esperavam.

"Por que você voltou?". Foi esta a rude acolhida, habitual em sua forma, de meu pai. "Sabe que os estudantes tunisianos não podem mais voltar para a França?". Ele, como sempre, não entendia nada das minhas motivações.

No mesmo dia dirigi-me à União dos Estudantes Tunisianos para colocar-me como voluntário. Mas de quê? Depois, como de costume, um longo passeio pelas duas grandes artérias de Túnis ia permitir-me encontrar meus amigos, muçulmanos na maioria. De longe avistei a silhueta do amigo Noureddine. Ele, por outro lado, passou por mim, sem parecer me ver. Segurei-lhe o braço. "Mas o que há? Noureddine, não está me reconhecendo?". Noureddine decidira não dirigir mais a palavra... aos judeus. Mas o que havíamos feito? Alguns, em Bizerte, teriam dado de beber aos pára-quedistas franceses. Os judeus haviam colaborado... E eu que voltara para manifestar minha solidariedade, minha presença...

Uma pesada suspeita caía sobre os judeus que, evidentemente, não tinham responsabilidade alguma no caso. Muitos, é verdade, se perguntavam se ainda tinham algum futuro numa Tunísia muçulmana e lançavam olhares apaixonados para a França. Nos meses e anos que se seguiram, Túnis ia esvaziar-se da maioria de seus judeus, verdadeiros nativos, no entanto, tão apegados ao solo natal. O resto a eles se juntará um pouco mais tarde, quando estourar a guerra dos Seis Dias. Uma verdadeira e indolor purificação étnica.

Nesse dia, algo em meu sentimento nacional se partiu. O que quer que eu fizesse, eu era um traidor em potencial. Podia eu viver com tal suspeita, suportar as injúrias racistas nos transportes públicos? Meu patriotismo tunisiano era uma conquista de dignidade. Se esta se afigurava ilusória, o que podia eu fazer com esse patriotismo?

Por enquanto, em todo caso, eu estava preso na rede. Impossível voltar a Paris e retomar meus estudos. Aproveitei a oportunidade para voltar à tarefa de escrever. Durante horas, numa mesinha desconfortável, no calor sufocante, e janelas fechadas para não ser perturbado pelo barulho da rua, eu enchia dezenas de folhas. O esboço conservado revelou-se de uma ajuda preciosa e o trabalho de redação que eu acabava de perder voltava-me facilmente à memória.

Pelo final de setembro, Bourguiba decidiu fazer uma concessão e se reconciliar com a França. A tensão, a febre nacionalista caiu de um dia para o outro e os estudantes tunisianos foram autorizados a retomar seus estudos na França. Não esperei dizerem duas vezes.

Nesse meio tempo, eu descobria que a escrita tinha seus limites. O relato mais sincero não é uma terapia e a literatura não alivia duravelmente nenhum sofrimento. Ela permite, no máximo, a sobrevida. Ela está num outro registro. Em outros termos, minha neurose retomara sua torturante ação. Eu tinha que imaginar outras estratégias. A que me veio à mente foi estabelecer uma vida de casal estável, com a satisfação sexual e a tranqüilidade que ela proporciona. Talvez acalmasse a dor que não cessava de me roer. Eu ignorava então que encontrar uma mulher, esse encontro enigmático em que um destino se ata e se desfaz na sombra misteriosa do inconsciente, parece, conforme a justa metáfora de Kafka, com uma faca que pode eventualmente expor nossas tripas ao ar e rasgar um conforto, narcísico por mais imperfeito que seja.

Esse encontro esperado não tardou a acontecer no dia mesmo de minha volta a Paris. Durante minha última estada em Túnis, eu fizera amizade com vários jovens que faziam seus estudos em Paris e tínhamos combinado nos encontrar. Uma pessoa desse grupo apresentou-me uma amiga, A., estudante italiana. Algo inaudito, eruptivo, ia imediatamente acontecer, uma aceleração sem precedente do curso de minha existência.

Estranho discurso que fiz a A. durante nosso primeiro passeio no Quartier Latin, onde ela morava. Fiz-lhe uma curiosa corte, falando-lhe dos axiomas de Peano: "Todo número tem um predecessor e um sucessor", disse-lhe, sem entender que estava enunciando ali a quintessência do mistério da paternidade. De imediato fizemos projetos definitivos.

Meu futuro livro ocupava um grande lugar no casal que A. e eu já formávamos. Ela ia bater à máquina o manuscrito e para isso gastar nossos magros recursos. A. tinha uma amiga "leitora numa importante editora" a quem ela entregou um exemplar do manuscrito. Algumas semanas mais tarde, roído pela ansiosa espera, recebi o veredicto da "leitora", em substância: meu texto era medíocre demais para que a senhora sujasse sua reputação apresentando-o a seu editor. Ficamos, A. e eu, profundamente acabrunhados. Eu havia feito da publicação do livro um assunto vital. Falei disso a um amigo, como eu militando no Partido. Por que não submetê-lo a Pierre Gamarra, secretário da revista *Europe*? – disse-me. Segui esse conselho. Algumas semanas mais tarde, leitura feita, Gamarra me recebeu. "Sabe", disse-me depois de ter prodigalizado algumas amabilidades, "as gavetas de todo escritor estão cheias de manuscritos impublicáveis. Continue a escrever". Em suma, eu estava sendo convidado a começar a encher minhas gavetas.

Arrasado, deixei o escritório do camarada. As ruas de Paris fugiam debaixo dos meus pés, o céu assumira uma estranha cor amarela, toda realidade parecia enevoada, dissolvida na melancolia que eu trazia há meses, desde que meu livro assumira sua realidade, confrontado à prova de uma impossível publicação. O espectro da loucura parecia de novo pairar sobre a minha cabeça.

Tinha que percorrer esse calvário até o fim. Veio-me a idéia de propor meu texto à Editora Julliard, grande descobridora de jovens talentos nesses anos, desde o triunfo recente dos romances de Françoise Sagan.

Dirigi-me ao belo prédio da Rua de l'Université, sede da editora, para apresentar, candidamente e sem nenhuma recomendação, minhas folhas já amassadas. Na recepção, uma moça informou-me que a entrega dos manuscritos se fazia numa porta mais adiante. Onde? Ali, naquele portão, atravancado por um caminhão do qual descarregavam caixas de livros, um grande entreposto, em suma, onde se atarefava um porteiro de macacão cinza.

"É para um manuscrito". Ousei essas poucas palavras dirigidas ao cérbero pouco amável, atarefado com o descarregamento do precioso caminhão e que devia ter visto desfilar milhares de manuscritos.

"Coloque-o ali", respondeu-me o homem cinzento sem nem mesmo me olhar, "ali sobre aquela mesinha... vão lhe escrever.

– Como vão saber onde me encontrar?

– Pois inscreva então seu endereço na capa!".

Decidi-me, convencido da inutilidade de minha iniciativa, uma garrafa lançada no oceano dos manuscritos que ninguém leria. Abandonei, com a alma a meio pau, minha pobre pasta de papelão sobre uma mesa empoeirada.

É verdade que nesse ínterim outros acontecimentos me haviam duramente atingido. A breve lua-de-mel de minha vida de casal novinho se transformara numa feia careta, na forma em que minha neurose ia definitivamente cristalizar-se. Um incidente, aparentemente fútil, desencadeou meu mal íntimo, parte de obscenidade de minha existência. Uma humilhação gratuita, infligida em público, por um antigo camarada de classe preparatória, cuja origem do norte da África eu ingenuamente pensara que deveria nos aproximar, pequeno canalha anti-semita, humilhação em que minha companheira, a contragosto, viu-se metida. Surpreso, eu não soubera o que responder, totalmente paralisado, pensando que a resposta mais de acordo com a minha ideologia do terceiro-mundo era fingir indiferença, ali onde um bom soco teria sido a resposta adequada. Como o pai de Freud, "peguei meu chapéu na sarjeta". Após o incidente, permaneci mudo de dor durante vários dias antes que o sintoma mórbido tomasse forma. Algo como o espelho que sustentava minha presença no mundo tinha irremediavelmente voado em pedaços.

Como nomearia essa terrível dor que ia agarrar a minha alma e não mais me largar, paralisando minha energias, mergulhando-me numa tristeza inconsolável, que só o horizonte de meu fim tornava suportável? No entanto, foi essa obscena cicatriz secreta que me conduziu à psicanálise e a reencontrar meu caminho, perdido há tantos anos.

A leitura do célebre romance de Albert Cohen, *Bela do Senhor*, permitiu-me dar a esse mal um nome alusivo que os numerosos leitores do livro entenderão: a *síndrome de Solal*, o espantoso ciúme organizado por inteiro em torno da pessoa amada que dá àquele que o sente um irresistível desejo de morte, mal pernicioso que acaba por engolir os dois amantes. Acrescento que não aprecio nem um pouco esse livro, nem entendo o porquê da fama exagerada de que goza. Não há em Albert Cohen nenhum eco dessa ternura que chamamos paternidade e filiação. Até sem evocar a repetição de incríveis juízos feitos sobre o mais sublime dos músicos, Jean-Sébastien Bach. Resta que a descrição feita do mal de que sofre Solal, propriamente clínico por sua precisão, descreve perfeitamente o mal que me atingiu no decurso de meus vinte e um anos.

Hoje sei que sem essa dor, sem o combate travado palmo a palmo contra ela, eu nunca teria feito esse pedaço de caminho que justifica minha existência. Lacan poderá a justo título repetir-me este adágio que ele havia forjado: o que pode acontecer de melhor a um ser humano são os estragos de sua existência.

A morte precisamente, a morte concreta, eu não ia tardar a vê-la de perto. A guerra da Argélia, naquele inverno de 1962, aproximava-se de seu desfecho e a OAS*, movimento de tendência fascista, multiplicava seus atentados no coração mesmo de Paris. O Partido Comunista convocou uma grande passeata, que foi proibida. A palavra de ordem foi mantida, no entanto, e me dirigi ao ponto de encontro, na Praça de la République. Logo me vi no meio de um imenso cortejo. Flutuava nos gritos dos militantes um ligeiro e inebriante perfume de insurreição. Para mim, já era como o início da grande Revolução. Logo nosso cortejo parou. À direita, no cruzamento dos bulevares Voltaire e Richard-Lenoir, vindo da Praça de la Bastille, ao lado, surgiu outro imenso desfile. Deixamo-lo passar, aplaudindo com todas as nossas forças esse reforço. Ignorávamos que, alguns minutos mais tarde, essa onda humana seria para nós um escudo salvador. Depois retomamos nossa marcha em direção à Praça de la Nation, num passo vivo, inebriados pelas palavras de ordem que gritávamos, comungando nestes slogans: *A paz na Argélia, OAS assassinos*. Mas, de repente, quando acabávamos de passar pela Praça Léon Blum, vi a multidão refluir, tomada de um pânico louco. Homens corriam em todos os sentidos. Outros, mais temerários, quebrando as grades metálicas das árvores e armados dessas munições, precipitavam-se para a frente. De repente, ali, a alguns metros de mim, a forma monstruosa de homens de capacetes, vestidos de preto: os CRS** atacavam a cacetadas no fim da tarde. Tive o reflexo de me refugiar na entrada de um prédio onde outros manifestantes haviam encontrado abrigo. Pela porta ligeiramente entreaberta contemplávamos, impotentes, um tira agredindo um rapaz bem jovem. A cena durou alguns segundos,

* Organização do Exército (*Armée*) Secreto, grupo clandestino contrário à independência da Argélia (NT).

** Companhia republicana de segurança, tropa de elite encarregada de reprimir as manifestações públicas (NT).

que me pareceram uma eternidade. Depois uma calma relativa se fez. Levantaram o rapaz ferido, um estudante. Um pouco de sangue maculava seus cabelos louros. Propus acompanhá-lo até a sua casa, perto do *Boul'Mich'*. A tempestade parecia ter-se acalmado. No entanto, de volta ao quartinho que eu dividia com minha companheira, desabei. O choque fora terrível e só o senti realmente uma vez protegido. No dia seguinte ainda, foi-me impossível deixar meu torpor e voltar à Escola de Grignon, onde as aulas prosseguiam.

Sozinho no quarto, liguei o rádio. Fiquei então sabendo o quanto a manifestação da tarde anterior fora violenta, dramática. Contavam-se nove mortos entre os manifestantes assim como dezenas de feridos, meus companheiros de uma tarde. O choque mais violento ocorrera no metrô Charonne, a duzentos metros do lugar onde eu me encontrava, devastando o cortejo que havíamos deixado passar. Alguns dias mais tarde aconteceu o funeral das vítimas. Mais de um milhão de pessoas assistiram, multidão silenciosa que afirmava assim que a guerra da Argélia não podia mais durar.

Todos esses acontecimentos, esses múltiplos traumas me quebraram. Prostrado, roído de ciúme, habitado por um sentimento de perseguição, eu tinha que encontrar uma solução, me consultar. A hora de encontrar a psicanálise havia enfim soado?

Sem recursos financeiros, dirigi-me ao ambulatório dos estudantes, ao BAPU. Minha depressão era espetacular, os soluços me oprimiam. Fui recebido pelo Dr. G., que me receitou calmantes. Eu teria preferido mais escuta. Mas tinha eu escolha? A medicação, que não teve efeito algum sobre meu estado, era, no entanto, acompanhada de uma "psicoterapia de inspiração analítica". Estranho vocábulo e estranha prática. Eu devia deitar-me numa banqueta mais próxima de uma cama de exame médico que do divã de Freud e devia falar. Era preciso "entrar no jogo" e eu me dispunha a esse jogo esperado há tantos anos.

Numa das primeiras sessões, fiquei muito feliz por relatar um sonho, sinal incontestável de que minha análise havia de fato começado. G. interrompeu-me imediatamente:

"Os sonhos são muito importantes em análise. Mas o que estamos fazendo aqui é apenas uma terapia de inspiração analítica".

A partir desse dia, minhas sessões tornaram-se longos momentos de silêncio. Eu não tinha realmente nada a dizer, a cabeça vazia, embaraçado por aquele estranho dispositivo. Eu estava pagando uma soma simbólica a cada vez. Entretanto, agarrei-me àquele *ersatz* de cura como quem se afoga se agarra desesperadamente ao destroço que está ao alcance da mão.

Os acontecimentos não cessavam de se atropelar. Alguns dias depois dessa crise aguda que me forçara a me consultar, minha companheira me anunciou, atordoada, que estava grávida. Como assumir tal responsabilidade nas condições materiais que eram as nossas, dois estudantes vivendo num minúsculo quarto, o fim dos estudos ainda bem longe, e eu em plena falência psíquica? Uma loucura, portanto. Mesmo assim não hesitei um instante. Algo em mim, e no que diz respeito só a mim, rejeitava a idéia de aborto. Esse ato me repugna, confesso. Começar assim uma vida amorosa em geral conduz esse amor à dissolução, ou pior ainda. Propus então à minha companheira, hesitante, que nos casássemos e acolhêssemos aquela criança em nossa miséria.

Com o distanciamento e o saber adquiridos desde então, fica claro que aquela gravidez suspeitada antes mesmo de sua manifestação foi talvez a causa principal da tempestade psíquica que atravessei. O anúncio de uma paternidade provoca em todo espírito masculino um profundo abalo, às vezes um desabamento psicótico. Muitos povos acompanharam esse fenômeno de ritos conjuratórios chamados *couvade*[1].

Nosso casamento então foi decidido. Mas seu anúncio provocou em meus pais uma nova tempestade. O filho mais velho ia se casar com uma gói, uma não judia. Receberam a notícia como se fosse a mais terrível das tragédias. Certa manhã, desembarcaram em Paris sem avisar para tentar fazer-me mudar de idéia. Mas o barulho e o furor presentes em suas cartas não tiveram seqüência. Em menos de uma hora foram conquistados pelo encanto e pela doçura de minha companheira. Precisava-se, no entanto,

---

[1] Cf. Theodore Reik, *Le Rituel*, trad. fr. Denoël.

salvar as aparências, organizar uma conversão e um simulacro de casamento religioso. Feita a coisa, voltaram para Túnis.

O casamento civil revelou-se, para nossa grande surpresa, bem mais difícil de oficiar. As burocracias de nossos dois países, a Itália e a Tunísia, acumulavam complicações. Foram necessários pelo menos seis meses para juntar, traduzir e selar os papéis.

Mas, nesse meio tempo, a mais maravilhosa, a mais inesperada das notícias aliviara o peso dessa avalanche de acontecimentos. Numa noite desse mesmo inverno, antes de subir pela escada de serviço que nos conduzia a nosso quartinho de boêmios, no sexto andar do prédio, nossa atenção foi atraída por um envelope em meu nome, amassado, um *pneumático** como existia então, pregado no quadro do medidor de gás. Impresso no envelope, o nome do expedidor: Editions René Julliard. Antes mesmo de abri-lo, eu pressentia o conteúdo favorável, senão, por que um pneumático? Com os dedos febris, retirei uma folha. Lembro-me ainda das palavras tremendo diante dos meus olhos. "Os relatórios dos leitores muito elogiosos... passe o mais rápido possível ver-me para uma entrevista, cujo resultado só pode ser favorável... Assinado: o diretor literário, René Javet".

Exatamente quatro semanas após a homérica entrega, na poeira de um entreposto, da pobre pasta de papelão contendo as folhas mal datilografadas, Julliard me publicava. Foi a felicidade mais indizível que se possa imaginar. Convencer um editor a publicar um livro permanece para mim, hoje ainda, uma das alegrias mais puras, mais belas, verdadeiras núpcias renovadas como nessa noite na minha escada de serviço, quando eu apertava na mão o envelope mágico, abraçando forte A..

No dia seguinte, numa hora decente, telefonei ao editor e um encontro foi imediatamente marcado.

O diretor das Editions Julliard, Javet, recebeu-me com muito calor. Eu estava perdido numa confortável poltrona no meio de seu vasto escritório. Ofereceu-me uma bebida, um pequeno charuto. "Os resumos de leitura são muito elogiosos", disse-me. Eu não acreditava nem em meus olhos nem em meus ouvidos. Sem perder tempo, Javet me propôs um contrato

* Carta enrolada dentro de um tubo (NT).

com um adiantamento que me pareceu suntuoso comparado com a minha bolsa de estudante. (Dediquei-o à compra de minha primeira máquina de escrever).

Seis meses mais tarde, o livro foi publicado. Enviei um exemplar a Simone de Beauvoir e a Sartre. A resposta de Simone de Beauvoir não tardou. Em sua carta muito elogiosa, ela me perguntava se eu escrevera outros textos que ela me propunha publicar em *Les Temps modernes*. Informava-me também que Sartre estava me lendo, que gostava de meu livro e que com certeza me escreveria, assim que acabasse a leitura. Mas nunca recebi essa carta. No ano seguinte, Sartre publicava sua própria autobiografia, *As palavras*. O relato de minha própria infância, que ele lera, portanto, naquele mesmo ano, teria despertado nele o desejo de escrever a dele? Divirto-me às vezes acariciando essa hipótese.

Submeti a Simone de Beauvoir um conto que eu acabava de escrever e que lhe pareceu, com razão, insuficiente. Nossas relações epistolares cessaram assim.

Eu prosseguia aos trancos e barrancos minhas entrevistas semanais com o Dr. G., ou antes, minhas sessões feitas de silêncio, de ausências, de retorno, aceitando ou recusando deitar-me sobre o objeto que supostamente era um divã. Eu gostava mais do frente a frente que me permitia algumas trocas verbais, às vezes sobre assuntos gerais, culturais. Ignorava então tudo da crise que na época dilacerava o movimento psicanalítico francês. Foi pelo Dr. G. que ouvi pronunciar pela primeira vez o nome de Lacan e percebi a admiração que sentia por ele, embora tivesse escolhido o campo de seus adversários.

Pouco a pouco eu ia voltando a mim. Minha dor estava sempre presente, mas entorpecida, colocada à distância. Evidentemente, eu ia pagar com o preço normal o calamitoso ano universitário que eu acabava de terminar. Tive que repetir o segundo ano. Meu filho tinha nascido e meu livro fora publicado. Morávamos agora na residência universitária de Antony, o que melhorou nossas condições de existência. Chegavam ao fim os horríveis quartinhos ou o porão mal aquecido onde havíamos passado alguns meses.

Meus estudos desenrolavam-se em Grignon, a mais de trinta quilômetros de nossa residência. Pensei suprimir essa distância comprando uma lata-velha para dividir meu tempo entre os dois domicílios.

No mês de dezembro de 1962, uma estrada coberta de neve, freios defeituosos e um caminhão de fato quase puseram fim à minha medíocre existência. Transportado sem sentidos ao Hospital Vaugirard, descobri, ao retomar consciência, uma das últimas e sórdidas salas comuns onde várias dezenas de doentes misturavam seus sofrimentos. De manhã bem cedo, um de meus vizinhos foi levado num carrinho marrom, o veículo que levava ao necrotério. Depois de uma semana de hospitalização, ainda mal seguro sobre as pernas, voltei para casa.

Fui pouco a pouco superando esses golpes da sorte, aos quais com tanta freqüência eu me expunha.

Um novo projeto germinara em minha mente sobre as cinzas do luto de meu patriotismo tunisiano. O futuro no país natal doravante parecia irremediavelmente comprometido para nós judeus, condenados à sorte dos cidadãos de segunda categoria. Meus próprios pais, tão ligados ao país, tinham escolhido como tantos outros o exílio parisiense. Eu tinha então de virar a página tunisiana, tão essencial, da minha existência. O que eu iria fazer de meu saber agronômico? Decidi ir oferecer meus serviços à jovem república socialista de Cuba, que aparecia então como uma utopia enfim realizada, um verdadeiro paraíso fraterno e ensolarado.

O espaço-tempo entre o surgimento mental de uma idéia e a sua execução nunca foi muito longo em mim. Dirigi-me, pois, ao consulado de Cuba, perto do Ópera, onde fui recebido pelo adido comercial a quem apresentei minha candidatura. Ele a acolheu com simpatia. A partir desse dia, recebi regularmente um certo número de publicações, de propaganda, evidentemente. Mas o que eu lia de diferente então, através da literatura do PC, do jornal *L'Humanité*, das obras de Marx e Lenin? Periodicamente, eu encontrava o adido comercial. Ele me informava que, depois de estudarem meu dossiê, minha candidatura fora escolhida pelas autoridades cubanas, que dali por diante era preciso esperar a conclusão de meus estudos.

Eu, naturalmente, escolhi, portanto, especializar-me em agronomia tropical. As aulas eram em Nogent-sur-Marne, o que ao mesmo tempo suprimia a dolorosa clivagem entre meu domicílio em Antony e minha necessária presença em Grignon. Acompanhei durante esse ano o ensino de René Dumont, que em breve se tornaria o porta-bandeira do movimento ecologista francês. Dumont nos fascinava. Analisava diante de nós, partindo de picantes anedotas tiradas de suas viagens, os sistemas agrícolas ditos socialistas, os de Cuba e da China principalmente. Era uma análise mais crítica, ao mesmo tempo que impregnada de simpatia por essas experiências de cara fadadas ao fracasso. Apesar do carisma pessoal, o ensino de Dumont parecia-me anedótico, sem relação com o contexto dos problemas. Eu tinha mais gosto pelos sistemas que pelo pragmatismo.

Minha estada em Antony permanece em minha memória como o período feliz de minha formação universitária. A residência era um dos bastiões dos estudantes comunistas e tornei-me um militante ativo. Naquela "estufa" constituída pela residência, fomos muitos a cultivar nossa primeira formação política. Entre nós, Jospin e Allègre militavam nas seções rivais do Partido Socialista. No domingo de manhã, a cada duas semanas, eu vendia *L'Humanité-Dimanche* em companhia de meu amigo Olivier Kahn.

Mas Antony não era só um lugar altamente politizado, era também um espaço de cultura, um fórum permanente de trocas entre estudantes que seguiam as mais diversas formações. Assim fiz amizade com Paul Méfano, meu vizinho de andar que me iniciou na música contemporânea. Ele me confiou que sua vocação musical tinha aparecido bem tardiamente, depois do vestibular. Ia tornar-se um dos jovens compositores mais promissores, já reconhecido por Darius Milhaud e Pierre Boulez. Com certeza, foi a partir dessas conversas que se imprimiu na minha mente a idéia de que era possível trocar tardiamente de orientação.

Minha estada em Antony durou três anos. O clima a um só tempo sereno e no entanto efervescente de vida permitiu-me reconstruir-me. Foi nesse período que nasceu meu segundo filho.

Tinha enfim que encerrar meus anos de estudo com uma monografia. Escolhi como tema o estudo de uma estranha experiência de povoamento e "desenvolvimento" – palavra-chave dos estudos que eu fazia – que se desenrolara em Madagascar, na região da Sakay. Ela germinara na mente de um administrador colonial após a grande revolta, mergulhada em sangue, de 1947. Tratava-se de trazer um contrapeso demográfico à população malgaxe, tornada pouco segura, instalando nas proximidades de Tananarive milhares de "pequenos brancos" que moravam nas partes altas superpovoadas da Ilha da Reunião, bem próxima. O modo de colonização cooperativo judeu que culminara na criação do Estado de Israel servia aqui de referência e, com certeza, foi um dos motivos inconscientes de minha curiosa escolha. Ela teve uma conseqüência inesperada.

O projeto Sakay fracassou lamentavelmente, mas deu lugar a um número impressionante de relatórios e arquivos que comecei a consultar. Ora, na massa insípida dessa bibliografia de administração, uma referência voltava com freqüência: *Psicologia da colonização* de Octave Mannoni[5]. Seu título me desagradava, pouco marxista, até mesmo de aspecto reacionário. Decidi, mesmo assim, ler a obra. Foi um choque. No deserto das relações repetitivas, enfim uma leitura vivificante que entrava em sintonia com meus verdadeiros interesses ainda escondidos. Podia eu imaginar ao ler o título, e num tal contexto, que se tratava do ensaio de um psicanalista? Sabendo-o, tê-lo-ia lido? Tantos textos psicanalíticos que eu tentara ler naqueles últimos anos me haviam desanimado... A emoção sentida na primeira leitura de textos de Freud agora estava longe. E eis que eu a reencontrava nesse livro. Foi também meu segundo encontro com o nome misterioso e aureolado de um imenso prestígio, o de Lacan, com o qual Mannoni estivera em análise, e a obra trazia sua marca transferencial. Existia, portanto, uma outra psicanálise, apaixonante, bem diferente do caldo insípido que me acontecia percorrer e de minhas cansativas sessões de psicoterapia.

Mais tarde, depois de minha primeira permanência na África, consegui encontrar Octave Mannoni. Disse-lhe o quanto seu livro contara para mim, que ele me havia de certo modo revivificado. Ele me escutava antes longínquo e distraído. Então, sem saber muito como a coisa seria possível, pedi-lhe para tomar-me em análise. "Como você quer, se está morando na África?".

Lacan, em seu lugar, teria com certeza encontrado outras palavras, talvez me tivesse proposto lhe escrever, ter algumas entrevistas durante meus

---

[5] Republicado em 1997 com o título *Le Racisme revisité*, Denoël. Não fiz a comparação do texto original e de sua reedição.

períodos de férias. Ficamos naquilo. Mannoni, decididamente, não entendeu nada do meu pedido, do caminho que eu me esforçava em trilhar, feito um cego às apalpadelas.

Anos mais tarde, quando éramos ambos membros da Escola Freudiana, aconteceu de nos cruzarmos durante congressos. Mas ele não me reconhecia e eu não via nenhuma razão para lembrar-lhe esse episódio. Os livros costumam valer mais que seus autores.

Eu era enfim possuidor de um belo diploma de engenheiro agrícola, duplicado de um certificado de especialidade em agronomia tropical. Empreendi, então, os últimos trâmites em vista de minha grande partida para Cuba. O consulado informou-me que havia uma passagem de avião para mim na embaixada, na Avenida Foch. Dirigi-me para lá e entregaram-me a passagem. E quanto às passagens da minha mulher e de meus dois filhos? Explicaram-me que era preferível que eu partisse só, a fim de preparar a vinda deles em melhores condições.

A separação pareceu-me cruel, mas o argumento tinha toda a aparência de bom senso e aceitei.

No entanto, essa espécie de providência que se manifesta quando meus passos me conduzem a algum abismo exprimiu-se de novo. Eu devia tomar o avião para Havana uma semana mais tarde quando o jornal *L'Humanité*, minha leitura diária, começou a publicação de uma apaixonante reportagem sobre Cuba, escrita por Jacques Arnault, um membro do Comitê Central, por outro lado responsável pela revista *La Nouvelle Critique* e com quem eu um dia cruzara em minhas atividades militantes. Aqueles longos artigos confirmavam a maneira como eu imaginava Cuba: a realização enfim bem-sucedida da utopia socialista, o paraíso terrestre, em suma. Minha exaltação militante viu-se reforçada. Eu era aquele feliz *homo viator* que em breve ia pisar o solo daquela terra abençoada. Abri-me com Michel Dion, um colega de Antony, estudante de sociologia, cujo bom senso e amizade eu sempre apreciara. "Por que não encontrar Jacques Arnault e falar-lhe da sua partida? Quem sabe ele não lhe dá algum bom conselho?".

Eu confessava não ter pensado nisso. Tudo me parecia tão claro, tão luminosamente evidente... Mas o amigo Dion fora convincente e telefonei a Arnault, que me recebeu no dia seguinte.

Felicitei-o por seus belos textos, escritos sem aquela "verborréia" que costumava desfigurar a prosa do Partido. Depois evoquei minha próxima partida. Arnault levou um susto.

"Você é solteiro?

– Não, casado, e pai de dois filhos pequenos.

– E eles vão acompanhá-lo?

– Não, eles virão me encontrar quando a minha instalação estiver feita".

Essas últimas palavras pareceram horrorizá-lo. Seu discurso de repente mudou por completo.

"Infeliz!", gritou-me. "Você não vai mais ver de novo a sua mulher e os seus filhos. Você não imagina a situação que reina lá.

– Mas os seus artigos... tão entusiastas... tão encorajadores...

– Meus artigos são uma coisa, a realidade é outra!", confessou-me com muita coragem. Depois, reagindo, e voltando à linguagem prudente do militante, acrescentou:

"Você entende, os camaradas lá têm muitos problemas. O imperialismo torna a vida deles muito difícil.

– Justamente, desejo levar a minha ajuda aos camaradas".

Arnault deve ter então entendido com que tipo de ingênuo idiota ele estava lidando. Aquele grande sujeito tinha decidido, no entanto, me salvar. Com efeito, o que me teria acontecido, no caos da ilha, cidadão tunisiano em ruptura com seu governo? Francês, eu com certeza teria podido procurar a embaixada da França para um eventual repatriamento. Arnault usou, portanto, de esperteza. "Vá, já que faz questão disso. Mas eu em seu lugar poria aí uma condição: que a sua família o acompanhe, senão você devolve o bilhete".

Arnault me recebera nas dependências do *Humanité*, era um dirigente do Partido. Seu conselho soava, portanto, como um aviso político que segui, disciplinado como sempre, às vezes com coices desajeitados.

Voltei à embaixada de Cuba e exigi passagens para a minha pequena família. Declararam-me impossível a coisa. Devolvi, então, a que estava comigo. Tudo se passou em alguns minutos, numa cinzenta banalidade. Um sonho cultivado há muitos anos desabava sem que nada na ordem do mundo fosse ao menos afetado. Fiquei órfão de meu desejo de servir.

Na África

Eu tinha agora que ganhar a minha vida com um emprego trivial, tornar-me um "agente do neocolonialismo", deixar a residência universitária de Antony e encontrar um lugar para morar.

Encontrei meu primeiro emprego de engenheiro nos escritórios parisienses do Instituto de Pesquisa para oleaginosos, no departamento dendê. Essa cultura, feita com as melhores técnicas agronômicas, levava-me de volta às belas tamareiras da minha infância e à minha nostalgia enterrada. Ollagnier, o diretor do instituto, era uma estranha pessoa. Trancado em seu escritório mal iluminado e enfumaçado, dirigia de Paris, e com excepcional inteligência, o conjunto das pesquisas feitas na África. Diziam que era provido de um sexto sentido, de uma espécie de telepatia com as plantas que cresciam a milhares de quilômetros, uma loucura pouco comum. Fumando uma eterna guimba, buscava nas palavras de todo interlocutor, que ele encarava em silêncio, a falha do raciocínio. Esta encontrada, seu rosto clareava então com o sorriso de Mefisto antes de nela pôr um dedo cruel e infalível. O homem me fascinava e me aterrorizava ao mesmo tempo. Eu a um só tempo temia e esperava os momentos em que ele me convocava a seu escritório, pois a rapidez de sua inteligência era propriamente mágica.

Devo ter-lhe agradado, pois, após os três meses regulamentares de experiência, anunciaram-me que eu servia e que me davam um pequeno aumento. Meu salário era, na verdade, bem miserável após tantos anos de estudos, mal bastando para pagar o aluguel do pequeno apartamento que ocupávamos em Meudon-la-Forêt. Por isso, eu havia manifestado o desejo de ser enviado como pesquisador a um país da África, assim que um posto estivesse livre, já que lá os salários eram mais significativos. Mal obtive minha titularidade, lancei-me no estranho projeto de criar nesse instituto, herdeiro das tradições coloniais das grandes plantações de seringueiras e de dendê, uma seção da CGT e de afirmar minhas opiniões comunistas.

Não durei muito. Um mês após receber meu título, avisaram-me de que estava despedido. Mas não precisava ficar preocupado. Já que fazia tanta questão de conhecer a África, iam mandar-me para lá... aos cuidados de outro instituto, o das culturas de víveres. A bobagem que eu cometera afigurou-se uma das grandes chances da minha vida.

O acolhimento e as condições de trabalho que encontrei no Instituto de culturas de víveres eram bem mais favoráveis. Não havia mais a atmosfera de suspeita e aquela pressão profissional de todos os instantes, acompanhada do sentimento de ser sempre insuficiente.

Fui amavelmente recebido pelo diretor-adjunto, Sr. Van Poorten. Este desejava definir comigo a especialidade à qual eu queria me dedicar, levando em conta ao mesmo tempo as necessidades do instituto. Van Poorten evocou vários postos disponíveis. "Não penso que a rizicultura lhe interesse.

– Pois sim, precisamente", respondi-lhe com entusiasmo. Com efeito, ao longo de meus estudos em Nogent, a cultura do arroz me havia particularmente interessado. Esse cereal não era o mais importante, o alimento principal de bilhões de homens, além disso requerendo uma rica combinação de técnicas, o uso da irrigação? A rizicultura não constitui a infra-estrutura econômica de civilizações complexas? A palavra cultura podia, nesse caso, ser entendida nesses dois sentidos.

"Pois cai bem! Temos falta de especialistas em arroz. Resta-nos organizar a sua formação. Você fará um primeiro estágio no Senegal, na estação de Richard Toll, depois passará um tempo em nossas estações de Madagascar, antes de ocupar seu primeiro posto, com certeza na Costa do Marfim".

Estágios, um salário bem mais elevado, eu não esperava tanto. Sobretudo, eu me metamorfoseara em entusiasta adepto dessa pequena planta, *Oryza sativa*, o arroz, até identificar-me com ela, dar-lhe uma alma, a alma. Eu em breve ia dedicar ao ofício de rizicultor, a mais bela das especialidades agronômicas, uma verdadeira paixão, de que ainda tenho saudade. A vista de um arrozal, cujo verde terno da folhagem não parece com o de nenhum outro, pode, ainda hoje, me perturbar.

Alguns dias mais tarde, acompanhado por toda a minha pequena família desta vez, voei para Dacar. Iniciei minha carreira em Richard Toll, no norte do Senegal, sob a autoridade benevolente do Sr. Couey, um jovial vietnamita que teria pertencido, diziam, à família do imperador destituído Bao Daï. Ele vivia com bonomia seu exílio nessa região ingrata do globo.

Couey concebera o projeto de "endurecer-me". "Ele é muito mole", dizia aos que se espantavam de vê-lo me confiar, mal desembarcara, as tarefas mais duras. Aquela "moleza" ia rapidamente derreter de tanto acordar com a aurora para ir implantar testes no delta do rio a algumas dezenas de quilômetros de Richard Toll, suando toda a água do meu corpo sob o impiedoso sol daquela franja meridional do Saara até horas tardias do fim do dia. Nem uma árvore e sua sombra benfeitora nessas terras regularmente inundadas no momento da cheia. Eu então tinha raiva do carrasco chinês, cujas competências agronômicas não me haviam convencido. Não percebia a real simpatia que ele sentia por mim e que essas poucas misérias logo iam permitir que eu enfrentasse melhor esse ofício difícil. Seis meses desse regime e eu efetivamente me tornei um rizicultor aguerrido. O pobre Couey, este, devia desaparecer dois anos mais tarde, num acidente de carro, numa dessas mortíferas estradas esburacadas da África.

Parti em seguida, sozinho, para Madagascar. Minha mulher estava esperando o nascimento de nosso terceiro filho. Da mesma forma que eu havia detestado Richard Toll, a velha cabana em ruínas, as impiedosas nuvens de pernilongos, a paisagem ingrata, os arrozais mal cuidados, infestados de mato ruim, da mesma forma a beleza da grande ilha, com sua pitoresca capital, a doçura toda em curvas femininas de suas paisagens me seduziu.

Minha estada em Tananarive foi breve. Meu estágio devia desenrolar-se na grande estação do lago Alaotra. Um trenzinho me levou até lá após uma viagem interminável. Misturado à população local, eu no entanto deveria ter apreciado a pitoresca viagem entre as colinas, os *tanety*, com as paradas repetidas do trem em curiosas estaçõezinhas, os vendedores de frutas exóticas, de tubérculos cozidos, de frangos, que se colavam nas janelas do vagão para apresentar os produtos. Mas o coração não estava ali. Eu estava ali para trabalhar. Mais tarde me espantarei, turista eventual, de ter ficado insensível a tantas belezas. Por enquanto, estava morrendo de vontade de ver acabar antes da noite aqueles solavancos insuportáveis.

Ao chegar a meu destino, fiquei sabendo que nenhuma função particular me seria confiada. Minha estada de três meses foi um longo período de ócio. Dividia a habitação e a mesa com um jovem técnico expatriado, que tinha a seu serviço um excelente cozinheiro malgaxe, respondendo pelo curioso nome de Fet' Nat'* porque nascera num 14 de julho. Foi no fim dessa estada que recebi a notícia do nascimento de meu terceiro filho.

Meu ano de formação estava agora acabado e eu esperava serenamente minha primeira nomeação. Devia ser, como prometido, a rica Costa do Marfim. Era preciso criar uma primeira estação de pesquisa do arroz na cidade de Bouaké. Brilhante perspectiva, portanto. No último momento, julgaram-me ainda insuficientemente aguerrido para tal responsabilidade e decidiram confiar o posto a outro pesquisador, o qual estava há vários anos mofando numa pequena estação perdida no cerrado de Casamance, no sul do Senegal, Séfa. Cabia-me, assim, mofar em seu lugar.

Foi uma dura decepção. Eu conhecia a estação de Séfa por lá ter passado alguns dias durante meu estágio anterior no Senegal. Eu havia detestado o lugar e a equipe que lá trabalhava.

Mas foi preciso engolir minha amargura. Melhor ainda, decidi, contra a opinião de meus superiores, aceitar o impossível desafio e fazer do arroz de sequeiro, considerado uma maldição, uma sorte para o Senegal. De fato, essa decepcionante nomeação vai se revelar, depois, a chance da minha carreira agronômica. "O que pode acontecer de melhor ao homem são os estragos de sua vida", refrão lacaniano que me foi dado verificar até a última gota. Voei então com meus três filhos, sendo que um deles tinha apenas dois meses de idade, para esse posto perdido, esperando que nenhum problema sério de saúde viria nos acometer. Com efeito, estávamos

* Festa nacional (NT).

separados, fosse de Dacar ou de Ziguinchor, por um rio que só era atravessado por velhas barcas, após esperas intermináveis.

Séfa pertencia a um importante complexo agro-industrial, a CGOT, criada após a Segunda Guerra Mundial pelo poder colonial. A França precisava de oleaginosos; para cobrir esse déficit, vários milhares de hectares de floresta de Casamance foram cortados para neles cultivar amendoim. Foi um desastre agronômico. Teve-se então a idéia de intercalar, numa rotação de culturas, o arroz de sequeiro, um arroz que não seria cultivado num arrozal clássico, submerso, mas à maneira do trigo na Europa, em vastos espaços semeados e colhidos mecanicamente.

Os rendimentos desse arroz de sequeiro foram muito medíocres. O *déficit de água* foi acusado de ser a causa do insucesso. Tanto o arroz está intimamente misturado, no imaginário, à cultura em parcelas submersas.

Os *a priori* sempre me irritaram. Decidi tirar aquilo a limpo: será de fato a falta d'água que explica as fracas colheitas? Minha intuição me dizia que não era nada disso. Assim, fiz uma experiência em que certas parcelas de arroz receberiam, com regador, um complemento de água, outras não o receberiam, e eu compararia os respectivos rendimentos. Eu queria provar que esse suplemento de irrigação, nessa região de florestas bem molhada, tinha pouca influência nas colheitas do arroz, que era preciso então buscar em outra parte o fator limitante. Se a natureza me dotou de um dom, é bem este, irritante para os que estão à volta, de cultivar o paradoxo. Diante de um impasse sentido por vários, convém tentar a solução oposta.

Meus colegas – éramos três engenheiros a mal conviver nessa pequena estação – acharam que eu era louco. Eu estava gastando o parco dinheiro da pesquisa, o que suscitava neles uma cólera permanente. Eu estava ridicularizando a estação. Bem rápido a atmosfera se tornou irrespirável e, diante da burrice crassa, minha falta de jeito pode ir bem longe.

Coloquei em prática outras experiências, a partir de idéias simples. Procurava assim resolver uma dificuldade em seus fatores primeiros. Talvez os solos fossem pobres demais, lavados pela erosão? Eu verificaria isso fornecendo importantes doses de adubos. Por outro lado, o *a priori* sobre as supostas necessidades enormes de água do arroz fazia com que o semeassem muito tarde, quando as abundantes chuvas tropicais de julho estavam bem instaladas. Ora, essas trombas d'água tinham por efeito lavar os solos de seus elementos nutritivos, o que talvez explicasse a vegetação sofrida. Assumi, então, o risco de semeaduras muito precoces. Experimentei, por fim, algumas novas variedades. Tinha que determinar, urgentemente, o fator limitante, a razão de uma vegetação tão sofrida. Minha impaciência talvez tivesse outras razões, outros encontros existenciais me esperavam, mas eu ainda ignorava isso.

Esse ano de 1966, e o seguinte mais ainda, foi horrivelmente seco. O que primeiro me pareceu uma catástrofe acabou sendo uma chance suplementar. O céu, após algumas boas chuvas que fizeram brotar as sementes, parou, desesperadamente, no azul fixo. Eu não dormia mais. O mínimo ruído, a mínima folha caindo sobre o telhado de zinco da cabana acordava-me em sobressalto: estava enfim chovendo?

Para minha grande surpresa, minhas valentes mudas de arroz, impecavelmente alinhadas, resistiam. Elas se enrolavam quando o sol subia ao zênite e se abriam no orvalho da manhã. Depois as chuvas chegaram de vez. O arroz se desenvolveu soberbamente numa vegetação densa.

Veio a colheita. Para minha grande alegria, mas também para minha grande surpresa após uma tal seca, as diferenças de rendimento entre parcelas irrigadas e as que não o eram não se afiguravam significativas, não mais que aquelas devidas à contribuição maciça de adubos. O fator limitante não era nem a água, nem a fertilidade dos solos. Ele estava em outra parte, misterioso, talvez no tipo de variedade de arroz tradicional que utilizávamos.

A alguns quilômetros de nossa estação ficava uma fazenda experimental criada dois anos antes por uma equipe de agrônomos formosinos e da qual o arroz era a principal cultura. Meus *a priori* políticos, tingidos de maoísmo, dispunham-me mal para com esses chineses, perigosos reacionários certamente. Mesmo assim visitei a fazenda em companhia de um colega. As distrações eram tão raras em Séfa... Foi um choque. Os formosinos tinham transformado um pobre vale num magnífico jardim. Eu nunca vira arrozais tão belos. As espigas eram tão numerosas, apertadas umas às outras, tão cheias de grãos que os diquezinhos que cercavam as parcelas pareciam prestes a romper. Eles obtinham rendimentos três vezes superiores aos nossos e repetiam a proeza duas vezes por ano. A gentileza da acolhida me emocionou. Eu estava encantado diante de tal maravilha, jamais vista sob céus africanos.

Foi então que meu colega francês disse estas infelizes palavras:

"Está vendo, o que esta gente faz não é absolutamente adaptado a este lugar. É uma experiência artificial, sem aplicação.

– E as variedades deles?

– Só servem no sistema de cultura deles. De outro jeito, não tem interesse!".

Eram palavras características do estado de espírito dos agrônomos franceses enviados ao Senegal como cooperantes técnicos, estado de espírito contra o qual não tardei a me revoltar. As variedades "sem interesse" que os formosinos cultivavam em breve iam invadir o mundo sob o estandarte da "revolução verde".

Nossa instituição de pesquisa tinha por base principal a grande estação de Bambey, situada a leste de Dacar. Somas consideráveis lá eram engolidas sem nenhum resultado palpável. Um preconceito pesado paralisava a pesquisa: tudo o que se fazia em outra parte, fosse nos trabalhos do INRA, na França, ou nas grandes estações financiadas pelos americanos no México ou nas Filipinas, era por definição inaplicável na África. Era preciso inventar integralmente técnicas próximas do camponês africano. Bambey parecia um gueto onde, ao mesmo tempo, as pessoas se autocongratulavam e se dilaceravam em ciúmes inúteis, manifestação original de autismo científico. Sob esse erro estratégico dissimulava-se um preconceito colonial. Parecia-me evidente que, com os recursos limitados de que dispunham, os camponeses africanos tiravam o melhor partido possível de seus pobres solos lateríticos, cansados pela erosão. Por que faríamos sensivelmente melhor se não mudávamos fundamentalmente os dados agronômicos de base?

Esse estado de espírito me revoltava ainda mais porque eu acabava de descobrir por acaso (o acaso foi, com certeza, em toda a minha existência, meu melhor aliado) os notáveis trabalhos de pesquisadores japoneses e formosinos reunidos no Instituto do Arroz de Manila pelas grandes fundações Ford e Rockfeller, trabalhos que iam levar à "revolução verde". Escrevi a esse instituto, que não tardou a me enviar o relatório de seus trabalhos assim como as novas variedades anãs, adaptadas aos países tropicais, que esse instituto acabava de aperfeiçoar e que davam rendimentos fabulosos.

As variedades tradicionais, com as hastes longas e a folhagem exuberante, davam, estas, mais palha que grão. Decidi introduzir aquelas novas idéias em minhas pesquisas.

Mas rápido tive que pagar o preço de meu espírito de revolta, de minha vontade constante de pegar o contrapé das idéias admitidas e esse preço era a solidão intelectual. Os dois outros engenheiros da estação antipatizaram comigo. Eu não passava de um louco perigoso, a vergonha da estação. Viver no mato não é em si sempre fácil. Mas numa hostilidade entre quatro paredes a situação bem rápido fica intolerável.

Um novo golpe do acaso ia, no entanto, aliviar minha solidão e contribuir para preparar as mudanças futuras.

Eu havia há anos "pendurado" minhas aspirações intelectuais, meu gosto pelos livros, e só lia publicações técnicas ou revistas. Nesse contexto de marasmo espiritual, uma estranha experiência, insignificante e mágica, ia, num longo processo subterrâneo, mudar o meu destino.

De passagem por Dacar após uma visita obrigada a Bambey, entrei numa livraria para comprar jornais, ter algumas notícias do grande mundo de que estava cortado. Percorria assim com os olhos as estantes de impressos, quando senti uma presença atrás de mim. Isso pode parecer louco, incrível. Guardei, no entanto, uma lembrança de uma estranha vivacidade. Virei-me e o que vi era um livro de capa cinza. Li o título: *A favor de Marx*, de Louis Althusser. O nome do filósofo me era conhecido. Estudante comunista, eu havia lido com interesse alguns de seus textos em *La Nouvelle Critique*.

Comprei a obra com a intenção de oferecê-la à minha mulher, de presente, no próximo aniversário. Mas alguns minutos mais tarde, de volta a meu quarto de hotel, não resisti à irreprimível vontade de abrir o livro. Foi uma revelação. Eu, que perdera o gosto pelas obras abstratas, senti que minha mente despertava velozmente de um entorpecimento de vários anos.

Nos meses que se seguiram, tomei interesse pelas "ciências humanas" e não tardei a obter algumas das obras de que os semanários parisienses falavam tanto: *Ler o Capital* de Althusser, é claro, Althusser que eu acabava de eleger, num desses arroubos de que sou costumeiro, "meu *maître à penser*", *As palavras e as coisas* de Michel Foucault, mas também os *Escritos* de Lacan, revistas, dentre elas um *Cahier pour l'analyse*. Todas essas obras iam acumular-se sobre a minha mesinha de cabeceira antes de reconstituir minha biblioteca deixada de lado.

Após dez meses dessa vida africana, esgotante e irreal sob muitos aspectos, na febre da pesquisa e na mais extrema solidão moral, eu morria de vontade de rever Paris, de reatar com antigos amigos, camaradas do Partido na maioria, reencontrar meus pontos de referência como um marinheiro depois de uma longa travessia solitária.

Dois meses de férias me esperavam, a verdadeira vida para além desse parêntese africano. Essa esperança rapidamente virou pesadelo.

Em seu fim de inverno, Paris tinha o rosto pálido dos intermináveis dias de chuva. Eu não pertencia mais a esse quadro de vida. Meus antigos amigos estudantes tinham integrado uma vida ativa onde eu não tinha lugar algum. Algo em mim desabou. Durante mais de duas semanas, conheci uma espécie de crepúsculo em que as próprias referências temporais se atenuaram. Por vezes confundi manhã e noite. Eu vivia esse nevoeiro que me invadira a mente numa intensa angústia e numa constante vertigem.

Logo para mim se tornou difícil sair para evitar essa estranha realidade das coisas e dos lugares, e até deixar a cama. Em meus melhores dias, eu errava sem rumo em torno da Estação du Nord, depois de ter deixado a sórdida periferia de Paris onde moravam meus pais e onde estávamos hospedados.

Numa agência de viagens, uma jovem mulher notou meu ar perdido. Ousou-me falar disso. Encontrei-a duas ou três vezes para uma xícara de café. Revi meu amigo Olivier Kahn, que iniciava sua carreira de pesquisador. Pouco a pouco os fios se juntavam.

Dessa crise logo emergiu, como em vários outros momentos de minha vida, uma intensa necessidade de poesia. Pus-me, febrilmente, a escrever poemas, pequenos textos em prosa. Esses textos logo tomaram a forma de um diálogo com meu "*maître à penser*", Louis Althusser, que eu batizava com o pseudônimo "Pierre Mario". Escolhido aparentemente ao acaso, sem atentar para o detalhe, o nome Mario não era inteiramente inocente. Alguns meses mais tarde, eu publicaria um artigo no semanário do Partido, *France Nouvelle*, e de novo reaparecerá o pseudônimo de Mario, precedido dessa vez de Gérard. Minha relação com Althusser encontrava assim sua explicação, parcial pelo menos, como busca de uma filiação, aquela filiação *intelectual* que me fazia falta tão cruelmente, busca que por fim me conduziria à análise.

Logo esses textos formaram uma coletânea que intitulei "A volta do não-Ulisses", já que eu também fizera uma longa viagem, mas minha volta deixava-me desamparado.

Consegui me restabelecer, assim, espontaneamente. Meu trabalho de escrita ajudara-me a sair do abismo. Talvez essa crise assinalasse também as transformações profundas que se operavam em mim, como mostrava a referência a Althusser, que desempenhou na minha existência, e à sua revelia, o papel de passador.

Retomei, com a mente libertada, o caminho da África, de Séfa, afogada em seus *flamboyants* e buganvílias de todas as cores, o caminho de minhas parcelas de arroz. Mas desta vez acompanhado do desejo reencontrado de escrever. Os períodos sombrios da minha existência não são aqueles em que esse desejo fica de lado?

Ocupei minhas horas de sesta na organização definitiva de minha coletânea e a enderecei ao editor P.J.O., cujo endereço eu havia encontrado num tentador anúncio num jornal literário. Alguma semanas mais tarde, recebi a resposta, elogiosa. Meus textos eram aceitos, por conta do autor, evidentemente. A qualidade de meus textos justificava, explicavam-me, uma tiragem substancial. (Descobri posteriormente que o editor se limitará a imprimir uma centena de exemplares).

Lancei-me com impetuosidade numa nova campanha de experiências, utilizando amplamente as variedades formosinas e as que o Instituto de Manila me enviara. Eu agora tinha o apoio de um jovem agrônomo dinâmico, Lucien Séguy, que se tornara meu amigo. Minhas plantações estavam magníficas, de um verde intenso, e eu passava horas a contemplá-las. Em apenas dois anos de pesquisas, minhas hipóteses de trabalho se verificavam. O arroz de sequeiro não sofria de falta d'água, mas de técnicas errôneas e de variedades pouco produtivas. Os rendimentos haviam dobrado. Já então, eu lançava um programa de melhoria das variedades locais hibridando-as com as variedades formosinas. O assunto fez barulho suficiente para que Francis Bour, a um só tempo patrão carismático de nosso instituto e dirigente de uma firma de desenvolvimento que divulgava os resultados de nossas pesquisas (SATEC), nos visitasse durante sua passagem pelo Senegal. O trabalho realizado o impressionou:

"Você acha que poderíamos estender suas pequenas parcelas experimentais numa operação de grande envergadura?", perguntou-me.

"– Nossos resultados ainda são frágeis demais e nossas técnicas exigem um pessoal bem formado", preveni-o. "Eu tenderia mais para uma operação-piloto de algumas dezenas de hectares que permitiria formar esse pessoal, depois estender progressivamente a operação". Dali em diante eu pensava em "formosino".

Mas Bour estava buscando urgentemente novas idéias que lhe permitissem lançar grandes projetos financiados pelo Fundo Europeu ou pelo Banco Mundial, projetos que empregariam um grande número de engenheiros e de técnicos. A cooperação com a África estava em crise. Bour afinal não escutou meus conselhos de prudência e vai lançar dois anos mais tarde, com financiamento do Banco Mundial, uma grande operação de arroz de sequeiro em Casamance, operação que fracassará.

Quanto a mim, eu estava há um ano acumulando duas tarefas. Por um lado, prosseguia as promissoras pesquisas sobre o arroz de sequeiro em Baixa-Casamance, embora procurasse também estendê-las a outras regiões do Senegal. Por outro, tinha a responsabilidade de criar uma nova estação de pesquisa, sobre o tradicional arroz aquático desta vez. Essa estação ficava em Ziguinchor, capital da Casamance, e foi doravante ali que residi.

A cultura do arroz submerso era tradicional na Baixa-Casamance. Os valentes camponeses diolas, armados de uma imensa enxada, semelhante a um remo grande, o *cayando*, tinham há muito tempo plantado arrozais nos solos alagados de mangues cortados. O rendimento era irrisório.

O programa de trabalho que eu me fixara era esgotante. Agia em duas frentes, situadas a mais de cem quilômetros uma da outra, sem resignar-me a sacrificar ou a reduzir uma ou outra atividade. Apesar de tomar conscienciosamente Navaquine, conheci também os tormentos do paludismo.

Sentia-me, sobretudo, terrivelmente só, não encontrando nenhum encanto na vida colonial, nas bebedeiras, nas caçadas, nas expedições ao

Cabo Skiring. O surdo desejo de uma verdadeira vida intelectual me torturava. Os tormentos da minha "síndrome de Solal" tampouco me haviam abandonado.

Foi então que a minha coletânea de poemas saiu publicada. Enviei um exemplar ao inspirador, Louis Althusser. Algumas semanas se passaram quando, voltando de minhas plantações para o escritório, encontrei certa tarde, sobre a minha mesa, no meio da correspondência, um envelope trazendo o prestigioso endereço da Escola Normal Superior. Abri tremendo. Vinha de fato do filósofo, que entendera a homenagem disfarçada de minha pequena coletânea. Convidava-me a visitá-lo em minha próxima passagem por Paris. O que fiz alguns meses mais tarde.

Althusser recebeu-me em seu enorme escritório da Rua d'Ulm*. Eu estava muito impressionado. Falamos de meu trabalho de pesquisador, mas também de divulgador. Falei-lhe de uma reflexão, nascida no contato com os camponeses senegaleses. Entre as técnicas que tentávamos promover, algumas encontravam uma invencível e incompreensível resistência. Esta não resultava de uma rejeição ao progresso, já que outras técnicas, como a difusão de novas variedades, encontravam um interesse muito vivo e uma aplicação imediata. Entre os alunos de Althusser, um conceito estava então em voga, o de *modo de produção*, em particular de modo de produção asiático, repousando sobre as técnicas da irrigação. Essa técnica, precisamente, parecia inacessível ao rizicultor de Casamance, que se contentava em simplesmente reter a água da chuva, sem procurar dominá-la. Haveria, portanto, propus-lhe, um modo de produção especificamente africano?

Minhas observações o interessaram e ele me aconselhou a prosseguir com elas, a redigir algo sobre a questão.

Logo voltei para Casamance, revigorado por essa entrevista e pelo incentivo que ela parecia conter. A meu trabalho de agrônomo se acrescentava agora o projeto de uma reflexão, de uma produção teórica no campo do marxismo, minha alta ambição doravante possível. Elaborar uma teoria a partir de uma intuição, de observações fragmentárias é, a meu ver, uma

---

* Onde se encontra a École Normale Supérieure (NT).

das mais interessantes aventuras da mente. Nesse plano, a psicanálise vai me realizar.

Comecei, então, a trabalhar e bem rápido minha reflexão se organizou em torno da questão do trabalho humano. Logo me pareceu que este sempre se organizava em torno de três estruturas elementares. Era preciso de novo tirar de minhas horas de descanso para redigir, uso que eu perdera um pouco. Ao longo dos meses, uma pequena brochura tomou forma, brochura que enviei a Althusser. As semanas se passaram, longas, intermináveis, depois os meses. Recebi afinal uma breve mensagem. Althusser evocava de novo um misterioso nevoeiro que confundia sua mente, sua incapacidade de ler, ele, o autor de *Ler o Capital*, que tão profundamente me impressionara. Eu ignorava então tudo do mal em que ele devia em breve cair numa assustadora tragédia. Mas Hélène, sua mulher, que eu nunca encontrara, lera e apreciara meu texto, dizia-me. Esse ensaio vai ter seu papel em minha análise, alguns anos mais tarde.

Meu reencontro com Althusser devolvera-me também o gosto pela ação militante. Ziguinchor abrigava o estado-maior do PAIGC (Partido Africano da Independência da Guiné e do Cabo Verde), movimento de guerrilha dirigido por Amilcar Cabral, que travava com sucesso, na Guiné-Bissau bem próxima e nas ilhas do Cabo Verde, uma luta armada contra o colonialismo português. Fiz amizade com um jovem agrônomo formado em Cuba que me apresentou a Luis Cabral, irmão de Amilcar. Este, mais tarde, durante um breve período, presidiu o novo Estado independente. Por intermédio dele, pude entrevistar Amilcar Cabral pouco antes de seu assassinato. A entrevista saiu publicada no semanário *France Nouvelle*, sempre sob a assinatura de Gérard Mario.

Conheci, também nas dependências do PAIGC, um jovem médico português, judeu, além disso, como fiquei mais tarde sabendo, comunista puro e duro como eu, que desertara do exército português e vivia miseravelmente num quarto com sua mulher francesa e o filho bebê. Procurei ajudar esse mundinho com meus parcos recursos, dando ao agrônomo alguns quilos das minhas melhores variedades de arroz, oferecendo os brinquedos de meus filhos aos pequenos refugiados, respondendo aos pedidos do médico cada vez que ele precisava de curativos e de medicamentos. Aconteceu-me acompanhá-lo em suas visitas ao "Hospital do Partido", um simples entreposto com duas fileiras de camas de armar onde camponeses guineenses, crianças, mulheres, recebiam alguns cuidados, um concentrado da miséria do mundo.

Meu romantismo revolucionário, lembranças de Malraux e da Guerra da Espanha, de Cuba e do Che não me haviam deixado. Visitar durante as longas e perigosas marchas a pé as "zonas libertadas" pela guerrilha é, todos sabem, a mais bela expressão. Pedi então a Luis Cabral para autorizar-me a visitar as zonas libertadas da Guiné-Bissau. Ele aceitou.

Num domingo pela manhã (estávamos em fim de estação seca), um veículo veio buscar-me em casa. Dentro dele, meu amigo – o agrônomo guineense –, vestido com uma roupa militar, e um chofer guarda-costas. Partimos sobre pistas de laterito, entre os arrozais cinzentos e secos naquela estação e os raquíticos bosques de dendê. Depois de mal ter rodado uns dez quilômetros, o chofer parou. Tínhamos alcançado a suposta fronteira entre o Senegal e a Guiné-Bissau. Dali por diante era preciso continuar a pé, protegido por dois homens armados.

A paisagem não mudara, terras cinzentas rachadas e tufos de palmeiras sob um magnífico céu azul. Atravessamos alguns brejos secos. Depois de mais ou menos uma hora de marcha, atingimos uma vasta clareira onde distingui um grupo de uns cinqüenta homens armados de fuzis-metralhadoras, vestindo uniformes verde-oliva que me pareceram quase novos.

Um oficial lançou uma ordem e a companhia pôs-se em guarda. Estavam simplesmente prestando-me as honras militares, sem dúvida pela primeira e última vez na minha existência. O oficial pronunciou um breve discurso em crioulo da Guiné, do qual não entendi uma palavra. Com certeza me apresentava, a justo título, como um amigo do povo guineense e de seu valoroso presidente Cabral.

Logo tive que dizer também algumas palavras. Ouvi-me então pronunciar estas estranhas palavras:

"Trago-lhes a saudação da classe operária francesa, solidária com o vosso combate".

Eu só era agora francês há alguns meses. Um artigo do *Diário Oficial* informava-me que eu fora naturalizado. Foi com alívio, mas sem alegria, já que eu estava assim perdendo minha ligação legal com a terra natal que eu amava, a Tunísia. Um observador estrangeiro com certeza teria estourado de rir se ouvisse meu discurso naquela clareira.

Naquela efervescência de pensamento e de ação, eu percebia com uma nitidez cada vez maior que eu não estava no meu lugar. Entretanto, minhas pesquisas sobre o arroz apaixonavam-me e essa paixão me impedia de tirar a conclusão que se impunha: voltar à França. Para que tarefa nova?

Dois pequenos acontecimentos, dois incidentes iam, no entanto, precipitar a minha decisão.

Fui um dia convocado ao consulado da França em Ziguinchor para receber meu novo passaporte. Uma surpresa me esperava. Com vinte e oito anos e residindo no exterior, uma lei me dispensava do serviço militar. Evitar o exército constituíra uma razão suficiente para permanecer na África. Essa razão acabava de cair.

Mas o estalo definitivo aconteceu com a volta às aulas. Meu filho mais velho atingira a idade escolar. A escola era mantida por missionários. A idéia para mim já era penosa, mas foi pior a partir do primeiro dia de aula. O curso preparatório contava mais de sessenta alunos e durava dois anos. Enfim, a assistência às orações era obrigatória.

Pareceu-me insuportável que meus filhos tivessem uma escolaridade de segunda categoria e fossem, além disso, transformados em perfeitos cristãozinhos. Decidi voltar imediatamente.

O projeto do arroz de sequeiro entrava, então, numa fase pré-operacional. Durante as férias e a minha passagem por Paris, Francis Bour convidou-me para encontrá-lo e conversarmos. Aproveitei a oportunidade para lhe anunciar minha decisão de voltar à metrópole. Eu me abrira anteriormente com Jacques Mayer, um de seus mais próximos conselheiros. Mayer vinha com freqüência a Casamance para acompanhar as nossas pesquisas. Nossas relações eram excelentes, cheias de alegria. (Uma estrada africana esburacada ia, infelizmente, levá-lo prematuramente).

"E o que você conta fazer lá?

– Vou procurar um trabalho, qualquer coisa, meus filhos não vão sofrer por causa da minha carreira".

Bour permaneceu silencioso alguns segundos. "Você aceitaria trabalhar aqui, na sede da SATEC? Ajudará Jacques Mayer. Vou enviá-lo à África para missões de algumas semanas. Mas a sua família ficará durante esse tempo em Paris".

Aquela proposta me satisfazia plenamente. Aceitei. Sim, eu tinha, por uma vez, jogado bem minha partida. "Mas você se compromete a assegurar a organização da próxima campanha de experiências em Casamance".

Mas é claro! Eu podia assim dar adeus a meu caro arroz de sequeiro, à estação de Djibelor que eu começara a desenvolver. Essa última estada durou quatro meses. Depois voltei a Paris para ocupar minhas novas funções de conselheiro agronômico na direção da SATEC, Rua de l'Université, a alguns metros da Assembléia Nacional.

Minha primeira experiência profissional, a prática do paradoxo à qual minhas pesquisas sobre o arroz de sequeiro me haviam obrigado tinham profundamente marcado minha mente, meus processos de pensamento, minha relação com o impossível. Continuei sendo, de certa maneira, um agrônomo, com as botas na turfa dos arrozais e a mente fascinada pelas abstrações.

A "clínica" do Dr. Lacan

Na manhã mesma em que assumi minha função, Jacques Mayer convocou-me a seu escritório:

"Tenho trabalho para você. Aqui não se fica à-toa. Você sabe que a operação Alto Volta vai mal. Vá ver *in loco* se ainda é possível fazer alguma coisa. Eu sei, é uma missão desesperada, é por isso que estamos enviando você".

O amigo Jacques sabia encontrar as palavras certas.

Pouco depois da independência do Alto Volta[1], a SATEC havia lançado, com financiamento do governo francês depois europeu, uma ambiciosa e custosa operação de desenvolvimento de culturas de víveres no planalto mossi, de Ouagadougou a Koudougou, com grande reforço de engenheiros e de técnicos enviados da França. Essa operação, paralelamente à operação de desenvolvimento do amendoim no Senegal, conferira à SATEC o *status* de grande firma de estudo e de desenvolvimento. O princípio era simples: os voltaicos careciam de víveres. Para produzir mais, era preciso aumentar as superfícies cultivadas com milho, principal planta alimentícia do país. Mas as superfícies que um camponês pode preparar e cultivar com sua enxada manual são limitadas. Para aumentá-las, bastava equipar esse camponês com uma pequena enxada puxada por um burro. Essa enxada, espécie de pequeno rastrilho de dentes macios, aperfeiçoada pela missão

[1] Que se tornou Burkina Faso.

católica da aldeia de Manga, recebeu este nome. Tinha-se em mente também o uso de fracas doses de adubos.

O projeto repousava, portanto, numa certa definição dos fatores que limitavam a produção de víveres. Só que essa definição era falsa. Os mossis não cultivavam superfícies maiores porque eram poucas as realmente cultiváveis. A densidade de população da região com efeito era muito elevada e os solos lateríticos tão esgotados que fertilização alguma podia aumentar-lhes o rendimento.

Como os que conceberam a operação tinham podido se enganar de modo tão grosseiro? Simplesmente porque haviam observado a existência de superfícies importantes deixadas sem cultivo. Não tinham percebido que essas terras tinham se tornado estéreis.

A operação foi, portanto, um fiasco total. Os camponeses mataram o burro que lhes fora entregue, comeram-no e usaram a enxada para outra coisa.

O Fundo Europeu decidiu pôr um termo à hemorragia. A não ser que uma nova idéia, convincente, tomasse o lugar da humilde enxada manga. Financiavam minha missão, pois, em desespero de causa.

Era para mim um magnífico desafio, um novo combate com o impossível. "E parto quando, Jacques?

– Dentro de duas ou três semanas. Você tem antes que estudar o que já foi feito".

Entreguei-me à tarefa sem perder um minuto e, para começar, subi ao sexto andar onde se encontrava o nosso serviço de documentação:

"Preciso de todos os arquivos relativos ao Alto Volta", pedi à dinâmica pessoa que gerenciava o serviço. "Gostaria também de consultar um mapa dos solos e um mapa das populações".

Uma hora mais tarde a minha mesa de trabalho estava invadida por uma dezena de dossiês e de volumes. Comecei a leitura dessa massa de relatórios insípidos, repetitivos, desanimadores. Não havia nada a tirar dali. Meus colegas, atolados numa falsa idéia, muito rápido tinham sido tomados pela dúvida e o desânimo. Com o que havia a bordo, não se podia fazer melhor que os camponeses. Era preciso, então, retomar as coisas de maneira diferente.

A documentalista desencavara para mim uma pepita, um documento que comportava uma série de mapas em transparências. A idéia de superpor um mapa demográfico e um mapa dos solos saltou-me aos olhos: os solos mais pobres eram os mais povoados. Por outro lado, à margem do planalto mossi bem como em certas depressões deste, encontravam-se ilhotas não povoadas. Os solos não eram mais lateríticos, mas argilosos, *a priori* mais férteis. Pareceu-me reencontrar meus bons velhos amigos, os solos hidromorfos de Casamance, mal drenados, mas que convinham maravilhosamente à cultura do arroz.

Lancei-me apaixonadamente no esboço de um novo projeto que chamei "ação terra". Estava de novo pensando como formosino. Tratava-se de concentrar-se em algumas zonas, ricas em baixadas e terras argilosas que seriam preparadas e trabalhadas com o arado. A cultura do arroz lá teria um lugar especial.

Ao fim de alguns dias, as coisas estavam suficientemente precisas e pude expor minhas idéias a Mayer. Seu rosto clareou:

"É preciso que verifiquem bem rápido as suas idéias no local. Mas isso parece interessante. Redija uma notinha sobre isso que eu enviarei aos responsáveis locais. Fale disso também com Rège. Em todo caso, parabéns, até que enfim algo novo!".

Claude Rège, que supervisionava a operação, escutou-me com interesse.

Eu acabava de fazer vinte e nove anos, ocupava um posto importante na direção de uma firma dinâmica, exercia uma profissão apaixonante; em poucas palavras, tudo ia bem comigo. Mas, por trás de uma máscara jovial, conquistadora, que nada deixava transparecer, as pinças de caranguejo da neurose não haviam parado de apertar. A síndrome de Solal continuava ali, subjacente, como a sombra de feiúra que duplicava a minha existência. Por isso, esses primeiros sucessos, ainda frágeis, talvez até ilusórios, provocavam em mim uma estranha vertigem.

Era uma sexta-feira de setembro de 1969 – a lembrança precisa ficou gravada em mim. Eu estava no Bulevar Magenta, não muito longe da *Gare* du Nord. Acabava de visitar parentes na periferia de Paris. Na calçada oposta do bulevar, a agência do Crédit Lyonnais onde eu tinha conta e, alguns passos mais adiante, uma agência de correios de tijolos vermelhos. De repente tudo me pareceu de um terrível e angustiante peso, irreal. Minha existência tinha que ser assim constantemente estragada? As palavras do Dr. G. voltaram-me à mente: "Quando você tiver meios, faça uma análise". O momento chegara.

Atravessei um bulevar e entrei na agência dos correios. Numa estante, uma série de catálogos. Eu tinha na cabeça o nome do Dr. B. M., um comunista que publicara no *L'Humanité* uma coluna em favor da psicanálise. O Partido começava então seu *aggiornamento*. O freudismo conservava, no entanto, inclusive aos meus olhos, resquícios de ciência burguesa. O operário-de-Billacourt podia fazer análise? Por conseguinte, uma análise com um camarada do Partido representava, de qualquer modo, uma garantia. Mas, depois de ter folheado os catálogos em todos as direções, não encontrei as coordenadas de B. M.. Deixar para mais tarde uma decisão tão grave? Pareceu-me não ser desejável.

Voltou-me então à memória um outro nome, o de uma senhora, L. I., de quem eu havia lido um interessante artigo nos *Cahiers pour l'analyse*, referindo-se a Lacan. Mergulhei de novo nos catálogos. De novo sem sucesso.

De repente uma frase atravessou a minha mente, um fragmento da entrevista que Lacan havia dado nesses mesmos *Cahiers pour l'analyse*, texto lido em Ziguinchor, na hora da sesta, alguns meses antes: "Todos os dias encontro *em minha clínica* esquizofrênicos cuja ironia radical...". Cito de memória. Eu ignorava então o duplo sentido da palavra "clínica", lugar de cuidados e prática médica.

Lacan possui então uma clínica. São dezoito horas – eu logo ficaria sabendo que, nessa hora, Glória, a fiel secretária, é substituída por Paquita, a vítima do doutor –, o número de telefone está ali, debaixo dos meus olhos, com o endereço: Rua de Lille, nº 5. Telefono. Uma voz de mulher me responde:

"Eu gostaria de fazer uma análise com alguém que fosse aluno do Dr. Lacan.

– Um momento, por favor".

Trata-se, de fato, da clínica do Dr. Lacan. A telefonista, evidentemente. Logo, outra voz feminina faz-se ouvir na outra ponta. Reitero meu pedido. De novo, uma pausa, a voz desaparece. A clínica deve ser grande.

Com certeza estão me passando para os diferentes serviços. Depois, muito rápido, uma voz que me lança uma breve mensagem:

"Amanhã de manhã, dez horas". Não tenho tempo de dizer nada, pois desligam secamente. Estou muito emocionado. Onde fica essa Rua de Lille? Ali, numa parte plana, paralela à Rua de l'Université que eu tão bem conhecia, as Edições Julliard, a SATEC.

No dia seguinte de manhã, com uma pequena nuvem de angústia no coração, saio da Estação Saint-Germain-des-Prés. Eu ignorava a existência de clínicas psiquiátricas nesse bairro. Mas Paris é tão cheia de mistérios... Sigo a Rua des Saints-Pères e vou virar na esquina da Rua de Lille, quando, de repente, uma idéia estranha, das mais inesperadas, me invadiu. Uma representação que por vezes me visitara durante a minha adolescência, em meus anos de fervor religioso: *Fico de pé, imóvel e silencioso. Sou todo olhar e esse olhar está virado para o véu que esconde o Santo dos Santos do Templo de Jerusalém.*

Essa representação é pura, não havia nem antes, nem depois. Nenhum afeto perceptível a acompanha. Reina o silêncio absoluto. Ela dura alguns segundos, depois se esvaece. Nesse dia, na esquina da Rua de Lille, ela me perturba, eu, o ateu, o militante comunista, que há anos rejeitava totalmente a coisa judia, sua cultura e seus textos, dos quais eu, de resto, só tinha um conhecimento muito superficial.

Estou diante do nº 5, um prédio chique, mas que em nada se parece com uma clínica. Atravesso a entrada e cruzo com o porteiro, que está saindo de seu alojamento:

"Onde fica a clínica do Dr. Lacan?" (Persevero ainda alguns minutos em meu mal-entendido, como se ele me oferecesse o último recurso para atravessar esse desfiladeiro).

"– No primeiro andar da escada, no fundo do pátio".

Estou me dirigindo para uma realidade que entendo mal. Toco a campainha na porta do primeiro andar. Uma mulher jovem abre – logo vou chamá-la por seu prenome, Glória – e, sem dizer uma palavra, faz-me entrar numa saleta junto à porta que acabo de cruzar. Mas tive tempo de entrever no corredor da entrada um homem velho de cabelos brancos, o próprio Lacan, cujo retrato eu conhecia por tê-lo visto em algum jornal, acompanhando uma pessoa. A porta da saleta onde estou sentado é logo em seguida empurrada, mas posso ouvir esta troca de palavras:

"Venha de manhã cedo, os sonhos estão mais frescos.

– Estou sentindo uma grande angústia.

– A angústia em si não é uma doença. É preciso conviver com ela".

Tenho então a sensação tranqüilizante de ter enfim chegado à boa margem. Aqui, interpretam-se os sonhos, trata-se de fato de psicanálise.

Dou uma olhada sem curiosidade no local, um pequeno salão com o carpete gasto, uma lareira de louça sobre a qual noto uma imagem de Epinal representando São José carregando uma criança e um peixe de porcelana azul, de goela aberta. Duas poltronas recobertas de veludo verde, gasto, um pequeno sofá de mesmo feitio, uma mesa redonda, um porta-revistas com algumas sobre arte. Na verdade, minha atenção não se fixa em nenhum desses objetos, estou em outra realidade. Durante todos os numerosos anos em que freqüentei diariamente esse lugar, só os livros da biblioteca terão para mim uma verdadeira realidade.

A saleta tem duas outras portas. Uma, pela qual Glória acaba de desaparecer. Diante dela, outra porta que logo se abre e Lacan aparece, sorridente. Convida-me para segui-lo com um caloroso: "Venha, meu caro". Atravessamos um espaço mais para sombrio, com sua enorme parede coberta de estantes, uma grande mesa espanhola encostada numa janela. Em breve vou chamar esse espaço de *no man's land*, com suas quatro portas: aquela pela qual acabo de passar, a que me conduzirá à saída, uma terceira que leva à biblioteca, por fim a mais importante, que abre para "a outra cena", aquela onde Lacan opera.

O consultório de Lacan não é muito grande, simples peça retangular, estreita: contra a parede do fundo, o divã (enfim!); na cabeceira, colado a ele, uma imponente poltrona.

Lacan convida-me a sentar-me num pequeno assento baixo, colocado junto à porta da sala, as costas viradas para a única janela. Ele toma assento na escrivaninha, um magnífica *boulle* de ébano negro. "Então, como vamos?", pergunta-me a voz amável, como se já nos conhecêssemos. Ao engano que me conduziu à casa dele parece responder o dele. Lacan dificilmente pode imaginar que estou desembarcando ali em por via direta dos arrozais africanos. Em setembro de 1969, ainda estamos nos ventos de maio de 1968 e afluem a seu consultório os desamparados da grande noite, de que me deixou afastado a minha estada na África. Gaguejo. Pronuncio o nome de Althusser. "Althusser o aconselhou a vir me ver?", pergunta ele surpreso.

"– Não, trata-se do artigo que ele dedicou ao senhor".

Consigo enfim organizar meu discurso, falar-lhe do grande sofrimento que arrasto comigo há tantos anos, desde a afronta traumática que desencadeou essa síndrome de Solal que não nomeio assim então. Ele me escuta, dali por diante sem me olhar, e esse silêncio possui o estranho efeito de aspirar vertiginosamente a minha fala, que se torna cada vez mais segura, cada vez mais verdadeira. Só uma pergunta às vezes, depois enfim Lacan resume o monólogo que acabo de fazer perguntando-me se foi fiel às minhas palavras.

Sinto, nesse momento, a necessidade de acrescentar algumas palavras, sem relação com a queixa que acabo de exprimir. "Há pouco, ao me aproximar daqui, uma visão incongruente apresentou-se à minha mente. Estou de pé, num imenso respeito, reduzido a meu olhar diante do véu do Santuário do Templo de Jerusalém, *há-parokhet*, e, sem exprimi-lo, meu desejo de contemplar seu além, o conteúdo da Arca".

Lacan parece então empalidecer, endurecer-se na poltrona. Fico constrangido, quero desculpar-me:

"Eu não tinha nenhuma intenção de lhe dizer isso ao vir vê-lo. Essa idéia me veio assim.

– Sei, e, como pode constatar, acuso o golpe". Depois, ele acrescenta: "Você vai curiosamente começar a sua análise pelo ponto em que, no melhor dos casos, ela acaba".

Suas palavras ficaram definitivamente gravadas na minha memória. O que significam? Anos mais tarde, entenderei que se tratava da emergência de minha "fantasia fundamental", aquilo que, "no melhor dos casos", acontece no fim de uma análise. Essa fantasia inesperada de meu olhar dirigido para o Santo dos Santos tornar-se-á o fio condutor da minha análise, o seu nome secreto. Imediatamente, uma vaga inquietude me invadiu. Será de fato necessário empreender essa análise? O que farei então da minha dor lancinante?

"Penso, no entanto, que essa análise lhe será útil", acrescenta ele após alguns segundos. "Penso que é mesmo urgente empreendê-la. É muito importante fazer cuidadosamente, antes de uma análise, o que chamamos 'entrevistas preliminares' e não negligenciar essa fase. Mas não tenho a intenção, no que lhe diz respeito, de prolongá-la inutilmente. Três ou quatro encontros serão, parece-me, suficientes...

O critério para empreender uma análise é o desejo de fazê-la, desejo cuja sinceridade você tem de testar. Você com toda certeza parece preencher esse critério. Aliás, é raro encontrar um desejo como o seu...

Não leio em você facilmente, pois você tem a sorte de ter um inconsciente...".

Acabo de juntar as palavras que ele me disse naquele dia e que estão sempre na minha memória. Informo-o de minha próxima partida para Ouagadougou e de minhas prováveis viagens freqüentes para a África. Como íamos gerir aquilo?

"Outras analistas lhe dirão que isso não é possível. Mas não sou dessa opinião. É você quem fixa as missões ou seus superiores hierárquicos?

– Minha direção. Em que medida influenciarei a decisão deles...".

Ele afasta essa tortuosa reserva. "É preciso saber de antemão que atravessamos inevitavelmente, ao longo de uma análise, momentos penosos, momentos de lassidão. Costumam ser momentos muito importantes, aqueles em que algo está se mexendo na estrutura, e é grande a tentação, ao primeiro pretexto, de interrompê-la. Previna-me, portanto, com bastante antecedência, de suas partidas".

Ele me descreve o processo analítico, o lugar que nele ocupam os atos falhos, os sonhos. Propõe-me o ritmo de três sessões por semana. "Quero vê-lo de novo bem rápido, segunda que vem".

Depois se levanta, significando-me que aquele primeiro encontro está terminado. Quanto durou, uma meia hora, mais, menos? Ignoro. Guardei sobretudo o sentimento de uma duração de grande plenitude, de um momento em que coisas essenciais tinham sido ditas. "Vou cobrar-lhe por essa consulta (ele hesita um instante)... 200 francos...".

Para o meu salário de engenheiro, 3.000 francos nesse ano de 1969, essa soma de 200 francos parecia-me considerável, desumana. Possuo bem algumas economias, de que lhe falei, e que ele nomeou com um termo que me pareceu então estranho, "seu dinheirinho". Lacan viu imediatamente que vacilei. "São os honorários para um analista de meu nível e não é caro.

Isto dito, se não for com a minha cara, posso indicar-lhe outros analistas, meus alunos, e que são, digamos, meus iguais. Mas não o aconselho a consultar analistas iniciantes...".

Com efeito, eu havia evocado certos nomes, entre eles o de L. I. "Não, não, prefiro que seja com o senhor".

Mas ele já está se dirigindo para a sala de espera, deixando-me encontrar sozinho o caminho da saída.

Fechada a porta da rua, encontro a calçada parisiense nesse belo dia de outono, sinto uma estranheza infinita, uma vertigem em que a realidade se atenua. O solo debaixo de meus pés parece de algodão.

Deixo o psicanalista mais célebre da França, encontrado pela graça de um mal-entendido, por um jogo de palavras que me permitiu ousar bater à sua porta. Ele tinha então sessenta e oito anos e eu, vinte e nove. Com fama de arrogante, aquele célebre intelectual no entanto me atendera no dia seguinte mesmo de minha chamada telefônica, numa grande simplicidade e com muito calor, à exceção do escabroso momento de pagar os honorários.

Esse calor da primeira entrevista caracterizava o estilo de Lacan, mais marcado ainda, descobrirei, quando o consultante era mulher. Ele então não hesitava em tomar num gesto paterno a mão da pessoa, quase sempre à beira das lágrimas, em falar-lhe com palavras afetuosas, "minha pequena, minha querida". Muitos psicanalistas pensam que convém, para essa primeira entrevista, adotar uma atitude distante, esconder-se num silêncio. Que pensemos, no entanto, no desespero que conhece então aquele que está consultando, que pedido de ajuda, às vezes em último recurso, representa esse primeiro encontro com o analista.

Muitos anos se passaram e permaneço sob o golpe dessa disponibilidade para com o outro, rara no comum dos intelectuais de alguma notoriedade. Mais tarde, em outro momento crucial de minha existência, encontrarei a mesma abertura calorosa com aquele que foi meu segundo mestre depois de Lacan, Yeshayahou Leibowitz.

Mas outras impressões, menos favoráveis, contradiziam as precedentes. Eu me censurava, eu, militante comunista, portador desse fundo plebeu que nunca me deixou e que torna problemáticas as minhas relações com as tribos parisienses, por ter encontrado um burguês, um homem do mundo, de linguagem clara decerto, mas marcada de preciosidade, deixando aberto sobre a escrivaninha o jornal detestado por todo homem "de esquerda", *Le Figaro*.

Na tarde desse primeiro encontro, dirigi-me, como havia projetado, à festa do *Humanité* para encontrar camaradas do Partido. Meu estranho estado, uma espécie de embriaguez, não me deixara. Relatei minha aventura matinal a uma amiga escritora, Catherine Claude. Ela pareceu horrorizada, precisamente porque eu pusera meu dinheiro em jogo. Desaconselhou-me vivamente, numa espécie de cólera, a ir adiante, estávamos justamente, no Partido, organizando grupos psicanalíticos que me permitiriam fazer a minha análise, sem esbanjar meus poucos vinténs. Mas essas objeções tiveram pouca repercussão diante da violenta vontade que dali por diante me habitava.

Na segunda-feira seguinte era dia de greve nos transportes. Desde a volta do Senegal, e esperando o fim de algumas obras que eu empreendera em meu apartamento da Rua Lisfranc, obras que secaram meu "dinheirinho", eu estava morando com meus pais, em Garges-lès-Gonesse. A preço algum eu queria perder meu segundo encontro. Para ir a Paris, peguei emprestado então o velho *renault* "dois-cavalos" de meu pai. Engarrafamentos monstruosos, mau conhecimento do trânsito de Paris, tudo parecia trabalhar para impedir meu veículo – símbolo, segundo Freud, da própria análise – de avançar. Cheguei ao nº 5 da Rua de Lille com 15 minutos de atraso, febril, angustiado. Lacan recebeu-me imediatamente. Parecia estar com muita raiva. "Não gosto disso", repetiu. Esse atraso refletia certamente o conflito que me habitava, havia em mim uma força que desejava uma análise, mas uma contraforça que a ela se opunha.

Lembrei, mas em vão, as condições particulares desse dia. Depois, como era preciso continuar, abordei a questão dos honorários, argumentando que tal preço, considerando a minha renda, sem falar de meus encargos familiares, tornava a coisa impossível. Ele se apossou imediatamente dessas palavras:

"Eu bem sabia que o seu atraso tinha outras razões". Depois, ficando mais gentil, acrescentou:

"Você não tinha me falado que possuía um dinheirinho? Em todo caso, essa soma correspondia à tarifa da minha consulta. Mas não é o que vou lhe cobrar por suas sessões de análise... Será... digamos a metade, 100 francos, ou seja para três sessões semanais, considerando períodos de férias, mais ou menos 1.000 francos, um terço de sua renda, o que é a norma admitida para o custo de uma análise".

A aventura tornava-se possível, mesmo assim continuando a ser dura. Dali por diante, minha última reticência caía.

Ele me declarou ter esperado e lamentar não poder prolongar a entrevista. Eu descobriria mais tarde a parte de comédia burlesca que ele estava representando para mim e que vai usar repetidas vezes. Com certeza era sua maneira de "quebrar as resistências", uma escroqueria talvez, mas que a técnica impunha, depois da generosa redução de metade de seus honorários. O presente dado a um obsessivo não é sem sério inconveniente para o futuro de sua cura. Eu viajava para Ouagadougou uma semana mais tarde. Ele desejou encontrar-me de novo antes da partida. Nesse terceiro encontro, de que só guardei uma vaga lembrança, falamos sobretudo das modalidades práticas de minha análise, do pagamento das sessões, das férias, dos horários, no estabelecimento do que por vezes chamamos o "contrato analítico", contrato puramente artificial e ilusório. No que me diz respeito, Lacan não tardará a mudá-lo completamente. A análise é fundamentalmente uma dinâmica cujos desdobramentos não podemos prever de início.

Paguei minhas três primeiras entrevistas preliminares à mesma dolorosa tarifa. Ele fingiu facilitar-me a operação com uma encenação a mais. "Você pode me pagar como lhe convém, por semana ou por mês, em cheque ou em dinheiro. Você encontrará na entrada um pequeno móvel onde pode depositar o pagamento". O pequeno móvel estava, com efeito, cheio de cheques e de notas. Mas logo eu lhe entregava seus honorários na própria mão, em notas e por dia.

Viajei um dia depois dessa entrevista para minha primeira missão no Alto Volta. A acolhida dos responsáveis locais pela SATEC foi cordial. Ter perseverado no fracasso durante cinco anos os marcara. Minha idéia de concentrar nossos recursos em algumas regiões de bom potencial correspondia à vontade deles.

O responsável voltaico pela agricultura formara-se junto comigo. Convidou-me para jantar, um cuscuz como nunca comi. Meu projeto, disse-me, correspondia à sua vontade, e ele o apoiaria. As relações tensas entre a minha firma e os quadros africanos ficavam, conseqüentemente, muito melhores.

Parti para explorar as cinco regiões identificadas no mapa. Numa delas, encontrei em ação meus formosinos, que foram um pouco meus mestres em rizicultura. Minha hipótese se confirmava: havia, de fato, bons solos argilosos, ricos, à volta do grande planalto laterítico esgotado, e esses solos prestavam-se perfeitamente para uma cultura intensiva do arroz.

Na véspera de ir embora, dirigi-me sozinho a Manga, na fronteira com Gana. O lugar era desolado, pouco povoado, mas os solos da região, com novas técnicas, pareciam-me promissores. Passei a noite numa velha cabana abandonada, que antigamente servira a algum quadro regional. A sujeira era repugnante e eu dispunha apenas de uma cama infectada por excrementos. De repente, avistei ao pé da cama uma gata. Ela expulsava, pelo que eu acreditava ser seu ânus, pequenos sacos gelatinosos. Eu não conseguia despregar o olho da cena, apesar do nojo que sentia. Entendi enfim que ela estava parindo seus gatinhos, que começaram a se mexer dentro do saco amniótico. Com um golpe de pata ela esmagou um, devorou-o, talvez. Mas eu havia desviado o olhar. Essa noite parecia um longo pesadelo acordado. O desespero do lugar, daquela África de lugar nenhum, me tomara. Deitado em meu leito miserável, sobre o qual eu estendera um saco de dormir, escrevi a Lacan. Falei da minha viagem, indiquei a data de retorno e pedi para marcar uma consulta. Tínhamos combinado, tendo então certa velha fobia em relação ao telefone, que eu podia lhe escrever.

Quando o dia clareou, pedi a meu chofer para deixar aqueles lugares inóspitos. Morria de vontade de encontrar o conforto macio do grande hotel de Ouaga, tomar um banho, uma refeição de verdade.

Alguns dias mais tarde, satisfeito com minhas investigações, voltei a Paris. Redigi às pressas meu relatório de missão que foi imediatamente colocado em aplicação.

Encontrei, no meu retorno, uma carta de Lacan, algumas palavras rabiscadas. Ele me esperava numa quinta-feira à noite nos últimos dias de outubro. Suas cartas – ele vai me enviar duas ou três durante a minha análise – terão sempre esse caráter lapidar. Guardei esta curiosa fórmula: "considerando meu tempo". Logo vou descobrir que ela se aplicava a toda a sua prática, às suas famosas sessões breves.

Essa consulta que vinha após a minha volta da África seria a primeira sessão, tão desejada, de minha análise? Nada disso. Após aquela ausência de várias semanas, Lacan queria que retomássemos contato, frente a frente. Confirmei-lhe minha determinação. Depois, quis contar-lhe um sonho que tive na África. Ele me interrompeu: "Falaremos de seus sonhos no contexto de sua análise". E a sessão foi suspensa pelas seguintes palavras:

"Pois bem, começaremos amanhã, *já que é preciso*". Pronunciando essas últimas palavras que ele sublinhou, soltou um suspiro bem profundo como se o empreendimento lhe pedisse um grande esforço, uma carga suplementar, a qual, com razão, o angustiava.

Nesse dia também, descobri uma segunda sala de espera, a biblioteca, onde ia passar tantas horas da minha vida. Várias pessoas esperavam, mas isso não me incomodou. Atribuí a pressa de Lacan ao início da minha análise, marcado para o dia seguinte, e não àquele afluxo de pacientes naquela hora tardia.

Nasci numa sexta-feira e minha primeira sessão de análise aconteceu da mesma forma numa sexta-feira ao cair da noite. Ao me receber, Lacan pareceu-me emocionado, e seus movimentos tinham uma estranha agitação. Ele pegou sobre a lareira um pequeno lenço branco que colocou no travesseiro do divã, convidando-me a deitar. Aquele pequeno retângulo branco me fascinou, página branca sobre a qual, segundo o voto de Freud, devia escrever-se *de novo*, como no primeiro dia, uma análise. "Vamos fazer uma sessão de experiência. Na próxima vez vou indicar-lhe *a regra de ouro* da psicanálise".

Eu estava, pois, enfim no divã de um analista, projeto perseguido desde a adolescência. Como uma mola por muito tempo comprimida, minha fala reprimida brotou, impetuosa, livre. O que eu disse nesse dia? Não guardei nenhuma lembrança, mas apenas a impressão de palavras importantes que eu habitava plenamente, falas verdadeiras.

Lacan acompanhava o que eu dizia com incitações, "sim... sim". Deu alguns passos na sala antes de se sentar na poltrona à cabeceira do divã. Mas o caráter de sua fala tinha imperceptivelmente mudado. Ela parecia defasada, à distância, obrigando-me a descolar-me de minhas próprias palavras, a abrir a longa marcha do discurso a vir. Senti uma discreta decepção.

Ao fim de alguns minutos, Lacan me interrompeu. "Não é bom que a primeira sessão seja muito longa. Esta sessão foi excelente. Como você se sente?".

Na verdade, ele me inscrevia assim, de imediato, no ritmo infernal das "sessões breves", técnica que ele arrumara para si e cuja existência eu então ignorava. Mas não levei isso em conta nesse dia, dali por diante concedendo-lhe toda a minha confiança. Eu sentia uma leve vertigem que rapidamente se dissipou.

"Continuaremos segunda que vem".

De volta à rua, tive o sentimento de que as falas que eu acabava de pronunciar, ainda bem frescas na minha memória, tinham uma coerência que me escapara ao enunciá-las, que elas diziam outra coisa. Vou com freqüência ter essa impressão no fim de minhas sessões, sobretudo nos primeiros tempos de minha análise.

Voltei para casa, a mente meio perdida, sentimento que vai me acompanhar durante anos e contra o qual tive de lutar para levar a cabo minha tarefa diária. Mas nem sempre serei mestre, oscilando entre uma ligeira exaltação e momentos de abatimento às vezes profundos.

Declarei à minha mulher que eu acabava de ter a minha primeira sessão. Embora ela não levantasse nenhuma objeção, eu percebia de sua parte, desde o início de meu projeto, uma muda reserva. Eu estava impondo ao orçamento familiar uma severa punção. E aonde aquilo tudo ia ainda nos levar?

De repente uma imensa e doce tristeza me invadiu, sem razão, e senti lágrimas mornas rolando-me pelas faces. Essa emoção inesperada foi breve e inexplicável. Eu estava começando o luto da minha própria existência.

Advir ali onde era

Meu encontro com Lacan teve efeitos imediatos. Uma profunda certeza me habitava, a de ter sido, pela primeira vez em minha existência, ouvido em minha singular verdade, certeza que me mergulhava numa doce euforia. Ela me conferia uma segurança nova. Tanto que eu estava abordando minhas relações com a hierarquia com uma facilidade notável. A agilidade de espírito até ali relegada ao campo, em suma estreito, da rizicultura podia doravante conquistar novos territórios, ousar combinações novas, fora das trilhas batidas da agronomia pós-colonial. A operação "terras" no Alto Volta era sua manifestação. Eu estava, portanto, no melhor da minha forma, tanto moral quanto física. A surda angústia, os grilhões de depressão mascarada que moravam em mim há muito tempo, desde sempre talvez, afinal pareciam ter-me deixado. A sedação, bem provisória, desses afetos criava uma espécie de lua-de-mel analítica.

Essa euforia traduziu-se pelo desaparecimento de meus sonhos. O que me irritava. Se "o sonho é a via real de acesso ao inconsciente", como Lacan me lembrou, não sonhar privava-me desse acesso. "Não se preocupe", acrescentou ele, "seus sonhos voltarão".

O lugar dos sonhos em minha análise será bem diferente do que eu havia imaginado. Quase sempre, Lacan não dava a eles nenhuma atenção particular, como se fosse uma conversa inútil. Mas haverá também, durante esses longos anos de análise, alguns sonhos que vão despertar nele um interesse vivo e que de fato parecerão ser momentos cruciais de minha cura. Eles vão marcar, após interpretação, minhas grandes mudanças subjetivas.

Lembro-me bem claramente do primeiro sonho, que consegui com muita dificuldade decifrar. Eu estava então muito engajado na ação contra a guerra no Vietnã. Eis o sonho:

Encontro-me nas ruelas da velha cidade de Jerusalém. De repente, dois indochineses me agridem e exigem uma soma de 300 francos. Fico chocado com a maldade dessa gente, já que gasto tanta energia defendendo sua causa. "Não somos vietnamitas", me respondem os dois ladrões.

O que significa essa estranha história? Por que Jerusalém, que eu não conhecia então, tudo o que diz respeito à coisa judia tendo sido sempre estranho para mim? As ruelas da cidade velha parecem com a da medina de Túnis. Mas o que vinham fazer esses dois indochineses, não vietnamitas, como faziam questão de precisar? Veio-me afinal à mente que eles eram necessariamente *La*osianos e *Cam*bojanos. As primeiras sílabas de cada uma dessas duas palavras formam... Lacan. O sentido do sonho aparece então: por trás de minhas calorosas declarações transferenciais, eu estava subjetivamente vivendo uma relação bem diferente, violentamente hostil a ponto de tratar Lacan como assaltante. A soma de 300 francos era bem a que eu lhe pagava por semana. Esse sonho o irritou pelo que revelava de meu gozo masoquista. Toda a arte da cura consistirá doravante em aliviar esse gozo destruidor. Como? Acrescentando do lado do sadismo, até o nojo. O sonho, como sempre, condensava outras significações. Eu não havia, desde a adolescência, defendido a causa dos povos árabes, inclusive do povo palestino, e são dois deles que terão retalhado a minha vida?

Se me tivessem então perguntado qual era, a meu ver, minha atividade mais importante, a que dava sentido à minha vida, sem hesitar eu teria respondido: a de militante comunista e sindical. Com efeito, eu não ia tardar a criar, no seio da SATEC, desta vez com o acordo do diretor, uma seção da CGT.

O Partido, por sua vez, ia em breve propor, em vista de minha experiência africana e de alguns artigos publicados na imprensa do Partido, que eu colaborasse com uma comissão do Comitê Central encarregada dos problemas africanos que era formalmente – o verdadeiro poder estando confiado a um discreto permanente – Jean Suret-Canale. Serei pouco depois "eleito" presidente de um pequeno grupo cujo programa era sustentar os movimentos de guerrilha que se tinham formado nas colônias portuguesas. Meus vínculos com os dirigentes da Guiné-Bissau, minha longa entrevista com Amilcar Cabral justificavam a escolha.

Minhas "raízes" judias estavam totalmente esquecidas, desprezadas. Minha comunidade era doravante os "companheiros" do Partido, a grande família anti-imperialista. Quanto àquela representação surgida em meu primeiro encontro com Lacan, eu a havia como que esquecido, uma curiosidade ectópica.

Abordei minha análise nessa disposição mental. Ela persistiu durante muito tempo.

Parar além do alívio de meu sofrimento moral, eu esperava da análise algo indefinível. Uma sessão do seminário de Lacan, alguns anos mais tarde, vai me esclarecer. A análise, dirá ele nesse dia, não é uma *iniciação*. É o que alguns lhe pedem. E ele acrescenta que não há mais, em nosso mundo moderno, iniciação possível. Essas palavras tocaram-me profundamente. Eu de fato estava em busca de uma impossível iniciação. Essa questão vai estar, mais tarde, no centro da tese que publicarei em *Comer o Livro*.

Em minha segunda sessão de análise, não deixei de voltar à promessa feita de indicar-me a famosa "regra de ouro". Essa expressão não guardava a iniciação tão desejada? Lacan respondeu-me com irritação que, igual ao Senhor Jourdain e a prosa, eu a pusera em aplicação espontaneamente: dizer tudo o que passa pela mente durante a sessão, seja qual for o caráter, fútil, obsceno, aparentemente fora de assunto. Essas impressões que podiam acompanhar nossos pensamentos e que era preciso suspender durante a sessão eram apenas a manifestação da censura exercida sobre o discurso do inconsciente.

De minhas primeiras sessões, duas lembranças importantes ainda guardam toda a sua vivacidade. Talvez tenham marcado o verdadeiro início de minha cura.

Confiei a Lacan o sentimento segundo o qual eu provavelmente havia começado a minha análise com um insuperável atraso. Como se eu tivesse faltado a algum indefinível e decisivo encontro. De que atraso, de que encontro frustrado podia bem se tratar? Ter nascido tarde demais, segundo o tema romântico? Mesmo assim, sem conseguir definir a coisa, avatar de minha síndrome de Solal, esta me parecia bem concreta e me enchia de uma vaga e torturante tristeza.

Lacan interveio então. "Esse sentimento", diz ele, "é um traço de sua estrutura, ao qual teremos certamente de voltar mais de uma vez". Depois acrescentou, pulando literalmente da poltrona e dirigindo-se para a porta do consultório, como fará várias vezes para manifestar o ato de corte que estava introduzindo:

"Nunca se vem tarde demais à psicanálise!".

Essa frase teve uma importância considerável, cujo alcance não percebi de imediato. Ela agiu como uma vassourada em minhas inibições, o ponto de apoio que me permitiu em breve empreender o projeto louco e que eu ainda ignorava, para o qual eu havia, na realidade, pedido uma análise.

Numa outra sessão, falei-lhe de uma obra que eu havia lido na adolescência e que despertara meu interesse para a psicanálise. Tratava-se de *Cruzada sem cruz* de Arthur Koestler. O herói do romance, um revolucionário, vê-se de repente atingido por uma paralisia "nervosa". Uma amiga psicanalista se dispõe a curá-lo usando a arte de Freud. Durante noventa dias, durante horas inteiras, o herói fala até o momento em que lhe volta a lembrança de um mau trato que ele infligiu ao irmão. Vê-se então curado de sua paralisia. Eu teria tanto gostado que minha análise se desenrolasse assim, a um ritmo intenso, e que acabássemos numa duração de tempo condensada.

Lacan, que passeava pela sala como com freqüência gostava de fazer, reagiu com um risinho cujo sentido em breve entenderei.

Com efeito, um pretexto ia modificar o dispositivo cuidadosamente aperfeiçoado ao longo das sessões preliminares. A SATEC enviava-me a Gana para uma curta missão de uns dez dias. Segundo nossos acordos, as sessões faltadas durante as minhas missões deviam ser recuperadas. Como eu já vinha três vezes por semana, isso se traduziria por uma sessão diária durante duas semanas. Eu ia ao mesmo tempo sentir o quanto esse ritmo me convinha ou, antes, o quanto ele se impunha por si mesmo em relação à intensidade do que estava em jogo, sem poder ainda adivinhar aonde esse impulso me levaria. Ele constituía uma espécie de adaptação do dispositivo do romance de Koestler.

Lacan acompanhava esse impulso. Velhinho maravilhoso, com sua bela cabeleira branca que sua energia e sua sensibilidade desmentiam. Ele reagia a certas coisas que eu dizia – como também ao que diziam seus outros pacientes, como pude com freqüência testemunhar – com suspiros de angústia e de emoção, com apertos de mão certos dias mais fortes, acompanhando-me amigavelmente até a porta do consultório, ou então ainda, abrindo a janela do corredor que dava para o pátio do edifício que atravessávamos depois de ter deixado sua "clínica", ele gritava: "Até amanhã! Até amanhã!", como se eu arriscasse esquecer nosso próximo encontro. Essa agitação, cuja sinceridade não deixa em mim nenhuma dúvida, eu a sentia como a espora do cavaleiro empurrando-me aos limites de minhas possibilidades. Ele também podia, em outras circunstâncias, bem mais freqüentes, fingir irritação, "fechar a cara", evitar o ritual aperto de mão. Toda uma série de pequenas satisfações ou de privações, tão importantes na relação de transferência intensa que ele suscitava, vinham assim dinamizar a cura.

Essas lembranças ainda hoje me mergulham no espanto. Ao fim de uma carreira tão longa, como Lacan havia guardado um tal entusiasmo por sua prática, uma tal sensibilidade na escuta? Como podia ele ainda assumir tais semanas de trabalho, atendendo de manhã cedo, desde as sete horas – aconteceu-me ter sessões a essas horas e eu descobria que não era o primeiro ,– dando-se uma curta pausa por volta do meio-dia para retomar pelas quatorze horas e não parar mais de atender até depois das vinte horas? Temos que ter nós mesmos praticado a psicanálise para medir o cansaço que às vezes se apossa do praticante após alguns anos desse estranho fechamento autístico. Aquele que eu afetuosamente chamava *o velho* a isso era manifestamente insensível.

Apesar de algumas leituras, antes desordenadas, o que eu na verdade sabia da psicanálise, de seu desenrolar concreto, de seus efeitos, de sua finalidade, no momento em que me engajei com todo ímpeto em minha análise com Lacan? Poucas coisas, na verdade. Eu estava animado por uma fé quase religiosa, religiosidade que sempre envisca, para a infelicidade deles, em todos os clãs psicanalíticos, sejam de obediência "católica" – a da Associação Psicanalítica Internacional – ou "reformados" – os lacanianos, que continuam sendo a minha família, patogênica como todas as famílias, embora eu não pertença a nenhum deles.

Uma imagem, lembrança de meu primeiro livro de história, voltava-me à memória com sua lenda: "Bernard Palissy queima seus móveis para descobrir a porcelana". Essa imagem representa Bernard Palissy animado por um furor sagrado, quebrando o chão a golpes de machado a fim de alimentar o forno enquanto a mulher aperta contra a saia os filhos pequenos assustados pela fecunda loucura do pai. Bernard Palissy tornara-se meu ideal. Eu também buscava descobrir o segredo da porcelana freudiana.

O boato parisiense de que Lacan havia transformado a crueza robusta da experiência freudiana em assunto de significantes, isto é, de discursos, de blablablá, de jogos de palavras com trocadilhos, no melhor dos casos numa experiência intelectual e filosófica, em detrimento da clínica e do alívio dos sofrimentos neuróticos, chegou bem rápido a mim. A frivolidade desses juízos hostis não ia tardar a se afigurar. A prática de Lacan tinha, antes, por efeito o desnudamento da base pulsional de toda fala, pulsões oral, anal e *tutti quanti* desnudadas, vividas como na aurora da psicanálise. Várias vezes, experimentei na carne a estreiteza da tela que separava teoria e vivido, sem esperar o fim de meu tratamento, desde seus primeiros meses.

Num primeiro tempo, descobri, após cada sessão, que a confusão das poucas frases lançadas precipitadamente na brevidade do tempo partilhado, frases quase sempre sem vínculo aparente, assumiam, uma vez cruzada a porta, uma coerência inesperada, às vezes chegando até a me cegar pelo clarão, uma significação totalmente imprevista que voltava e me surpreendia. Manifestava-se assim, com certeza, uma outra fala, um outro sujeito que o de minha pobre consciência. Lacan me interrompia, assim que minhas palavras descreviam um círculo fechado, deixando em seu oco uma significação misteriosa.

Mas esse primeiro fenômeno ia bem rápido ser seguido de manifestações físicas. Ao fim da sessão, devolvido às ruas de Paris, eu sentia na boca como uma queimadura, uma fome imperiosa. Tomei o hábito ruim, após cada sessão, de dirigir-me a uma confeitaria para comer um bolo ou um doce que me acalmavam. Troquei a confeitaria pela livraria Le Divan, que ficava então na Praça Saint-Germain-des-Prés. Lá folheava as novas publicações, as revistas de psicanálise e com freqüência acabava comprando, em edição de bolso, as obras de Freud que ainda me faltavam. Mais tarde, quando eu começar a assistir ao seminário de Lacan, será a vez dos diálogos de Platão.

Outro fenômeno ia em breve me intrigar. Durante certas sessões, minha fala corria fluida, impetuosa às vezes. Em outras, sem razões aparentes, meu discurso bloqueava-se, as palavras pareciam ser arrancadas dolorosamente da goela, de meu corpo crispado e a transpirar no divã. Eu não demorava a relacionar essa curiosa alternância ao escabroso assunto fecal, à sucessão retenção-constipação-diarréia. A pulsão anal não era uma lucubração delirante da doutrina, mas uma dimensão constitutiva de meu ser, de meu sintoma obsessivo. Na maior vergonha, ousei exprimir essa idéia. "Excelente! Excelente!", lançou-me Lacan interrompendo a sessão e apertando-me longamente a mão. "Você acertou na mosca".

As coisas não ficaram aí. Numa tarde de domingo, fui tomado de violentas dores abdominais, um desejo de expulsão impossível de satisfazer, um fecaloma. As horas passavam e a dor voltava em espasmos dolorosos. Eu suava de angústia. Tratava-se de uma oclusão intestinal? Foi preciso chamar um médico, que não descobriu nenhum sinal inquietante, prescreveu calmantes para acalmar os espasmos. A noite foi penosa, meu abdome contraindo-se dolorosamente por intermitência. No dia seguinte, tive que ficar de cama. Só de tarde, quando eu já desesperava e pensava em consultar o médico de novo, a liberação aconteceu. "Devo ter vivido uma fantasia de gravidez e de parto" diria eu em sessão.

Conhecerei assim, ao longo de minha análise, engavetamentos iguais da teoria e de meu vivido. Por que não dar outros exemplos? Um dia em que a mordida neurótica plantava cruelmente seu dente, senti uma violenta dor no ombro, acompanhada de um sentimento de profundo bem-estar mental. Estourei de rir. Compreendi que acabava de histerizar-me e a vantagem enorme que esse tipo de sintoma apresenta. Eu também podia representar "a bela indiferente".

Lacan detestava acima de tudo o ronronar do discurso obsessivo, estetização da mais extrema violência recalcada. Toda a sua técnica levava à histerização do discurso do paciente e, quando obtinha isso, ele nunca deixava de manifestar sua satisfação. Comigo, foi bem servido.

Vivi outra experiência memorável alguns anos mais tarde, a respeito do narcisismo. Eu era então muito hipocondríaco e a análise havia provisoriamente agravado essa tendência. Minhas queixas a respeito de minhas dores lombares, de minha angústia de câncer irritavam "o velho".

Eu estava então participando de um grupo de trabalho, um cartel, em nosso jargão, e fui designado para apresentar, numa de nossas reuniões, o texto de Freud *Para introduzir o narcisismo*. Esse ensaio não me era desconhecido e eu o achava tedioso. Mas, desta vez, tratava-se de *estudá-lo* e depois expor-lhe a substantífica medula. Eu em breve ia verificar que abismo separa a leitura, mesmo atenta, de um texto e seu estudo a fim de resumi-lo diante de um público. Desde as primeiras linhas, esse ensaio, que eu tantas vezes tivera nas mãos, fascinou-me. Num momento, totalmente absorvido pela leitura, descobri a relação feita por Freud entre narcisismo e hipocondria. Alguns minutos se passaram. De repente, senti na região lombar uma dor terrível, uma punhalada. Depois a dor se acalmou e, pouco a pouco, um estranho bem-estar se instalou. A partir desse dia, minha hipocondria quase que desapareceu, reduzida em todo caso a razoáveis dimensões, ao mesmo tempo que se atenuavam minhas dores dorsais. A partir de então, o artigo de Freud sobre o narcisismo me aparece como um de seus textos maiores, o "segundo pilar da psicanálise".

A importância do imaginário e do corpo, que eu com freqüência desconheci, glorificando desmesuradamente a razão e o simbólico, mesmo assim com freqüência estreitou meu vínculo, em verdadeiros momentos de epifania, tanto com a psicanálise quanto, mais tarde, com o pensamento de Maimônides.

Essa questão do imaginário que se me revelava através da obra de Lacan ia precisamente me inspirar meu primeiro texto teórico. Desde o início de minha análise, o grosso volume dos *Escritos*, tal uma Bíblia, não me deixava mais. A qualquer hora livre, particularmente ao longo de minhas viagens à África, eu mergulhava em sua leitura. Entre os primeiros textos da coletânea, encontra-se precisamente o célebre artigo, o mais facilmente legível, sem dúvida, sobre *o estádio do espelho como fundador do imaginário*.

Nesse período, tive um sonho particularmente angustiante. Eu estava assistindo como espectador horrorizado a uma sessão de tortura. O supliciado era um de meus melhores camaradas, membro da célula do Partido de meu bairro. Cortavam-lhe o braço em fatias, como fariam com um salaminho. O horror absoluto! Tais representações bárbaras e angustiantes, características da problemática obsessiva, aconteceram várias vezes ao longo de minha análise.

Esse camarada talvez fosse apenas meu substituto. Contando esse sonho tremendo de angústia, ousei esta interpretação: "Trata-se da fantasia do corpo despedaçado", fantasia que estava no cerne do artigo sobre o estádio do espelho.

"Ex-celente!", disse-me Lacan, insistindo na primeira sílaba da palavra que soou em mim como uma trovoada. Foi um desses abalos que iam pouco a pouco transformar-me.

Outras interpretações poderiam talvez completar a precedente, sadismo, castração, que importa! As conseqüências desse sonho foram importantes. Pouco tempo depois, uma idéia brotou em meu espírito, bem pronta, acabada. A literatura seria o espelho onde as sociedades, nele se refletindo, elaboram sua unidade imaginária, para além dos conflitos que as agitam.

Pus-me a escrever, na febre da inspiração. Era a primeira vez que eu chegava a uma elaboração teórica, santo dos santos da escrita, como durante muito tempo acreditei. Ao mesmo tempo, eu reatava com meu gosto pela escrita de que a agronomia por muito tempo me havia afastado.

Lacan pediu-me para lhe comunicar esse texto. Enviei um exemplar a Louis Althusser, que continuava sendo, por um tempo ainda, minha principal referência. Após algumas semanas de silêncio, quando eu já não esperava mais resposta, Althusser escreveu-me. Meu ensaio o havia vivamente interessado e ele o havia transmitido para publicação à prestigiosa revista *La Pensée*. Ele foi publicado em definitivo nessa revista do Partido, tendo por título *A literatura na ideologia*.

Esse texto produziu alguma agitação entre os intelectuais do PC. Dois deles publicaram uma refutação da minha tese no número seguinte da revista. Para minha grande surpresa, eu era acusado de stalinismo, de jdanovismo, o que era, antes, engraçado. Fiquei igualmente sabendo que meu texto foi discutido na Universidade de Vincennes. De qualquer modo, era dar muito honra ao desconhecido que eu era. Com o tempo, esse texto, para além de suas fraquezas, aparece-me como o primeiro esboço do que eu mais tarde elaboraria como teoria psicanalítica do Livro.

As primeiras semanas de minha análise prosseguiam assim, com esse caráter fecundo, incrivelmente eruptivo. Algumas trocas desses primeiros tempos de análise permaneceram em minha memória. Lacan fez questão de me significar: "Sua análise começou notavelmente bem".

Minha docilidade inteira a seu respeito na verdade era só aparente e meu sentido inato da revolta estava sempre a ponto de se manifestar.

Lembro-me do sofrimento insuportável que me infligiam aquelas sessões tão curtas, aqueles poucos minutos, aquelas poucas frases que ele me permitia dificilmente enunciar. Além disso, Lacan esforçava-se em perturbar esses breves momentos. As vezes andava na sala lendo um documento, ou então, sentado na escrivaninha, grampeava ruidosamente folhas, contava os maços de dinheiro que enchiam a gaveta do meio de sua mesa, escrevia alguma carta ou lia o jornal. Depois, em certos momentos, aproximava-se do divã onde eu jazia e plantava seu olhar no meu, para dar às minhas palavras uma importância que eu não percebera. Assim, meu discurso, cuidadosamente preparado nos minutos que precediam a sessão, no mais puro estilo obsessivo, ficava desarticulado, cortado, perdendo suas referências, mas encontrando um ritmo inesperado, sincopado. De fato, Lacan abria-me novos horizontes.

Aliás, embora as sessões fossem curtas, minha análise não conhecia trégua. Prosseguia o tempo todo, eu só pensava naquilo, o que estranhamente não me impedia de ser plenamente eficaz em meu posto, melhor ainda, de manifestar ao olhar de todos um surpreendente dinamismo. Mas o ruído de fundo da análise não cessava nunca.

Minha primeira revolta, bem anódina, aconteceu após a leitura de uma obra de Serge Leclaire, que era então considerado o herdeiro designado do pensamento do mestre. Leclaire empregava, em relação ao célebre paciente de Freud apelidado *o homem dos lobos*, uma expressão que me pareceu ferina. Ele nela escarnecia da docilidade do pobre russo e esse escárnio espicaçou meu amor-próprio. Não estava eu mesmo sendo excessivamente dócil e por aí mesmo fracassando em minha análise? Trouxe então para a sessão a minha revolta e seus considerandos. "Você escolhe muito as suas referências!", respondeu-me Lacan num tom cortante, e suspendeu a sessão. Fiquei atônito. Leclaire, uma má referência? O que significava aquele desabono do aluno supostamente mais próximo de seu ensino? Descobri mais tarde a violência do conflito que opunha os dois homens, sem bem entender suas razões profundas e múltiplas.

Mesmo assim não parei por aí e de novo me revoltei contra aquelas insuportáveis sessões. Tive então direito a esta frase sibilina:

"O corte faz parte do discurso".

Ele parecia ao mesmo tempo bem satisfeito com meu movimento de revolta. Eu "me histerizava", enfim.

Uma outra sessão terá repercussões longínquas. Eu relatava uma lembrança de infância. Queixava-me uma vez mais de meu pai, de sua eterna incompreensão a meu respeito, de sua desatenção em face de minhas dificuldades, qualquer que fosse a natureza, acompanhada de incessantes cóleras, que foram o calvário de minha juventude. Haviam descoberto a miopia de meu irmão e desde então ele usava óculos. Eu mesmo sentia dificuldades de visão quando, sentado no fundo da sala de aula, não conseguia ler no quadro, o que me causou sérios problemas, como minha reprovação no concurso de entrada no 1º grau que impunham às crianças de nacionalidade tunisiana. Mas meu pai não queria saber de nada. Minhas queixas, segundo ele, não tinham outra causa a não ser meu ciúme fraterno.

Lacan soltou então uma espécie de risadinha que me feriu. De maneira geral, esse tipo de queixa, essa explicação do sintoma pela educação recebida sem desnudamento da própria participação na manutenção do distúrbio deixava-o marmóreo. Na sessão do dia seguinte, não deixei de protestar, de levantar-me contra a afronta que eu achara ter sofrido. Como de costume, sua reposta foi fora do que eu dissera, fiel à técnica do deslocamento que lhe agradava tanto:

"Mas o humor é uma das manifestações principais do inconsciente. Freud escreveu sobre a questão um de seus livros mais importantes, *O* witz *e suas relações com o inconsciente*".

Quando se referia a Freud, Lacan gostava de empregar as palavras alemãs deste, *Wunsch*, *Witz* (tanto que acabarei por retomar as aulas de alemão). Nesse dia, deixando a sessão, fui correndo à livraria Le Divan para obter a obra, *O chiste e suas relações com o inconsciente*, e comecei imediatamente a leitura. Descobri que esse livro era também uma maravilhosa antologia de humor judeu. A questão judia ainda não tinha para mim nenhuma consistência, apesar da memorável visão do primeiro encontro, mas o sulco começava a se escavar em mim. Esse livro sobre o humor judeu foi talvez a primeira passagem de arado na laterita de meu recalque. As histórias judias, o maravilhoso humor yiddish que eu estava descobrindo fizeram durante muito tempo a minha felicidade.

Uma outra sessão terá um alcance considerável. Aconteceu-me pronunciar em sei lá que contexto estas poucas palavras: *Tenho muito medo disso.*

Já perto da porta, a mão na maçaneta e a ponto de suspender a sessão, Lacan me perguntou:

"O que você entende por *isso*?

– A loucura!" (Essas palavras brotaram da minha boca como que contra a minha vontade, muito espantado de pronunciá-las).

"– É exatamente isso! Excelente!".

Essas palavras tinham literalmente estourado. Senti no contragolpe um verdadeiro abalo, uma onda "elétrica" que percorreu todo o meu corpo. Sim, era bem isso, eu guardava o principal fator que tinha até ali deformado a minha vida, arrancando-a de seu leito natural, até abandonar minha vocação de psicanalista. Sim, eu estava aterrorizado pela loucura e esse terror impedia-me até de pensar. Eu poderia ter acrescentado, mas foi preciso algum tempo para que a coisa ficasse consciente em mim: *eu agora quase que já superei esse terror.*

Esse triunfo exprimiu-se logo de maneira curiosa. Anunciei a Lacan, sem cerimônias, que dali por diante eu me sentia curado. "Você está totalmente certo", respondeu-me. Mas sobretudo uma idéia se impôs, tirânica, em minha mente e eu não ousava exprimi-la. Minha pretensão parecia-me inconfessável. Mas ela insistia e foi preciso, alguns dias mais tarde, tremendo, jogar fora a máscara.

"Tenho que lhe dizer... acho que a verdadeira razão de meu pedido de análise... é que eu mesmo desejo me tornar analista...".

Como eu ousara, eu, o camponês ainda sujo de barro dos arrozais, sustentar tal confissão que se tornava *ipso facto* um pedido antes insensato.

Para minha grande surpresa, minhas palavras não desencadearam em Lacan nenhuma marca de desprezo ou de indiferença. Muito pelo contrário, recebeu minhas palavras com simpatia:

"Acho que você não me falou disso em nossas entrevistas preliminares?

– Com efeito.

– É uma coisa muito importante o que você acaba de dizer e tomo nota. Mas por enquanto é a sua própria análise que você tem de fazer".

Eu tinha em mente certos clichês sobre a análise dita didática. Devia-os a minha precedente relação com o Dr. G.. Este me declarara um dia que existiam dois tipos de análise: a terapêutica, destinada ao tratamento dos distúrbios psíquicos, e a didática, que permitia aos futuros analistas formarem-se. Para isso, o didata, à medida que a cura ia progredindo, explicava a seu paciente o que se passara durante a sessão e, assim, este aprendia o ofício.

É verdade que me faltavam muitas explicações. Lacan, de grande presença, não trazia ao que eu dizia nenhum verdadeiro comentário que me teria permitido saber "em que ponto eu estava". Ele cortava logo. Várias vezes, é verdade, ele me felicitou pelo bom desenrolar de minha cura. Meu pedido assim comportava uma sutil esperteza: ao pedir uma análise didática, talvez eu o estivesse forçando a deixar aquele silêncio que eu vivia dolorosamente. Mas o essencial do assunto era bem a volta, assumida dessa vez, de minha vocação de adolescente.

"Você saberá", acrescentou, "que não estabeleço nenhuma diferença entre análise didática e terapêutica. É da própria experiência que o candidato vai tirar seu saber de clínico".

Essa resposta teve um efeito poderosamente permissivo. A via estava aberta para mim. Mas como tomá-la?

Lacan devia, dentro de alguns dias, recomeçar seu seminário. Uma pequena pilha de cartazes anunciando-o estava colocada sobre a mesa. O título nesse ano era *O avesso da psicanálise*, o que seus alunos costumam designar como "o seminário dos *quatro discursos*", a meu ver seminário da maior importância e que vai mais tarde orientar, quando eu dele tomar conhecimento, minha reflexão.

Na nova via em que eu esperava me engajar, participar desse célebre seminário pareceu-me bem natural. Pedi a Lacan autorização para assistir. Evidentemente, eu poderia ter evitado isso e ter-me perdido na imensa multidão daqueles que assistiam a essas conferências tão particulares. Mas isso não podia vir-me à mente. A perfeita clareza de nossa relação exigia que minha participação no seminário não fosse clandestina. "É cedo demais", respondeu-me. Respeitei a sua recusa.

Pareceu-me, por conseguinte, que só a universidade podia me fornecer o complemento de saber indispensável e os diplomas necessários para declarar-me socialmente, em alguns anos, analista.

Pedi então a minha inscrição na Universidade de Vincennes-Paris VIII, alto lugar do lacanismo no imediato pós 68. Essa universidade oferecia, além disso, facilidades aos estudantes engajados numa profissão. Dois meses apenas tinham transcorrido desde o início de minha análise e já a minha vida conhecia suas primeiras mudanças.

O ensino de psicologia compreendia um grande número de unidades de valor. Inscrevi-me em duas delas, introdutivas, que eram no sábado de manhã, meu dia de folga. Fiquei sabendo que meu diploma de agrônomo conferia-me uma equivalência para um certo número de unidades. Mas eu tinha de esperar a decisão da comissão *ad hoc* para saber quais eram essas unidades.

Evidentemente, coloquei Lacan a par de minha iniciativa. A semana estava terminando e concluí a sessão de sexta-feira à noite pelo habitual "Até segunda", quando Lacan, assumindo um ar suave, interrompeu-me:

"Não, é muito importante que você venha amanhã de manhã.

– Mas eu não disse ao senhor que tenho uma aula sábado de manhã em Vincennes?

– Que começa a que horas?

– Às nove horas.

– Muito bem. Venha às oito horas. Vou atendê-lo imediatamente. Você terá em seguida tempo suficiente para ir a Vincennes".

Mais uma vez, era impossível para mim evitar.

Depois de uma semana de trabalho, tinha ainda, naquela manhã, de levantar-me cedo para estar às oito horas na consulta. Glória dirigiu-me para a biblioteca, que em breve vou apelidar de *les oubliettes**. Os minutos passavam, eu esperava. Acabei sendo admitido em seu consultório. A sessão nesse dia vai durar bem mais que de costume. Finalmente, deixei o consultório dez minutos antes das nove horas. Fui correndo para Vincennes, metrô depois ônibus, esperas intermináveis, e lá cheguei com um atraso de quase uma hora. Mas a tolerância acadêmica nesses anos era infinita. O professor tinha aliás notado meu ar perdido, característico, segundo ele, daqueles que empreendem uma análise, e era para ele um motivo suplementar de indulgência. Aconteceu-me, esgotado, simplesmente adormecer na pesada introdução à psicologia experimental em que me explicavam, através das brumas da minha mente, curiosas experiências com ratos.

O mesmo jogo se repetiu cada um dos sábados seguintes, e isso até o fim do semestre, no meio de fevereiro. Fiquei então simultaneamente sabendo que obtivera as duas UV às quais teoricamente eu assistia, mas também que a comissão de estudos me havia generosamente concedido uma equivalência para dezoito unidades de valor entre as quais... as duas infelizes unidades que eu me esgotara em fazer. Eu obtivera sem esforço dois terços do curso. O efeito dessa boa notícia foi paradoxal: ela me enojou. Eu assim fizera tanto esforço para nada. Por quantos sábados deveria eu ainda sofrer esse calvário? Minhas forças me faltaram. Abandonei definitivamente os estudos de psicologia que eu naquele meio tempo descobrira como me interessavam pouco. Quanto ao resto, veríamos. Informei Lacan.

Na sexta-feira seguinte, deixei-o com o inevitável:

"Até amanhã.

– Não", disse ele com aquele sorriso diabólico do qual tinha o segredo, "até segunda".

Não entendi de imediato, não claramente, em todo caso, como a manobra dos últimos meses só tivera por objetivo desanimar-me de ir a Vincennes. Por que outro objetivo? Eu não tinha a mínima idéia. Ele próprio sabia?

---

* Cela onde eram encarceradas as pessoas condenadas à prisão perpétua, local onde são deixadas as coisas que não servem mais (NT).

Minhas missões na África tornavam-se cada vez mais freqüentes e me incomodavam muito. Tornavam impossível qualquer organização da vida familiar. Reservar um lugar de teatro era problemático, já que a todo instante um telefonema de Mayer, por instrução de Bour, anunciava-me minha próxima partida para Gana, Alto Volta ou Daomé. O tempo longe da família, os filhos pequenos aos quais eu era apegado, era para mim sempre doloroso. A isso também se acrescentava a interrupção da minha análise. O ritmo diário das sessões tornara-se regra. Mas Lacan fez questão de precisar:

"Não se trata somente de recuperar as sessões que você deveria ter feito, há outra razão que você vai entender mais tarde".

Eu ignorava de que razão podia se tratar, mas aceitava aquele ritmo, pois sentia profundamente a necessidade dele. Às vezes até, após a sessão e a ritual frase de separação "Vejo-o quando de novo?" e minha não menos ritual resposta, irritado, "Amanhã!", ele me pegava: "Não, vá esperar-me na biblioteca". Alguns instantes mais tarde, eu era convidado a outra sessão. Por que razão? Porque, parecia, algo de importante estava a ponto de emergir, ou então meu discurso, o fio de meu desejo estava talvez perdido em algum alagado; uma segunda sessão, pagável ao mesmo preço, é claro, permitia-me recuperar-me. Aconteceu-me também eu mesmo reclamar, duas ou três vezes, essa sessão suplementar, levando o número semanal do estranho exercício a seis ou sete sessões, tal o aluno que pede ao mestre zen o famoso golpe de bastão no ombro que lhe permite retomar o curso de sua meditação.

Esse ritmo infernal evidentemente custava-me somas loucas e minhas missões na África, com as indenizações correspondentes, permitiam-me compensar a torrente de minhas saídas de dinheiro. Eu assim oscilava entre essas duas exigências. Mas uma séria lassidão em relação à minha profissão de jet-agrônomo, que no entanto me apaixonava, começava a me invadir.

Estávamos no início do mês de junho do ano de 1970 e pediam-me de novo para ir ao Senegal. "Jacques", eu disse a meu superior, "é demais. Mal acabo de voltar e você previu para mim no início de julho essa missão com o Banco Mundial no Senegal. Será mesmo indispensável? Mande então outra pessoa! Há tantos engenheiros na sede que se entediam e que também gostariam muito de viajar um pouco.

– Você tem razão", respondeu-me Mayer, "vou mandar X.".

Algumas semanas mais tarde, fiquei sabendo que, durante essa viagem, X perdera a vida. Seu veículo dera uma virada brusca no acostamento de uma estrada esburacada. A notícia foi abafada. Mas a asa da morte ia algumas semanas mais tarde de novo passar perto de mim.

Tudo ia decididamente rápido demais e não parecia perto de diminuir a velocidade. Tantos acontecimentos em tão poucos meses. Meu dinamismo espantava e irritava.

No entanto, havia um campo, da maior importância a meu ver, o de minha ação militante, onde, há pouco tempo, eu me sentia como que atingido por uma estranha paralisia, uma inibição que me incomodava cruelmente.

Presidente fantoche de um grupelho de apoio à luta pela independência nas colônias portuguesas, tornei-me o peso morto dele. Na verdade, o verdadeiro poder no seio de nosso comitê estava confiado a Maurice G., um personagem bem suspeito, um psicopata de ares simpáticos. O Partido era assim organizado. Personalidades oficiais, eventualmente colocadas no alto da direção, mas na verdade sem poder real, obedeciam às diretivas de uma casta de permanentes que agiam na sombra.

O grande animador de nosso grupo foi um jovem médico, ele também recentemente de volta do Senegal, Gilles Tchernia, que conseguiu pôr de pé nossa ação concreta mais espetacular. Com a ajuda de seu amigo, o professor Léon Schwartzenberg, dávamos nosso sangue todos os meses, alternadamente, e os frascos partiam de avião para Dacar.

O dinamismo de Tchernia sublinhava cruelmente minha passividade, minha ausência total de idéias. Eu cumpria bem as tarefas concretas que me confiavam, mas o coração não estava ali. Eu não entendia o que se passava comigo. Conscientemente, eu estava aderindo plenamente às idéias revolucionárias e mesmo assim o corpo e sobretudo a mente não seguiam. Por quê? Como superar essa paralisia? Meus camaradas começavam a me censurar por ter-me lançado nessa aventura individualista e burguesa da psicanálise. Eu era o joguete de uma vontade inconsciente cuja finalidade me escapava.

Uma primeira luz deveria ter acontecido nesse dia em que, encontrando-me num café, na esquina do Boul'Mich' e da Rua des Écoles, fui testemunha de uma passeata violenta, com certeza proibida. Policiais e estudantes se enfrentavam. As mesas do café foram derrubadas com os empurrões. Um pensamento, que me pareceu blasfematório, atravessou-me a mente: eu não sentia nenhuma solidariedade, nenhuma identificação com aqueles jovens turbulentos, com sua violência destruidora, numa palavra, com... a Revolução, até ali sonho da minha vida. Senti-me horrivelmente culpado.

Minha sessão era dali a alguns instantes. Ousaria eu comunicar os sentimentos que acabava de ter? Fiz isso sentindo a maior vergonha. Estava convencido de que Lacan me censuraria. Se eu o havia escolhido como analista era com a convicção de que ele era de extrema esquerda, de que partilhava os ideais da Revolução. Suas freqüentes alusões a Marx, a caução de Althusser, suas relações com os membros da Esquerda proletária maoísta e com aquele que, nesse meio tempo, se tornara seu genro tinham reforçado essa ilusão. Certo, ele lia *Le Figaro* todas as manhãs. Mas eu não me apegava a uma contradição. Os homens de envergadura podem comprometer-se com o diabo e manter a integridade. Na verdade, eu não havia entendido seu projeto pós maio de 68, o de atrair a ele aqueles jovens intelectuais fascinados pela ação violenta e pelo terrorismo à moda alemã dos anos de chumbo, o de evitar que aquela jovem elite intelectual se perdesse nas areias movediças do terrorismo. É a ele, bem mais que a Sartre, em cima de um barril, que devemos o resgate da elite de uma geração. Mas ele previra o reverso da medalha, isto é, que esses esquerdistas analisados, até mesmo tornados psicanalistas, sem fazer o luto de sua fascinação totalitária, iam injetar no movimento psicanalítico a mortal doença da mente que em primeiro lugar vai atingir seu próprio ensino e sua transmissão. De imediato, a instituição analítica acabará parecendo uma associação mafiosa ou sectária.

No umbral da porta, nessa sexta-feira, fui surpreendido por seu aperto de mão e o sorriso caloroso. Lacan não me censurava. Ao deixá-lo, senti um estranho bem-estar. Coloquei provisoriamente meu "pensamento blasfematório" na conta das idéias obsessivas de que eu sofria. Precisei de alguns anos ainda antes de entender que se tratava de outra coisa, que lenta e subterraneamente a minha fascinação pelo totalitarismo que me alienava estava me deixando. Por enquanto, eu freava essa evolução com todas as minhas forças. Só minha mulher, muito ligada ao Partido, havia de imediato percebido essa evolução e se inquietava.

Foi em julho de 1970, uns nove meses após o início de minha análise, que meu destino verdadeiramente mudou. Eu devia, como previsto, ir ao Senegal, a fim de supervisionar o início da operação arroz de sequeiro lançada, em princípio, com base em minhas experimentações em Séfa, antes de juntar-me a uma missão do Banco Mundial interessada pelo desenvolvimento da rizicultura em Casamance. Entre os dois momentos dessa longa missão de dois meses, uma curta estada no Alto Volta estava prevista, em companhia de Jacques Mayer e Claude Rège, desta vez para a operação "terras".

Essa missão não suscitava em mim nenhum entusiasmo. Mas apressavam-me, minha vinda a Casamance era reclamada, urgente, indispensável. Eu não podia me esquivar.

Peguei então o avião para Dacar, onde cheguei no meio da tarde. Pensava que um dos numerosos quadros da agência local estaria me esperando no aeroporto. Não haviam reclamado a minha presença?

Ninguém. Minutos mais tarde reconheci o chofer da agência e fui em sua direção. Perguntou-me aonde devia levar-me. "Você não teria uma carta para mim, uma mensagem?

– Não, senhor.

– Então, leve-me à agência".

Os escritórios estavam vazios. Um técnico estava ocupado em algum trabalho de escrita. Ignorava tudo sobre a minha vinda. Uma secretária indolente me informou, sem outra explicação, que um quarto de hotel me fora reservado.

Aquela acolhida glacial manifestava melhor que longos discursos uma franca hostilidade cuja causa me era desconhecida.

Só me restava então ir ao hotel. Eu estava abismado, abatido. Mergulhei na leitura dos *Escritos* de Lacan que eu tivera o cuidado de trazer comigo, antes de encontrar um mau sono.

No dia seguinte, na primeira hora, voltei à agência. P., o diretor, já se encontrava lá. Praticamente não me cumprimentou. Mas o que eu havia feito àquele energúmeno colonial, reciclado na cooperação técnica, a qual lhe assegurava um suntuoso salário, uma casa magnífica à beira-mar e tempo livre que ele dedicava à sua paixão, a navegação no mar?

"Posso saber por que razão vocês me pediram para vir?", disse-lhe irritado e cansado.

"– Não pedi nada.

– O que estou fazendo aqui então?

– Acho que B. S., o responsável pela operação arroz em Casamance, o espera em Ziguinchor. Dentro de quinze dias, acho, você deve participar da missão do Banco Mundial".

Parecia-lhe... Ele achava... Eu me beliscava. P. de qualquer modo era um dos principais quadros da SATEC. Tal desenvoltura deixou-me fora de mim. Nada a fazer a não ser reservar um lugar no avião para Ziguinchor no dia seguinte de madrugada. Errei, chateado, o dia inteiro pelas ruas de Dacar, cidade de que não gostava. Ninguém da equipe local me convidara nem mesmo para beber alguma coisa, como é de costume. Eu estava sendo objeto de um inexplicável boicote. Teria dado tanto para estar em Paris, entre os meus, sair de férias com eles... Em vez disso, estava entregue a mim mesmo, rejeitado na umidade da estação das chuvas que começava, diante de uma misteriosa hostilidade.

Acabei por voltar ao hotel, botar para funcionar o ar condicionado e retomar minha leitura dos *Escritos*.

Acordei de madrugada para ir ao aeroporto. O velho DC3 só estava ocupado pela metade, entre os passageiros uma senhora, de tipo mediterrâneo. Já na sala de espera, ela me encarara com insistência. Estava intrigada, me dirá ela mais tarde, por encontrar numa hora tão matinal, num aeroporto senegalês, um branco mergulhado na leitura dos *Escritos* de Lacan. Vimo-nos sentados em duas poltronas vizinhas. Logo, antes por sua iniciativa, começamos a conversar. "Dra. B. S.", apresentou-se. "– A senhora seria parente de B. S., o agrônomo? – Sua esposa". Feliz coincidência. Falamos um pouco de psicánálise, de Lacan. Mas já estávamos aterrizando. B. S., que eu conhecia, estava esperando a mulher. Ficou surpreso, antes de maneira desagradável, de me ver, e minha surpresa não era menor. Ele não fora avisado por Dacar? P. não me havia dito que ele me esperava?

"Só o esperava dentro de duas semanas para a missão Boumendil do Banco Mundial.

– Mas a sede insistiu para que eu viesse trazer-lhe meu apoio técnico.

– Escute", disse-me com a brutalidade que eu conhecia nele, "não se meta nos meus assuntos. Você está muito cansado, posso ver. Pegue um quarto no Hotel Jacquot. Descanse, passeie, coma bem e dentro de uma semana mando um veículo buscá-lo para uma visita da operação".

B. S. detestava mais que tudo que metessem o nariz em "seus assuntos". Não era ele competente o bastante para levar sozinho a operação, sem a intromissão do novato que eu era? Eu ia então de uma má surpresa a outra. Sem o feliz encontro com a Sra. B. S., que teria eu feito em Ziguinchor? A sede da operação arroz era em Kolda, a mais de cem quilômetros, sem nenhum meio de transporte, privado ou público, para eu ir lá. Eu havia desembarcado desnorteado no cerrado africano, sem referências, sem recursos.

"Mas dentro de uma semana tenho que encontrar Mayer e Rège no Alto Volta e faço questão de ver a operação.

– Bom, virei então buscá-lo dentro de três dias".

Fui para o confortável Hotel Jacquot, que eu conhecia bem, invadido por um amargo sentimento de infinito absurdo, deixando os esposos B. S. irem para Kolda. Eles acabavam de se casar e não paravam de se abraçar, o que me irritava bastante.

Passei a maior parte dos dois dias seguintes profundamente desanimado, no quarto do hotel. Fiz umas visitas a antigos colegas do IRAT, a minhas equipes de operários e de contramestres que reencontrei com prazer. Meu amor pelo arroz, os resultados obtidos conferiam-me aos olhos deles prestígio e afeição. Havíamos partilhado, através das múltiplas experiências que eu havia lançado, tantas memoráveis emoções. Chérif, meu antigo chefe de equipe em Séfa, informou-me com tristeza que o pesquisador que me havia sucedido em Séfa, um velho engenheiro, bom botânico mas sem idéias, havia deixado de lado meus trabalhos. Caía-se de novo no ramerrão do passado, nas semeaduras tardias, nas velhas variedades, e o arroz voltava a ter seu aspecto mirrado. Tantos esforços para nada. Fiquei profundamente mortificado e lia a mesma tristeza no olhar de meus antigos colaboradores senegaleses. Não os havia traído partindo cedo demais, sem ter realmente dado força às novas técnicas? Anos mais tarde, terei esse pesadelo de minhas parcelas de arroz devastadas, as sementes de minhas novas variedades espalhadas sobre a terra úmida, sem raízes, tal como os filhos do pai indigno que eu era. Pode-se facilmente adivinhar o eco sexual subjacente dessa cena de desastre tomada ao pé da letra do versículo bíblico *não espalharás em vão a tua semente*.

Não tinha mais nada a fazer naqueles lugares e, com dor no coração, voltei a Ziguinchor, onde só deixava o quarto na hora das refeições.

Eu chorava de raiva. Aquele desperdício encontrava o desperdício de minha vida amorosa, conjugal, de minhas núpcias impossíveis e fracassadas, fonte dos tormentos que me trituravam a alma por inteiro. Imaginei encontrar um derivativo em minha dor ao escrever uma espécie de poema.

De repente, do fundo desse desespero, uma idéia poderosa, luminosa, invadiu-me. À questão "o que é que eu vim fazer neste barco", uma resposta fulgurante se impôs. Eu tinha que parar aquilo tudo, a agronomia tropical, as viagens incessantes, e tornar-me psicanalista. Pela porta principal desta vez, a da medicina, da psiquiatria, volta impetuosa do velho projeto de minha adolescência, volta do recalcado. Era preciso então retomar meus estudos, os de medicina.

Ao mesmo tempo que a idéia, os meios de realizá-la dispunham-se diante de mim, num projeto coerente, como que brotado todo pronto de um poderoso computador. Eu venderia meu apartamento, faria frutificar esse pequeno capital, pediria e seguramente obteria de Francis Bour um emprego de meio expediente durante os períodos de estudos, com volta ao trabalho em tempo integral durante as férias escolares. Esse dispositivo me permitiria atravessar ao menos os três ou quatro primeiros anos de estudos. Depois, veríamos.

O surgimento desse projeto bem amarrado transfigurou-me. Desesperado alguns minutos antes, dali por diante eu estava cheio de uma alegria luminosa. Escrevi imediatamente a Lacan para informá-lo de minha decisão e pedir-lhe um encontro para os primeiros dias de agosto. Um sentimento de urgência tomava conta de mim, um estado febril irreprimível. Tinha que voltar a Paris o mais rápido possível, o assunto me parecia vital.

Eu não estava requisitado para uma missão de um mês e meio com o Banco Mundial? Paciência. Tinham zombado bastante de mim assim. Eu me explicaria com o perito, contaria que havia recebido notícias graves, que meu pai estava doente, morrendo... Dali por diante nada podia me parar.

No dia seguinte, B. S. veio buscar-me no hotel. Eu era outro homem. Na estrada de Kolda, confiei-lhe minha decisão. "Você é louco", disse-me. "– Não tenho mais nada a fazer aqui", respondi-lhe. Talvez ele tivesse notado o quanto o comportamento dele fora brutal. A hospitalidade que me ofereceu em sua casa de Kolda foi perfeita. Fui hospedado, alimentado como um irmão, um amigo de velha data. Sua mulher manifestou muita amizade, emocionada com meu projeto de deixar ali uma carreira brilhantemente começada pela ascese de intermináveis estudos médicos. Eu acabava de fazer trinta anos. B. S. fez-me visitar as diferentes zonas da operação e de imediato percebi que íamos fracassar. Nenhuma de minhas recomendações técnicas era observada. Tinham de imediato lançado uma grande operação incontrolável, o mesmo erro que no planalto mossi do Alto Volta.

Esse fracasso programado confortou-me em minha decisão de mudar de via. Voei para Ouagadougou para encontrar Mayer e Rège.

Eu gostava muito desses dois homens e revê-los fez-me esquecer a desastrosa acolhida da agência senegalesa. Visitamos, inseparáveis, os quatro sítios escolhidos para a operação, rindo e brincando como colegiais no veículo colocado à nossa disposição pela agência de Ouaga. Eles não levavam muito a sério meu projeto de reconversão. "Não é assim que se faz carreira", observaram com amizade. Tinham razão. Eu nunca soube fazer carreira, passando de um campo a outro, atópico à minha revelia, e às vezes me acontece lamentar isso, com minha erudição capenga e lacunar, bisbilhoteira, matemática. Porque sempre achei o mundo maravilhoso demais, cheio de infinitas riquezas, e porque nunca consegui renunciar completamente a nenhuma delas. O inventário de meus pólos de interesse é de uma heterogeneidade grotesca, na qual se misturam um gosto pela matemática, pelo maquinismo agrícola, pelas línguas, pelas indústrias de laticínios, pela psicanálise, pela agronomia, pela filosofia, pelas corridas de cavalos, pela música, pela política, pela medicina, pela finança, pela literatura... Mas essa dispersão sem limites bem definidos também me proporcionou tantas alegrias... Com certeza avatar de minha problemática obsessiva, em que, na falta de possuir todas as mulheres, desejei tocar, de leve ao menos, todos os saberes.

Tínhamos acabado a inspeção do último sítio, o de Manga. A tarde avançava e já rodávamos na larga pista de laterita que nos levava a Ouaga. A noite cai rápido sob os trópicos e o carro ia rápido, como de costume. Não gosto da estrada nas horas do crepúsculo, no lusco-fusco. Na travessia das aldeias, mais rápido que de hábito, as galinhas, as crianças refugiavam-se no acostamento. "Estamos indo rápido demais", eu disse, "vamos acabar atropelando alguém".

Rège está sentado na frente e nossa atenção volta-se para o chofer a quem pedimos para diminuir a velocidade. Mas este não nos ouve mais. Seu corpo, duro a ponto de romper, agarra-se com todas as forças ao volante e seu pé esmaga o acelerador. Ele treme violentamente. A boca emite uma espécie de estertor aterrorizante e a baba começa a correr das comissuras dos lábios. Não entendo nada do que está se passando e tenho dificuldade de conter meu pânico. Nosso chofer está tendo uma crise de epilepsia.

Felizmente, Rège não perde o sangue-frio, tenta pegar o volante, mas só consegue desviar o veículo que deixa a pista para a esquerda, passa milagrosamente entre duas árvores, sendo que o galho de uma delas quebra o vidro traseiro do meu lado e me fere levemente. Rège prossegue seu combate com o chofer inconsciente, que emite agora roncos inquietantes. O veículo volta para a pista, mas vai desta vez para a direita. Nova tentativa de segurar o volante, mas estamos então sobre um barranco inclinado e o veículo, milagrosamente, recua. Dez metros mais adiante o aterro atinge uma altura de vários metros. Estouramos então os três, num riso nervoso, voltamos de longe. Nesse meio tempo, o chofer terminou a sua crise e Rège, com seu maravilhoso sangue-frio, toma o volante.

No dia seguinte, contamos nossa aventura aos agentes locais da SATEC. "Ah! Mamadou teve outra crise" foi a reação deles. A epilepsia do chofer era bem conhecida e mesmo assim deixavam-no dirigir. Eu estava de novo embasbacado com a irresponsabilidade dos antigos coloniais que trabalhavam sob os trópicos – bem tristes, com efeito. Esse incidente confortou-me em minha decisão de deixar o mais rápido possível esse universo gratuita e estupidamente perigoso.

Um dia depois, abandonei Rège e Mayer para reencontrar em Dacar os dois peritos do Banco Mundial que eu devia acompanhar. Antes, e com toda urgência, trocar minha passagem de volta para Paris. Infelizmente, no fim de julho, os aviões são literalmente tomados de assalto. É a época de volta à metrópole dos cooperantes, explica-me o empregado de Air Afrique. Insisto. Preciso muito de um lugar, em primeira classe se for necessário. Acabo de receber notícias alarmantes de minha família, de meu pai gravemente enfermo. O empregado acaba por me arrumar um lugar para 27 de julho. Restam-me um pouco mais de dez dias no Senegal. Minha pressa parece supérflua, incompreensível. Ela logo vai se afigurar miraculosa, efeito de uma misteriosa intuição, do acaso, como quiserem. Tais efeitos "miraculosos" foram numerosos ao longo de minha análise.

Com meu novo bilhete no bolso, encontrei na noite mesma os dois peritos do Banco Mundial e anunciei-lhes minha partida precipitada. Boumendil, o responsável, mostrou-se surpreso. Não tínhamos combinado um mês de trabalho em conjunto? Recitei de novo, sem convicção, meu álibi, o do pobre-velho-pai-nas-últimas. Estranho papel que eu dava a essa figura do pai morrendo no caminho de meu desejo. Apressei-me em acrescentar:

"Acho que as informações técnicas que devo lhes fornecer podem sê-lo em duas ou três sessões de trabalho. Uns dez dias nos bastarão amplamente para visitar os diferentes sítios da operação".

Já no dia seguinte, saímos de carro para essa bela região de Casamance de que ainda gosto muito – o próprio Malraux ficou seduzido "por seu nome de romance". Tive prazer em trabalhar com esses peritos, com Boumendil, no qual bem rápido percebi a inteligência notável, a fineza com a qual conduzia suas entrevistas, e eu poderia, a seu lado, ter aprendido muitas coisas sobre a direção de um estudo. Mas eu estava sendo chamado em outro lugar. Deixei o Senegal, onde vivera momentos tão importantes. Nunca mais voltei lá.

Cheguei a Paris, sempre habitado pela mesma febre, o mesmo sentimento de urgência. Para A., minha decisão foi um choque terrível. Como vamos fazer? Vender o apartamento? Ele mal acaba de ser arrumado. Só vai ser mais fácil vendê-lo. Onde morar com as três crianças? Alugamos. Deixar o projeto para o ano que vem. É agora ou nunca, o que vai se verificar.

Lacan me enviara um bilhete, convidando-me a ir vê-lo nos primeiros dias de agosto.

Meus pais, irmãos e irmã também ficaram arrasados ao saberem da minha decisão. Achavam que eu estava ficando louco. Meu pai que, outrora, ontem ainda, desejava tanto ver-me médico, foi, como em cada uma das minhas iniciativas existenciais, hostil. Sem me prevenir, e pela primeira vez, visitou-me no escritório. O prédio rico, a deliciosa jovem secretária que o recebeu, meu lugar de trabalho o impressionaram. "Você vai abandonar isto tudo sem saber aonde vai?

– Sei aonde vou. Minha decisão está tomada e sem apelação".

Ficamos ali, nessa incompreensão mútua que nunca iria cessar.

Nesse meio tempo, em três curtos dias tive que acertar apressadamente um número enorme de problemas. Um dia depois de chegar, fui à Rua de l'École de Médecine para inscrever-me na faculdade. Uma senhora surpresa me aguardava. Pela primeira vez, e como eu teria sabido, as inscrições que até então podiam ser feitas até setembro, encerravam-se, dali por diante, no dia 31 de julho. Sem minha pressa, sem a febre que me trouxera a Paris bem antes da data prevista, minha inscrição teria sido adiada para o ano seguinte. Tinha eu um ano a perder, na minha idade? Meu impulso teria suportado ser assim adiado? Um ano mais tarde, além disso, um concurso muito seletivo de admissão no segundo ano seria instaurado e eu poderia muito bem ter sido reprovado. Quantas estranhas e benéficas coincidências me acompanharão ao longo de minha análise, como se uma benevolente providência buscasse favorecer meu projeto! Existiria uma "providência freudiana" que acompanharia um desejo disposto a todas as renúncias?

Tive que esperar horas em intermináveis filas de espera, retirar um dossiê, enviá-lo, passar longos momentos a fuçar meus papéis sempre em desordem, em busca de meu velho atestado de aprovação no vestibular. Consegui enfim resolver todos os trâmites administrativos e entregar um dossiê completo de inscrição numa sexta-feira, 31 de julho, a última tarde da data limite.

Outros encontros importantes, urgentes, aguardavam-me, arrastavam-me numa pressa febril numa Paris já metade vazia de seus habitantes.

Em primeiro lugar, havia meu encontro com Lacan: como "o velho" ia acolher minha louca decisão?

Ele me recebeu na tarde de segunda-feira 3 de agosto. A sala de espera estava vazia. Certamente, eu era, naquela tarde, seu único paciente, isto é, ele havia interrompido suas férias para me atender. No momento, a situação não me espantou muito, como se fosse natural que um analista, tal uma mãe na hora do perigo, estivesse sempre à disposição de seu paciente.

Convidou-me a deitar como de hábito, ficando na escrivaninha, a alguns passos do divã, aparentemente mergulhado num trabalho pessoal. Mas, nesse dia, a "densidade" de sua escuta tinha algo de particular, de quase palpável. Expus-lhe meu projeto, as medidas que eu havia tomado para iniciá-lo seriamente, minha inscrição feita, a plenitude de minha decisão na qual eu estava inteiramente comprometido. Eu estava intempestivamente voltando à cena de meu destino. Ele me escutava num profundo silêncio, ritmado por aquela respiração forte que era a sua nos momentos de emoção ou de angústia.

Após longos minutos, quando eu havia mais ou menos dito tudo o que tinha a dizer, ele encerrou a sessão sem se mexer da cadeira e sem levantar os olhos dos papéis. Então, já na porta do consultório, virei-me para ele e com uma voz de repente inquieta perguntei-lhe:

"O senhor acha que isso é possível?

– *E por que não?*", resmungou, com aquela mistura de irritação e calor de que tinha o segredo. Aquele "por que não" soou em meus ouvidos como o mais poderoso incentivo que eu podia receber. Seria meu viático durante os longos anos de sofrimentos e de privações que me aguardavam.

Alguns dias mais tarde, eu me encontrava na casa de meus pais para almoçar. Meu pai ainda estava com raiva. Era seu modo de relação com o mundo e comigo em particular. Durante a refeição, minha mãe me perguntou:

"Você conhece um certo doutor La... sei lá o quê?

– Lacan? Sim, por quê?

– Porque ele me telefonou quando você estava no Senegal. A sua mulher também estava e a sua cunhada. Fui eu que atendi. Ele me perguntou: 'Gostaria de falar com a Sra. Haddad'. Eu lhe disse: 'Há muitas Sra. Haddad aqui'. Então ele me disse: 'Quero falar com a mãe do Gérard. –

Sou eu. – Onde está o Gérard? – Ai ai ai', eu lhe disse, 'ele está muito, muito longe'. Então, ele me disse: 'Obrigado, a senhora é muito gentil'. Me pergunto por que ele disse que eu era *muito* gentil.

– Ele queria saber se o cordão umbilical estava cortado", zombou meu pai.

Assim, pois, em momentos excepcionais, Lacan podia levar suas intervenções até ali, até telefonar à minha mãe para ter uma pequena idéia do ponto em que ela estava quanto a seu desejo em relação a mim. Aquele comprometimento radical nas curas que ele conduzia permitia suportar a amarga pílula das sessões quase sempre tão curtas.

Esse testemunho fará talvez contrapeso a muitas fofocas. Falou-se tão mal de Lacan, em particular de ter levado ao suicídio alguns de seus pacientes... A história mais conhecida é a do antropólogo Lucien Sebbagh, o mais brilhante de sua geração segundo Lévi-Strauss. Diziam que era noivo de sua filha, Judith. Sebbagh era um judeu tunisiano e eu tinha alguns laços com a sua família. Foi na casa de férias deles em Cartago que conheci a amiga que me apresentou A.. Sempre tive o sentimento de que a lembrança dessa tragédia ocupava um lugar na transferência que nos ligava. Como Lucien Sebbagh, eu era judeu tunisiano, comunista, acreditando naquela loucura do amanhã que canta de que Lacan dirá que ele leva ao suicídio. (Meu livro *Os biblioclastas* será o lugar onde enterrarei essa fantasia mortífera). Eu era, pois, particularmente sensível a essa tragédia.

Esse suicídio ainda agitava um pouco a cena parisiense nesses anos. Punham-me, portanto, em alerta contra o aprendiz de feiticeiro que destruíra uma das mais promissoras inteligências da época. Na linha de crista em que eu me engajava, não ia conhecer o mesmo destino? Abri-me, portanto, com ele, alguns meses mais tarde, numa das sessões. Lacan levou um susto. Minhas palavras pareciam ter reaberto uma ferida não cicatrizada. "Saiba", disse-me à porta, nesse lugar onde ele costumava pronunciar as palavras mais decisivas, com o rosto mudado, "saiba bem que fiz *tudo*, absolutamente tudo, para salvá-lo".

Eu sabia desde o telefonema à minha mãe e por outras intervenções que ele teve, ou de que fiquei sabendo, até onde este *tudo* podia ir. Sebbagh morrera porque tinha decidido morrer e nada podia mudar a sua decisão.

Lacan fez uma discreta alusão a essa tragédia na entrevista que deu à televisão e que foi publicada em obra com o título *Televisão*, sendo o entrevistador seu genro, Jacques-Alain Miller, que sucedeu Sebbagh no coração de sua filha:

"Saiba apenas que vi várias vezes a esperança, o que chamam 'os amanhãs que cantam', levar as pessoas que eu estimava tanto quanto o estimo, muito simplesmente, ao suicídio[1]".

Essas "pessoas que eu estimava tanto quanto o estimo você, suicidadas, aderindo ao ideal revolucionário, eram uma alusão transparente, parece-me, a Sebbagh. A violência das palavras lançadas ao rosto de Miller, a seu ciúme potencial, sempre me surpreendeu.

Restava-me ainda resolver certos problemas bem importantes, os da intendência: encontrar o patrão.

Francis Bour era um semideus inacessível em seu escritório. Mas a sorte não me deixava. Eis que ele mesmo me convocava. Desejava que eu o informasse diretamente sobre a operação arroz em Casamance e sobre a das terras no Alto Volta.

Eu já havia redigido, em poucos dias, um breve relatório da missão. Eu era mais severo quanto ao Senegal, otimista no que diz respeito ao Alto-Volta.

No fim da entrevista, Bour disse-me estar muito satisfeito com o trabalho que eu cumprira naquele ano. Tinha projetos para mim. Agarrei-me na vara involuntariamente estendida. "Eu também tenho projetos de que desejo lhe falar. Acabo de me inscrever na faculdade de medicina e vou mudar de profissão. Vou tornar-me psicanalista".

Foi uma total surpresa. "Mas você é louco!" explodiu ele. "É um instável. Você quis deixar o Senegal e eu o peguei para a sede, e agora... que bicho mordeu você?".

Contei-lhe a experiência que vinha fazendo há um ano com Lacan, os questionamentos que esta havia produzido.

---

[1] J. Lacan, *Télévision*, Seuil, 1973, p. 66 [Trad. bras.: *Televisão*, Jorge Zahar, Rio de Janeiro, 1993, p. 73].

"Mas como você vai fazer para viver? Você tem responsabilidades, três filhos e sua mulher, acho, não trabalha.

– Estabeleci um plano. Vendo meu apartamento que me deixará alguns tostões e além disso...

– E além disso o quê?

– Você me manterá na SATEC, a meio expediente, durante os períodos universitários, e eu retomarei meu tempo integral durante as férias escolares. Você poderá me enviar em todas as missões que quiser.

– Mas é impossível, inaceitável. E se eu recusar, o que você vai fazer?

– Vou pensar no assunto".

Dez minutos mais tarde, Bour aceitava meu pedido. Senti um reconhecimento infinito. Dali em diante era tempo de tirar umas férias. Viajei com a pequena família para a Itália.

De volta, encontrei entre as cartas minha inscrição na faculdade Saint-Antoine. Fiquei também sabendo que a posse do diploma universitário que encerrava então os dois primeiros anos de estudos científicos podia dispensar do primeiro ano de estudos médicos. Ora, meu diploma de Grignon dava a equivalência desse diploma. Assim, talvez eu pudesse encurtar em um ano a maratona universitária de dez anos que me aguardava.

Fui ver o diretor de minha nova faculdade, Jean Loygue. Defendi meu dossiê, mas o distinto cirurgião foi intratável:

"A equivalência de um diploma não é esse diploma. Vai ser preciso retomar as coisas do início".

Esse veto não me afetou muito. Além disso, nada podia então me abalar. Com a distância, essa própria recusa parece-me feliz. O primeiro ano de medicina, com seus rudimentos de matemática, física e biologia, me parecerá bem elementar em relação ao ensino recebido em classe preparatória, depois em Grignon. Assim, a transição se efetuou com calma. Mergulhado diretamente no caldeirão dos estudos propriamente médicos, com o enorme programa de anatomia, exercício de pura memória, teria eu suportado a prova?

Faltava violentar-se, suportar a angústia resignada de A. e pôr à venda nosso apartamento.

A volta dos mortos

Na volta à universidade, tomei assento no anfiteatro que me haviam indicado, no meio da multidão barulhenta dos colegiais de ontem, agora estudantes, já com aquela pose que supomos que todo médico novo tem. Como me parecem jovens com seus dezoito anos, e como, certamente, pareço velho para eles, com meus trinta anos passados, quase o dobro da idade deles. Não havia nenhuma simpatia no olhar deles a meu respeito. Eu era uma anomalia, uma verruga na paisagem.

Não dispúnhamos então, em nossa boa faculdade de Saint-Antoine, de nenhuma máquina de xerox e a assistência a todas as aulas, em anfiteatros lotados, era obrigatória. Era preciso chegar cedo ou pedir a um colega para reservar um bom lugar, suportar a penosa algazarra dos estudantes bagunceiros que conversam e a fumaça espessa dos cigarros. O tabagismo não conhecia então limite algum e continuava sendo "proibido proibir".

Eu corria para a SATEC assim que tinha uma manhã ou algumas horas livres para justificar o generoso meio expediente que Bour me concedera. Felizmente, minha formação de engenheiro permitia que eu sobrevoasse sem grandes esforços os elementos de ciências exatas que estavam no cardápio desse primeiro ano.

Eu tinha outros problemas para resolver. Primeiro, achar dinheiro para viver e pagar minha ruinosa análise com suas sessões diárias.

Meu apartamento estava à venda há várias semanas, mas os candidatos à compra não se lançavam. Um vizinho, farejando a sorte, nos propôs um preço irrisório. Foi preciso resistir. Nossas reservas derretiam feito neve ao sol. O que ia ser de nós?

Essa incerteza durou três meses. De repente, quando eu já estava desesperando, um comprador se apresentou e, ó maravilhosa surpresa, aceitou sem discutir o preço indicado pela agência, preço superior ao que eu havia pedido. Foi um imenso alívio. "O que o senhor vai fazer com esse dinheiro?", perguntou-me o agente imobiliário que conhecia as razões de minha venda. Essa indiscrição deu-me uma nova idéia. "Comprar outro apartamento!".

O homem arregalou os olhos, convencido de ter diante de si algum espírito perturbado. "O senhor me encontrará um apartamento perto de Paris", disse-lhe eu, "mais barato que este".

De fato, naqueles tempos de forte inflação e de especulação imobiliária, eu havia concebido o seguinte plano: deixar separada uma parte da soma obtida com a compra de um novo apartamento menos caro que o anterior, viver dois ou três anos com a outra parte, depois revender esse segundo apartamento e aproximar-me assim do fim dos estudos, rolando ao mesmo tempo meu empréstimo de uma operação a outra. "Acho que posso resolver o seu negócio, um apartamento em Maisons-Alfort, perto do metrô, por um preço razoável".

Visitei o local, um prédio meio ingrato, coberto de tijolos vermelhos, de frente para o cemitério de Maisons-Alfort. Me conveio. Num único dia ficou tudo fechado. Eu havia vendido um apartamento e comprado outro. Não tinha tempo a perder. Algumas semanas mais tarde, mudávamos para nosso novo domicílio. A intendência estava assegurada por algum tempo. A tempestade machucara pouco o bom humor conquistador de meu início de análise.

*

No mês de novembro, como todos os anos, Lacan retomou seu seminário. O título era *De um discurso que não seria semblante*. De novo lhe pedi autorização para assistir. Desta vez, ele aquiesceu. Estávamos, como sempre no momento das decisões, na porta de seu consultório. Algo como uma emoção partilhada nos atravessou então. "Chegue um pouco adiantado, pois vem muita gente".

No dia seguinte, uma quarta-feira, dirigi-me à faculdade de direito da Rua Saint-Jacques onde Lacan, desde sua expulsão da Escola Normal da Rua d'Ulm, realizava seu "seminário", na verdade uma série de conferências quinzenais. Uma verdadeira multidão já se amontoava junto à porta ainda fechada da sala onde Lacan devia falar. Ao meio-dia, um bedel veio abri-la. Aconteceu então um incrível atropelo que lembrava o bolo formado no jogo de rúgbi e a baderna nas ruas. Até bordoadas foram trocadas. Segui o movimento, esmagado, empurrando, acreditando participar de um rito psicanalítico da afirmação do desejo. Em alguns segundos, todas as fileiras iam ser ocupadas. Escolhi então trepar numa mesa para atravessar mais rápido a sala em busca de um lugar ainda vazio. Acreditando encontrá-lo, acabei caindo entre mesa e banco. Uma dor viva no tornozelo acompanhou a minha queda. "Este lugar está reservado", disse-me então o vizinho, um jovem de cabelos ruivos e de rosto muito pálido, os olhos injetados de sangue. "Se manda daí".

Eu não estava esperando tal linguagem naquele alto lugar da cultura. Fiquei mudo, preocupado com meu tornozelo que doía. "Quer que eu lhe quebre a cara?

– Vá em frente, fique à vontade, seria divertido aqui, no seminário de Lacan".

Eu afirmava assim, com a minha recusa, a rocha de meu desejo. O energúmeno, acompanhado de uma amiga tão vingativa quanto ele, multiplicou os insultos, cada vez mais grosseiros, esperando assim desestabilizar-me e forçar-me a dar o fora. Era o modo dele, provavelmente, de afirmação de seu desejo. Fingi uma fleuma bem britânica nos antípodas da minha natureza.

A entrada de Lacan pôs fim àquela cena grotesca, característica daqueles anos de "esquerdo-psicanalismo". Ele usava o traje que os meios de comunicação guardaram: casaco de pele, charuto em forma de espiral, camisa excêntrica, algo de histriônico que destoava da simplicidade do caro velho, encontrado em seu consultório de carpete gasto e poltronas cansadas. O rosto, este, não participava da encenação. A angústia, o embaraço diante daquela multidão paradoxal nele se lia.

Depois de um suspiro profundo, começou a falar. Achei que as primeiras palavras se dirigiam a mim. Para os que estariam ali pela primeira vez, disse, era evidentemente impossível retomar as coisas do início. Estes estavam, portanto, convidados a ler na revista que ele acabava de criar, *Scilicet*, o resumo das falas do ano anterior sobre os quatro discursos e, particularmente, a longa entrevista, *Radiophonie*, dada a uma rádio belga. Esse texto vai, alguns anos mais tarde, desempenhar um papel essencial em minha evolução. Nele lerei a afirmação inaudita de uma semelhança entre *midrash* e psicanálise.

Duas horas mais tarde, a estranha conferência, da qual não entendi muita coisa mas que me fascinou, chegou ao fim. Eu acabava de receber meu primeiro ensinamento de psicanálise, bem singular. Deixei o anfiteatro mancando, pois a dor no tornozelo não me deixava. Igual a meu ancestral Jacó, carregava esse manquejar como marca de meu combate. Nunca tratei da provável pequena fratura de meu maléolo externo, cuja dor vai me acompanhar por muito tempo.

*

Enquanto isso, e de maneira bem curiosa, uma de minhas principais preocupações referia-se à minha vida militante e à minha relação com o Partido Comunista. Algo de essencial acontecia ali, uma resistência. Eu me escorava nessa questão como a uma porta que fosse preciso manter fechada para impedir outros surgimentos futuros.

Minha dolorosa inibição na ação política não cessava de se reforçar e eu tinha cada vez mais dificuldade para manter meu lugar de presidente postiço do comitê anticolonialista. O assunto acabou em grotesca farsa.

O verdadeiro patrão do comitê, M. G., um permanente do Partido, de busca sexual insaciável, achando-me inútil e pouco dócil, decidiu eliminar-me. Eu tinha, parece, tendências direitistas, a não ser que fossem esquerdistas, minha memória sobre esse ponto me falta. Reuniram uma espécie de conselho de disciplina. Salvei-me com uma advertência. Mas minha fé no Partido ficou ainda mais abalada. Pus-me a criticar cada vez mais abertamente a pobreza de suas idéias, seus métodos arcaicos quando o mundo comunista, no qual eu acreditava, conhecia uma profunda e positiva mutação.

Esse discurso crítico, esse abandono progressivo da militância inquietavam minha mulher, que ainda ficou um certo tempo ligada, por tradição familiar, ao comunismo. "Não sabemos mais aonde você está indo!", gritou-me ela um dia. Eu não tinha essa inquietude, habitado pelo sentimento, sem dúvida confuso, de ter enfim encontrado a minha via. Eu me dizia sempre sinceramente comunista, mas precisava ficar longe da burocracia dirigente. Sustentava em particular a luta do povo vietnamita contra o imperialismo americano, nunca faltando a uma passeata de apoio àquele povo. Os bombardeios sobre Haiphong mergulhavam-me numa verdadeira angústia. A imprensa evocava a possibilidade de uma destruição dos diques do Mekong que teria então afogado Hanói num verdadeiro genocídio. Essa perspectiva, assim como a do uso da arma nuclear, defendida por um candidato à presidência dos Estados Unidos, causava-me pesadelos. Minha crítica do totalitarismo ainda estava no meio do caminho.

Eu costumava abordar essas questões no divã. Algo de essencial estava em jogo na minha ligação em crise com o comunismo. Lacan me escutava, evidentemente, mas com uma distância insistente. Eu descobria naquilo uma ponta de irritação. Eu estava me perdendo ou "resistindo", expressão que ele abominava. "Só existe resistência do analista", gostava de repetir, o que irritava soberanamente os colegas, aqueles que o haviam expulso da Associação Internacional. Mas era preciso ser prudente. Tocar em meus ideais políticos teria então provocado em mim uma reação violenta e talvez acarretado a ruptura do processo analítico. Eu estava mesmo assim espantado que Lacan, ficando feito gelo, não partilhasse um pouco a minha emoção diante dos acontecimentos na Indochina.

Nesse período (ou mais tarde talvez), tive este estranho sonho:

Eu me encontrava em Cuba, numa grande praça de Havana, e aquilo me dava uma intensa alegria. Grandes e belos edifícios cercavam a praça. Em suas fachadas estavam penduradas grandes coroas de flores feitas de um metal brilhante que espelhava as mil cores da luz tropical. Logo percebi que aqueles longos aros de metal eram na realidade as letras de um alfabeto que eu ignorava, algo como ideogramas chineses. O espetáculo e sobretudo as letras me encantavam.

Mas, de repente, uma voz *off*, grave, voz de pessoa mas cheia de cólera, gritou estas palavras: *Isso tudo não passa de publicidade.* "Isso tudo" designava a beleza que me fascinava e que de um golpe perdeu todo poder. A festa estava estragada. Eu estava em cólera contra o invisível intruso, profundamente decepcionado.

Eu não quis entender de imediato esse sonho, de mensagem no entanto evidente. Toda aquelas belas afirmações comunistas, cubanas, chinesas e *tutti quanti*, não passavam de palavras ao ar, *trompe l'œil*, propaganda, ladroagem. Restava, no entanto, meu deslumbramento diante da beleza daquelas letras cintilantes.

No entanto, meu desencanto com o totalitarismo, ao qual eu havia aderido na adolescência, precisamente desde meu afastamento progressivo do judaísmo, estava dali por diante iniciado. Mesmo assim vai ser preciso que Lacan venha ele próprio usar a força alguns anos mais tarde.

*

No menor período de férias, eu retomava minha profissão de agrônomo e minhas missões na África. Nas férias de Páscoa, fui com Jean Killian, nosso excelente especialista de solos, para um levantamento das zonas férteis do planalto mossi, aquelas nas quais pretendíamos desenvolver nossa operação "terras". Foi uma viagem apaixonante. Killian iniciou-me na geomorfologia, uma disciplina mágica. A terra tornava-se um corpo grande, o olhar ia recortando as suas formas, o redondo das colinas, a depressão dos vales. Podíamos prever, só com o estudo dessas formas, até sem sair de nosso veículo, especial para todos os tipos de terrenos, a natureza dos solos subjacentes. Vou completar essa iniciação no verão seguinte, numa longa viagem na estrada de Tamatave. O relevo malgaxe prestava-se maravilhosamente ao exercício. Lá disse um pouco adeus à agronomia de campo.

Passei para o segundo ano de medicina. Esse primeiro ano não colocou nenhuma dificuldade e pude me preparar para as provas dedicando a elas muito pouco tempo. Alguns dias mais tarde, eu ia para Madagascar. Minha missão, antes vaga, consistia em "ajudar a equipe local". De minha primeira estada na bela ilha, para meu estágio de formação em rizicultura, eu guardara a existência de uma estranha cerimônia, a maior festividade das populações dos altos planaltos, a festa macabra do *famadine* ou "volta dos mortos". Nesse dia, são tirados do sepulcro os esqueletos dos ancestrais, uma mortalha nova substitui as velhas mortalhas decompostas, depois, arrumados no teto de um carro, os caixões partem para uma volta no campo. Um grande almoço é enfim dado em honra a esses mortos, acompanhado de música e dança.

Perguntei a um dos colegas malgaxes se eu poderia assistir a uma "volta". A curiosidade etnológica não era meu único motivo. Na verdade queria pôr-me à prova. O terror diante da morte, diante do cadáver, como diante da loucura, constituía, eu agora sabia, uma das causas de meus fracassos. Eu sempre dera um jeito de evitar esse confronto, inclusive quando perdi meu avô do qual eu tanto gostava. Seria eu agora capaz de suportar tal prova?

O amigo malgaxe acolheu de boa vontade meu pedido. Ele estava justamente sendo convidado para uma "volta" no sábado seguinte e propôs-me acompanhá-lo.

Aquele dia, dia de inverno austral turvado por uma chuva fina, era dos mais cinzentos e dos mais frios. O carro do amigo tomou uma estrada de terra e subiu até o alto de uma *tanety*, uma colina malgaxe característica. Já de longe, ouvíamos os sons lancinantes de um oboé tradicional e as batidas monótonas de um tambor. Dois músicos faziam parte da festa, e a música deles me parecia tão insossa e adocicada quanto o discreto cheiro que flutuava no ar, cheiro de morte. No planalto no topo da colina, eu distinguia duas construções, a fazenda de nossos anfitriões, ricos o bastante para organizar uma festa como aquela, e uma espécie de tenda amplamente aberta. Os dois músicos que tocavam sem descanso mantinham-se longe.

Não muito valente e tremendo um pouco nas pernas, desci do veículo. Os malgaxes são pessoas tão acolhedoras quanto reservadas. Meu amigo apresentou-me a nossos anfitriões, que nos convidaram a partilhar a refeição tradicional das "voltas", arroz, evidentemente, e um ensopado particularmente gorduroso. Depois saímos para o planalto. A cena ali representada era propriamente aterrorizante. Através da abertura da tenda, eu percebia longas formas deitadas envolvidas de tecido, os esqueletos dos ancestrais. Depois, para meu grande pavor, vi pessoas tomarem com ternura os sacos mortuários, apertarem-nos contra o corpo e porem-se a dançar ao ritmo do tambor. Dançavam com os mortos, sem medo, com alegria até. O que eu faria se me convidassem para dançar também? Desmaiaria, sem dúvida alguma. Mas não era o costume. No fim das contas, agüentei e foi a grande satisfação desse dia. Minha análise me permitira atingir esse resultado.

Meu companheiro de viagem deve ter notado meu mal-estar e propôs-me, depois de uma boa hora passada na brisa que soprava na *tanety*, tomar o caminho de volta. "Está gelado hoje", disse-me. Ele não precisou insistir.

Minha missão terminou alguns dias mais tarde com volta a Paris, numa interminável e esgotante viagem de avião, tentando encontrar um desconfortável sono. O sentimento pesado de ter em vão desperdiçado um mês não me deixava.

Nas férias, com nossos magros recursos, fomos a Udine, cidade natal de minha esposa, onde o calor não permitia outra ocupação a não ser longas sestas morosas.

Setembro. Eu tinha ainda um mês cheio a dedicar à SATEC, para redigir calmamente meu relatório sobre a missão em Madagascar. Mas eis que Jacques Mayer me convoca:

"Faça as malas.

– Para onde desta vez? Você sabe que a volta à faculdade de medicina é em 1º de outubro?

– Para a Etiópia, uma bela missão de três semanas. Você retomará a faculdade com um pouco de atraso. O Ministério das Relações Exteriores nos pede para achar algumas idéias para melhorar a cooperação com esse país. É com você. Olhe por toda parte, culturas de víveres, irrigação, artesanato. Um último conselho: K. conhece bem o país, peça-lhe conselho".

Aquele papel de caixinha de idéias me lisonjeava e me agradava. Como sempre, nossa eficiente documentalista não demorou a reunir a documentação necessária. Mas mais útil nessa oportunidade foi a ajuda trazida por K., um engenheiro israelense que estivera várias vezes na Etiópia. Graças a ele, eu ia logo dispor de um salvo-conduto da maior eficácia. K., com efeito, tinha uma amiga em Addis-Abeba, uma princesa, uma prima do Négus Haïlé Sélassié, no poder por alguns meses ainda. Mas ninguém podia prever a revolução militar que ia em breve levar consigo seu regime.

Eu tinha há pouco retomado minhas sessões e deixar de novo Lacan me custava. Lembro-me da sessão que precedeu a minha partida. Uma emoção repentina me invadira e pronunciei então estas curiosas palavras: "Dê-me sua benção". Lacan também pareceu emocionado.

Logo descobri a Etiópia, um país magnífico, a mais bela das regiões da África que me foi dado visitar, de uma maravilhosa variedade, com seus altos planaltos verdejantes, seus desertos escaldantes na região do grande *rift*, seus lagos imensos e soberbos, recobertos de tapetes de aves migrantes que tomavam seus quartéis de inverno nos lagos do leste africano.

Mal cheguei, telefonei a S., a princesa. Foi o sésamo da missão. Os aristocratas amarhas, tão belos com a pele negra e os traços gregos, sentem pelos judeus uma espantosa simpatia. Não se consideram eles próprios descendentes legítimos dos amores do rei Salomão e da rainha de Sabá? Éramos primos. A vivacidade desse mito me surpreendeu.

Fui recebido, portanto, como um príncipe e uma terna amizade rapidamente se estabeleceu entre nós. S. encarregou-se de organizar meus encontros com os principais responsáveis pela agricultura etíope. Todas as portas se abriam milagrosamente à minha frente. Em duas semanas, pude esboçar várias idéias de projeto, em particular o de desenvolver o comércio do maravilhoso café etíope, então desconhecido ou quase na França, e do qual o célebre moca, de resto originário do Iêmen bem próximo, é apenas uma das variedades.

Tive logo que deixar Addis-Abeba, com a memória cheia de imagens fortes. Mergulhei de novo no cinza parisiense e no de meus estudos de medicina. Mayer, depois Bour elogiaram a riqueza de meu relatório e as pistas que ele abria. Mas esses elogios não me atingiam mais, ou antes despertavam em mim uma surda tristeza. Estava de fato iniciado o luto dessa profissão que no fim das contas eu amara muito. Nunca mais tive notícias da bela princesa negra, lembrança luminosa de minha estada na Etiópia. A revolução marxista de Mengistu, que começou pelo extermínio da família real, deve tê-la levado.

Eu estava no terceiro ano de meu diálogo com Lacan quando iniciei o segundo ano dos estudos de medicina. As aulas haviam começado há dez dias, o que, em princípio, não me inquietou. Eu pensava, erradamente, que seria como o primeiro ano, em que me bastara sobrevoar. Não ia tardar a desencantar-me e a descobrir que o ritmo dos estudos se acelerara brutalmente. As matérias médicas, a anatomia em particular, exigiam grandes esforços de memória e a idade, para minha desagradável surpresa, já começava a enfraquecer a minha. A meus colegas bastava ler duas ou três vezes a descrição de um osso ou de um músculo para guardar o essencial, enquanto eu levava horas. Entender a problemática muito particular dos estudos médicos, entre os mais duros que se possa fazer, ocupou-me vários meses, infinitamente penosos. Recuperar o atraso e seguir aquele ritmo infernal foi uma terrível prova em que quase afundei. A euforia que havia acompanhado meus dois primeiros anos de análise, e graças à qual eu havia superado inúmeros obstáculos, me abandonava.

Logo tive que enfrentar uma prova de outra natureza. Estávamos convocados ao anfiteatro de anatomia para exercícios de dissecação de cadáveres. Nossa presença era facultativa, mas eu não podia imaginar esquivar-me àquilo. Ao chegar na entrada da sala de dissecação, vi dela saírem os estudantes de um primeiro grupo, o rosto lívido, alguns a ponto de desmaiar. Superei minha angústia e entrei também na sala para descobrir o horrível espetáculo. Dois cadáveres de estranha cor violácea, os de um homem e uma mulher, de cabelos grisalhos bem longos, pois tinham continuado a crescer depois da morte, tendo ao pescoço, na carótida, um machucado horrível pelo qual haviam praticado um tratamento de conservação com formol, estavam deitados sobre as bancadas do laboratório. Um cheiro enjoativo enchia o espaço. Para além de todos os afetos, eu enfim estava ali, diante daquele não-senso absoluto, precisamente aterrorizante por essa razão, um cadáver humano. Um corpo morto, desertado por aquele que o habitava, reduz-se a um objeto incômodo. No entanto, vai me acontecer, anos mais tarde, diante de um corpo sem vida, ver-me invadido por uma infinita ternura, por um amor insuspeito, o corpo de meu pai em seu último leito de hospital e que beijei sem terror algum, na testa ainda morna.

Na sala de dissecação, o exercício consistia, naquele dia, em nome da ciência, em conduzir a lâmina do escalpelo sobre aquela carne morta para descobrir sei lá que tendão do braço. Para mim, bastava. Sumi para ir à minha sessão.

Tinha eu deixado antes entender que esse encontro com a morte me esperava? Ou então Lacan desfrutava de um sexto sentido? Mal me deitei no divã, ele veio plantar seu olhar no constrangimento do meu:

"Então?

– Tudo bem, agüentei.

– Excelente!". Foi naquele dia toda a sessão, e foi bem suficiente. Um longo e caloroso aperto de mão prolongou-a por alguns segundos ainda, como a cada vez que, sem o saber, eu atravessava uma porta. Assim, então, Lacan me esperava nesse ponto e toda a sua estratégia, suas frustrantes interrupções visavam a isso, a olhar a morte sem afeto excessivo e a assumir por aí mesmo seu próprio mortal destino. As sessões ultracurtas que pontuavam essas passagens pareciam com os pontos de sutura que logo aprenderei a fazer, juntando os dois lábios afastados de uma ferida profunda.

*

Estávamos no mês de novembro de 71, e Lacan logo retomou seu seminário. O título desse era particularmente enigmático: ...*Ou pior*. Um anfiteatro maior lhe fora reservado a fim de evitar a repetição dos espantosos atropelos de que eu fora testemunha. A data igualmente fora mudada. Como a folga escolar semanal passara de quinta para quarta-feira, o seminário dali em diante seria às terças-feiras. Com efeito, muitos analistas atendiam durante esse dia de folga nos dispensários para crianças e não podiam, assim, vir escutar Lacan.

Por nada no mundo, como muitos outros, eu teria perdido uma sessão do seminário. Minhas sessões de análise e essas conferências dali por diante estavam ligadas numa particular alquimia. No fio de seu discurso, eu ficara convicto disso, Lacan inseria falas dirigidas a tal ou tal analisando, falas que só este podia captar. Fiz-lhe um dia essa observação, que desencadeou seu risinho. "O seu seminário é a Rádio Londres durante a guerra". Precisamente, o desse ano ia provocar em mim um novo sismo decisivo.

Aos encontros que eram realizados na Faculdade de Direito, na hora do almoço, Lacan acrescentara nesse ano um pequeno ciclo suplementar, nas quintas-feiras à noite, supostamente destinado aos internos em psiquiatria. Uma vez por mês, ele falava do *Saber do psicanalista*, e a conversa acontecia na antiga capela do Hospital Sainte-Anne.

Como não estava prevenido, faltei à primeira sessão e fiquei muito chateado. Minha raiva explodiu na sessão:

"Por que o senhor me afasta de seu ensino?

– Nem um pouco", respondeu-me ele, "eu desejava simplesmente entreter-me em grupo pequeno, com os internos do hospital. Só que, de novo, veio a multidão".

Essa tempestade era, de resto, perfeitamente ridícula. Lacan tinha que me manter a par de cada uma de suas atividades? Mas a transferência é assim, de um amor ciumento. Eu estava na posição do discípulo de Sócrates, disposto a acompanhar o mestre sempre que este se deslocasse.

Não faltei à segunda sessão. Na multidão, encontrei lugar junto de uma amável pessoa, o Dr. Philippe Rappard, de quem me tornarei amigo. Perguntei-lhe sobre o conteúdo do encontro anterior:

"Guardei sobretudo esta divertida observação, que a psicanálise parece com a agronomia.

– Divertido, com efeito", disse-lhe eu.

Falava-se nessa época, cada vez com mais insistência, dos dissidentes soviéticos e sobretudo do uso que a URSS fazia da psiquiatria para fins repressivos. Os neurolépticos substituíam o *gulag*. Para mim, sempre cego ao desastre totalitário, tratava-se apenas de maledicência reacionária. A tese da imprensa comunista que eu lia era esta: fofocas imperialistas!

Lacan permanecia numa extrema discrição na expressão de suas opiniões políticas. Certos ditos, bem raros (nos quais eu caíra), deixavam supor uma simpatia marxista.

Foi nesse contexto que ia ocorrer o incidente que me levou a romper definitivamente meu vínculo com o comunismo e a dissolver minha fascinação pelo totalitarismo, seja qual for a roupagem deste último. Estávamos numa quinta à noite na capela do Hospital Sainte-Anne. Lacan estava falando há alguns minutos. Eu o achava particularmente sério, transtornado mesmo. Ele abordou a escabrosa questão da psiquiatria soviética. "Que saibam que não poderei calar-me por mais tempo diante desses procedimentos!". Essas palavras foram ditas com uma gravidade particular, sem levantar a voz, e no entanto eram pesadas. Para mim, foi um choque, uma tempestade interior. Por que Lacan caíra na armadilha imperialista? Quem, pois, tinha razão, Lacan ou o Partido?

Na sessão do dia seguinte, na véspera de um interminável fim de semana, protestei, defendi o comunismo que, apesar de seus reprováveis erros, representava... Lacan não me escutou muito tempo. Gaguejou, irritado, marcando novo encontro para a segunda seguinte. Chegara o momento de tratar a ferro e fogo a minha cegueira.

Foram dias duros em que me senti encostado à parede de uma escolha decisiva. Na verdade, Lacan só estava empurrando uma porta já entreaberta, como mostrava meu sonho cubano com aquela voz *off*, vinda de lugar nenhum, a própria verdade que fala: "Isso tudo não passa de publicidade!". Finalmente, dilacerado por uma grande dor, decidi deixar o Partido, em definitivo. Não seria mais cúmplice de torturadores. Eu enfim aceitava levar em conta tantas informações convergentes. Faria isso sem escândalo, na ponta dos pés, simplesmente sem renovar a carteira. A palavra de Lacan prevalecia.

Minha mulher desaprovou. Respondi-lhe que meu gosto pelo martírio, pelo sofrimento me deixara. Seria preciso razões realmente muito graves para que ele voltasse. Ela ainda vai ficar alguns meses no Partido.

O momento, sem dúvida, é propício para tentar entender minha ligação com o comunismo, o qual, em outras circunstâncias históricas, poderia ter-me conduzido ao sacrifício supremo. O Partido foi durante anos minha razão de viver. Desde a adolescência, desde minha ruptura com a fé judia, eu estava a ele visceralmente ligado. Meu pai mesmo já tinha pelo Partido Comunista Tunisiano uma vaga simpatia. Dizia-me que esse Partido fora criado e animado por intelectuais judeus tunisianos que ele admirava. Em seu discurso, o Partido aparecia como um refúgio ou um quadro no qual um judeu podia agir sobre o mundo.

Depois, foi minha chegada à França para me preparar para agronomia. Na solidão que era a minha, encontrei junto aos estudantes comunistas uma verdadeira família de acolhimento. Minha adesão posterior ao Partido tunisiano acompanhava o projeto de inscrever minha vida em meu país natal. Quando dele foi preciso fazer o luto, a adesão ao Partido francês ofereceu-me uma transição sem dor para outros horizontes. Nele eu havia feito sólidas e belas amizades, militado, sacrificado noites e dias na preparação daqueles mortíferos "amanhãs que cantam".

Meu encontro com Althusser irrigou intelectualmente essa ligação. Lacan um dia fez-me essa pergunta, na véspera de um encontro com o filósofo:

"O que você está pedindo a Althusser?".

Eu não soube responder. Com certeza o reconhecimento dessa busca de verdade que me animava desde a infância, esse olhar para o véu do santuário, que meu pai sempre esmagara com um desprezo assustador, como sem valor. Eu, nesse meio tempo, havia investido esse pedido em Lacan.

Mas, para além dessas razões mais ou menos consistentes, eu era trabalhado, como todo militante revolucionário e como a maioria dos homens no segredo de seu coração, por uma fantasia messiânica, escatológica. Mais tarde analisarei isso em meu livro *Os biblioclastas*: fantasia de *tábua rasa e* de abolição da Lei, visão paranóica da história humana. O que está afinal em questão, na fantasia messiânica, milenarista, totalitária, é a incurável aspiração à fusão incestuosa edipiana.

Poucas curas psicanalíticas, afinal, abordam essa questão. O resultado será o recuo de muitos "convertidos mal resolvidos" do totalitarismo sobre o frágil esquife da psicanálise lacaniana cujos comandos vão assumir, o que acarretará alguns anos mais tarde seu naufrágio definitivo enquanto instituição. Lembro-me de uma conversa com Jacques-Alain Miller pouco após a morte de Lacan. Estávamos de carro nos dirigindo ao Hospital de Aulnay. "Uma das contribuições essenciais da minha cura", disse-lhe eu, "foi ter-me livrado de toda fascinação pelo totalitarismo". Sua resposta me surpreendeu:

"Não é porque envelhecemos que devemos desprezar as idéias generosas da juventude".

A confusão entre generosidade e totalitarismo não o havia deixado. Não medi então a capacidade dessa incompreensão e de suas conseqüências. Elas me apareceram nos meses seguintes, quando descobri a estrutura, a de uma seita, que o genro construíra sobre as ruínas da obra de Lacan. Essa revelação suscitou em mim um tal temor que fugi, imigrando para Israel. Em vão.

No imediato, eu me sentia enlutado, mas também aliviado pela queda desse *ersatz* de sentimento religioso que meu engajamento no Partido representava. Minha afirmação *de ser de esquerda*, para além das proclamações de ateísmo, era isso. O desenraizável sentimento religioso se refugia onde pode, se for o caso nas instituições analíticas. Eu ignorava que o palco estava dali por diante livre para a entrada em cena de um poderoso recalcado que ia tudo carregar.

*

O fim do primeiro trimestre se aproximava e com ele as primeiras provas. Então para mim começou uma longa descida aos infernos. Meus resultados foram catastróficos. Embora estudasse, passasse longas noites sobre as anotações, os resultados ostentavam um longo rosário de desastres: anatomia, bioquímica, fisiologia. Eu nunca estava longe do zero. A última prova em que eu acreditava no entanto ter brilhado me derrubou particularmente. Pedi para falar com o examinador, o Professor G. "O que fiz ou não fiz para merecer esta nota?

– O senhor omitiu falar do fenômeno de...

– Falei sim! Veja, eu até reproduzi a sua aula palavra por palavra!

– Sim, mas está faltando o esquema.

– Está aqui, no entanto!".

Virei a página e o esquema lá se encontrava. O Professor G. tinha lido minha prova? Eu duvidava. Mas um mandarim, por princípio, nunca volta atrás. O plano não estava claro, acabou por dizer, igual ao lobo da fábula, ele, cuja confusão mental era notória. Dignou-se no entanto, "para não tê-lo incomodado em vão", acrescentar-me um miserável ponto.

Sem querer, G. me prestou serviço. Entendi com ele que o corpo médico de professores, bem diferente nisso dos professores de ciências exatas que eu havia até ali conhecido, funcionava de acordo com critérios bem diferentes, bem enigmáticos, e que pus na cabeça conseguir decifrar. Decidi não faltar a nenhuma aula, nenhum ensino dirigido, não só para os fins normais de aprender a matéria ensinada, mas sobretudo para impregnar-me dessa forma bem particular de discurso, em sua estranha aliança de rigor frouxo e de sadismo. Consegui perfeitamente, ao fim de alguns meses.

Enquanto isso, tive de atravessar um longo deserto. É verdade que enfiar-me totalmente na roupa cinza de estudante de medicina, tendo por único horizonte os livros de anatomia, as notas tomadas palavra por palavra, era para mim insuportável. É claro que a ambigüidade de minha posição, entre a cruz e a espada, "posição do débil mental" dirá um dia Lacan, favorecera a confusão em meus primeiros exames. A passagem ao terceiro ano doravante ia ser a proeza.

Mergulhei então num interminável inverno, um túnel negro, do qual só emergiria anos mais tarde. Meu humor ficara sombrio. Eu era a um só tempo atormentado por minhas dificuldades universitárias, mas também pelo esgotamento rápido do pequeno capital retirado da venda do apartamento, por minha situação na SATEC que se tornava dia após dia mais desconfortável. Eu passava lá cada vez menos tempo, o que me valia observações desagradáveis. Sobretudo, aproveitando a minha baixa de funcionamento, como o ladrão que explora a escuridão para seus golpes ruins, minha neurose voltava a predominar, violenta, sombria, agitando o chapéu negro do suicídio. Síndrome de Solal.

A cena conjugal tornava-se uma arena insuportável que só o divórcio parecia dever apaziguar. Não dizia o boato que uma análise bem-sucedida passa necessariamente por esse divórcio, esse abandono do amor da juventude? Segundo a vulgata psicanalítica, todo casamento contraído antes da cura, nas condições forçosamente patológicas da neurose – como se alguma vez cessássemos de ser neuróticos, no melhor dos casos –, devia ser desfeito para dar lugar a um amor oblativo, esclarecido por sua análise. Bóia das bóias... Apesar das brigas incessantes, dos ciúmes do presente e do passado, da incompreensão de cada instante, uma força misteriosa, um vínculo magnético tornava impossível essa separação. Nós nos machucávamos para nos encontrarmos de novo e nos machucar de novo, sob o olhar desolado e ferido de nossos três filhos. Lacan escreve em algum lugar que tais relações caracterizam paradoxalmente aquelas cuja ligação recíproca é excessiva e que uma relação pacífica demais pode ser o sinal de um vínculo pouco consistente. Eu ignorava então esses insondáveis mistérios da psique humana.

Um sonho marcou esse período sombrio, eco de um longínquo conto rabínico ouvido na infância:

Um mundo estranho, sobrenatural. Meu avô, que eu amara muito na infância, morto quando eu me aproximava dos treze anos, apareceu-me. Eu estava, pois, no reino dos mortos. Ele não estava só. Ouvi estas palavras: "Você demorou para chegar".

Durante o breve relato de meu sonho, eu percebia, através de seus profundos suspiros, a angústia de Lacan. Para mim, esse sonho sem cor tinha não sei que alívio, como o fim de toda tensão. Ele interveio então:

"É um vento ruim que sopra. É preciso agüentá-lo firme".

O desfiladeiro entre vida e morte às vezes é um estreito corredor que tive várias vezes de atravessar.

No entanto, paradoxalmente, eu via então esse inferno conjugal antes como um dado ectópico, uma parasitação supérflua e desagradável do curso principal da minha existência, traçado em contraponto em três níveis: minha vocação de psicanalista, a de escritor e minha fé revolucionária. Eu interpretava o postulado freudiano do primado sexual de um modo abstrato, mitológico, lugar pontual de gozo e de frustração. Em outros termos, o sexual seria o misterioso efeito, quase biológico, do orgasmo bem-sucedido ou fracassado sobre nossos neurônios, para além, sobre toda a nossa vida psíquica. Na verdade, eu não sabia, não queria ou não podia saber. A maior confusão reinava em minha mente sobre essa questão primordial.

Em outros momentos, a sexualidade assumia cores messiânicas, a de um hipotético e ideal encontro num futuro indefinido que enfim a encarnaria. Eu estava, em uma palavra, redondamente enganado. Como admitir que a sexualidade, o desejo só têm propriamente significação e sentido inscritos na épura estável da relação com outro ser, com as palavras ditas e não ditas que a subtendem? O encontro real que mudou concretamente a minha vida, a vida prosaicamente cotidiana com mulher e filhos, tudo isso minha pobre consciência, lugar de desconhecimento por excelência, deixava energicamente à margem de minhas preocupações. Um dia, Lacan teve então que colocar ordem nisso, brutalmente. O pretexto foi trivial.

Nossa reserva de dinheiro estava chegando ao fim. O que ia ser de nós? A. aconselhou-me a diminuir provisoriamente o ritmo das sessões, a voltar à freqüência inicial de três vezes por semana, menos ruinosa que o encontro diário. Tanto que no dia seguinte, na hora de deixá-lo e após ter evocado essa nova crise de nossas finanças, digo a Lacan:

"Minha mulher me aconselha a reduzir provisoriamente o número de sessões, visto a minha situação...".

Ele fez então uma cara bem furiosa. "A sua mulher não tem que se meter na sua análise".

Em seguida, após um silêncio de alguns segundos, acrescentou martelando as palavras:

"Sua mulher é *a causa de tudo*".

Causa de tudo? Ehh... A afirmação pareceu-me ridícula, fora de hora. Eu com certeza estava disposto a dar, politicamente correto antes da hora, uma certa importância em minha vida à esposa do momento, mas ver nela *a causa de tudo* não era excessivo? Esbocei com um sorriso irônico minha objeção, mas Lacan me cortou e, dirigindo seu passo arrastado em direção a outro paciente, repetiu numa voz em que a dúvida não podia se inscrever:

"De tudo, de tudo, de tudo...".

Essas duas palavras, recusadas no momento, iam, como sempre, inscrever-se e gastar lentamente a rocha dura da minha cegueira mental. Vou constatar, bem mais tarde, ao mesmo tempo que este postulado que tanto fez rir os filisteus: *Não há relação sexual*, não há harmonia perfeita possível entre um homem e uma mulher, mas uma discordância na qual pode se alojar a aventura pessoal. Logo, um luto a fazer desse sonho.

Encontrarei anos mais tarde essa mesma mensagem enunciada pelo outro grande espírito que mudou radicalmente minha relação com o mundo, Yeshayahou Leibowitz. Ao importuno que lhe perguntava "Qual é, então, a coisa mais importante da sua existência, a filosofia, o judaísmo, a ciência, Deus...?", o velho virou seu rosto de águia em direção à velha octogenária sentada a seu lado e respondeu: "Minha mulher".

Eu também estava convocado a esse confronto, mais difícil ainda que o da morte. Hábil pescador, Lacan deixou-me por um bom tempo debater-me, soltando linha à vontade porque sabia que o anzol estava sólida e dolorosamente preso na goela.

No entanto, a hora era bem para o sofrimento diante do horizonte tapado, do fracasso universitário que estava se precisando, da falta de dinheiro. A dúvida me tomava: por que tal loucura? Bastava eu procurar Bour, que com certeza me proporia bons postos bem pagos, na África, no Brasil, ou em outro lugar. Eu levaria de novo uma vida financeiramente boa, empreenderia coisas úteis.

Como Lacan geria essa corrente depressiva? Sem a mínima compaixão aparente. Muito pelo contrário. Ele, no início tão caloroso, tão atento, eu o sentia doravante distante, hostil. As sessões tornavam-se de uma insuportável brevidade. Após algumas palavras de queixa, a sessão era secamente parada.

Um dia, foi demais. Era uma quarta-feira de seminário. As duas salas de espera estavam cheias de gente. Com efeito, muitos alunos vinham do interior ou da Itália, a um só tempo para assistir à grande missa mas também para ter algumas sessões de análise ou de supervisão, sempre muito breves. Esperei muito tempo antes de ser admitido. Eu já vinha há algum tempo ruminando o sentimento do absurdo que foi a tela de fundo de minha adolescência e que me levou a gostar de Camus. Falei disso. Mas, mal as primeiras palavras foram pronunciadas, Lacan suspendeu a sessão. Senti um acabrunhamento infinito.

Uma vez cruzada a porta do consultório, decidi parar tudo. Entrei numa tabacaria, comprei papel de carta e envelope e, tomando um café, escrevi algumas linhas. Meu casamento está à beira do divórcio, meus estudos médicos são uma catástrofe e não tenho mais um vintém no banco. Era tempo de parar. Eu estava pensando em retomar a profissão de agrônomo e em voltar à África. Fechei o envelope e entreguei-o ao porteiro do nº 5 da Rua de Lille. No meu abatimento interior, essa reação de sobrevivência me aliviou.

Faltei, assim, à minha sessão do dia seguinte, sem estado de ânimo particular. O assunto estava, dali por diante, entendido. Nem por isso abandonei imediatamente meus estudos. Desde o desastre do primeiro trimestre, eu pegara o hábito de estudar na biblioteca da faculdade até horas tardias da noite. O ambiente estudioso que lá reinava, as obras que eu podia consultar, os colegas entregues ao mesmo esforço e com os quais eu trocava informações, tudo isso me estimulava e facilitava a minha concentração. Eu estava pouco a pouco ganhando de novo terreno.

Nessa noite, minha lassidão foi tal que às dez horas guardei minhas notas e voltei para casa. A. informou-me então que Glória, a secretária de Lacan, havia telefonado no fim da tarde.

"O doutor quer falar com o seu marido.

– Ele não está.

– Onde posso encontrá-lo?

– Não sei. Ele costuma voltar um pouco antes de meia-noite.

– Mas o doutor não pode telefonar para ele numa hora tão tardia".

A. não podia fazer nada. Não havia como me encontrar. Recebi a notícia numa relativa indiferença. Estava grogue de pé. Fui então me deitar.

Estava profundamente adormecido quando, de repente, a campainha do telefone tirou-me do sono. Precipitei-me, tremendo de angústia, em direção ao aparelho. Já passava de meia-noite. Ouvi então do outro lado do fio a voz de Lacan, raivosa:

"Haddad, por que você não veio hoje?

– Porque o senhor não me deixa falar.

– Faço isso precisamente para que mais tarde você tenha a palavra". Essa estranha frase me abalou. "Venha amanhã, vou explicar-lhe isso tudo.

– Sim senhor".

Meio que dormindo, rendi-me. "É isso que você quer, que eu o chame!", acrescentou ele desligando, de novo insociável.

Fui à minha sessão. Lacan pediu-me desculpas. "Eu estava atolado no outro dia com todo o pessoal do interior que vem no dia do seminário. Eu com certeza perdi o que você me disse. Mas por que este desânimo?".

Retomei os termos de minha carta. "Mas antes de reconstruir é preciso de fato passar por uma fase de destruição. Saiba que até aqui a sua análise está indo muito bem. Não a estrague".

Essas palavras me insuflaram um pouco de energia e voltei ao batente. Do estranho diálogo noturno – e que não se repetiu mais – guardei *a posteriori* estas palavras: "Faço isso, cortar-lhe a palavra, para que, mais tarde, você possa tomar essa palavra". Algum tempo depois, em seu seminário, Lacan comentou o diálogo platônico do *Parmênides* que estávamos estudando nesse ano. Numa pequena passagem, o jovem Aristóteles ousa algumas palavras quando Sócrates, brutalmente, lhe corta a fala. Lacan nos apontou essa passagem pelas palavras que ele me havia lançado à meia-noite: é porque Sócrates lhe cortou aqui a palavra que Aristóteles poderá tomá-la em outra parte. E de que maneira.

Superada temporariamente a minha crise, Lacan voltou a seus maus tratamentos, à sua indiferença fingida ou verdadeira, às sessões de alguns segundos, provocando sempre novas crises que ele talvez desejasse. Esta inevitavelmente aconteceu. Lacan, depois de me deixar balbuciar algumas palavras, de novo me cortou a fala brutalmente.

No dia seguinte, depois que ele me fez entrar no consultório, decidi não me deitar. Sentei-me, calmo e decidido, na beira do divã. Ele ficou muito surpreso. "O que está acontecendo?

– Desta vez quero lhe falar frente a frente.

– Pois bem, de acordo!".

Ele se sentou diante de mim. Parecia muito emocionado, inquieto talvez. As palavras brotavam da minha boca, cortantes feito uma lâmina, numa total verdade. O que eu disse nesse dia? Uma longa queixa provavelmente, brotada de meu infinito abandono. Ele me escutava no mesmo nível de verdade. Nem ele nem eu gozávamos. Algo da vida e da morte estava em debate.

Há alguns anos os epígonos de Lévinas nos repetem sem cessar a ladainha do rosto como lugar de encontro ético entre dois seres. Essa filosofia sempre me entediou ou me irritou. O rosto permanece para mim, antes de tudo, o lugar da mentira, da aparência e da dissimulação. Os bandidos de talento sempre têm bela estampa. Exceto em certas ocasiões, momentos de crise ou de confronto, quando as máscaras caem e os desafios vitais brotam em pleno dia. Eu vivia, nessa noite, olhando o rosto de repente trágico de Lacan, um desses momentos.

Nosso diálogo, por uma vez prolongado, assumiu um aspecto teórico, mas uma teoria que mergulhava na consistência do vivido imediato. "Não entendo esse conceito de castração que volta com tanta freqüência em seus escritos. Entendo quando o senhor fala sobre o falo, mas esse assunto de castração continua para mim totalmente opaco.

– Pois bem, se você não suportou a sessão de ontem, é precisamente porque eu o castrei!

– Continuo não entendendo, não mesmo.

– É precisamente o que nos resta entender. Em todo caso, tudo o que você disse hoje me parece excelente e confirma que estamos num bom caminho".

Ele decidiu ficar por ali, já que tomara de novo a iniciativa, ressaltando de novo que um diálogo explicativo desvirtuaria o progresso da cura. "Vejo-o então amanhã".

Ele não vai mais tolerar esses diálogos frente a frente, até que, tendo eu me tornado analista iniciante, fizesse com ele o que chamamos sessões de supervisão.

O termo castração traz, na linguagem corrente, uma pesada carga pejorativa. O castrado é o pobre imbecil, sem desejo nem vontade. O ensino de Lacan, ao inverso, confere à castração dita simbólica uma significação altamente positiva. Ela se torna a própria visada da cura. A castração é a operação simbólica de acesso ao desejo pela aceitação de seu destino de ser mortal. Eu estava penosamente subindo essa ladeira.

Em todo caso, são esses momentos de crise que permanecem de modo mais claro impressos em minha memória, pontuação de minha cura, portadores cada um de uma singular diferença.

Um deles foi relatado, deformado, num livro vagabundo, *Les mots de Jacques Lacan*, de Jean Allouch, acompanhado de um comentário medíocre.

No fim de uma sessão particularmente abrupta, sinto uma angústia infinita. Apresso-me a vestir meu casaco quando partir assim me parece impossível, insuportável. Decido, num impulso sem controle, em vez de deixar o consultório, voltar à sala de espera, ficando de pé, ameaçador. Lacan já pegou o paciente seguinte. Alguns minutos mais tarde, ele se apresenta no enquadramento da outra porta, prosseguindo a louca seqüência de suas consultas. Avista-me. "O que você quer?", pergunta-me inquieto.

"– Falar-lhe!

– Venha. O que está acontecendo?", pergunta-me depois de estarmos de novo no consultório, embora de pé, perto da porta. Ele parece estar com raiva, exasperado. É então que pronuncio estas palavras nas quais não refleti:

"Sinto-me ferrado!", digo-lhe.

– Você não se *sente* ferrado, você está ferrado mesmo". E logo acrescenta: "Vejo-o amanhã".

Por mais paradoxal que a coisa possa parecer, este "você está ferrado mesmo", isto é, uma vez mais, castrado, aliviou-me. Surpreendi-me até sorrindo. Alguns meses depois dessa violenta apóstrofe, lerei num texto que Lacan publicou em *Scilicet*, *O aturdito*, esta mesma afirmação: o homem está congenitalmente, de nascença, *ferrado*. Meu particular encontrava um certo universal.

Anos mais tarde, organizei um congresso em Israel, em Shefayim, um *kibutz* ao norte de Telavive, por conta de um dos numerosos clãs pós-lacanianos. Um psicanalista canadense, dominicano além disso, relatou o caso de Marilyn Monroe. A célebre atriz consultara muitos psicanalistas. Diante de seu desespero, estes não cessavam de "levantar-lhe o moral": você é tão bela, tão rica, tão inteligente, os grandes deste mundo estão a seus pés. Acabou em suicídio. Como entender tal ato?

Intervim, então, para dizer que Lacan, em tal situação, em vez de inchar-lhe sem sucesso o ego, lhe teria lançado, na boa oportunidade, como comigo, algo como: "Sim, com efeito, você está ferrada!", quem sabe isso não a teria salvado? A assistência permaneceu muda. Esse público supostamente lacaniano acreditou que eu acabava de dizer uma enorme estupidez. Entendi, uma vez mais, que não tínhamos a mesma leitura do ensino de Lacan.

Uma outra crise ainda está na memória e foi um momento crucial de minha análise. Dessa vez, nenhum escândalo de minha parte. Deitado no divã, meu desamparo brotou num grito:

"Não posso mais. Não vou agüentar assim *mais de um ano*.

– Você acha que eu não sei? *Um ano*, é isso".

Várias vezes, Lacan limitava-se a retomar as palavras que eu acabava de pronunciar, como se eu lhe servisse as palavras de sua resposta. Não era a ilustração de um de seus aforismos preferidos? A mensagem do sujeito lhe vem do Outro sob uma forma invertida. Evidentemente, eu não podia pegar nesse dia essas palavras ao pé da letra. Por que milagre, num ano, veria eu o fim desse interminável túnel? Teria eu daqui até lá me tornado médico? A coisa parecia, em seu impossível de conceber, uma piada. Minha análise começara há apenas dois anos e meio e o boato que corria dava a entender que um início de prática só podia ser imaginado após numerosíssimos anos de análise. Além disso, eu me sentia tão mal, tão prisioneiro dos tormentos de minha neurose... Todavia, no só-depois, verificarei que Lacan, dessa vez ainda, não havia retomado esse *um ano* levianamente.

Esses momentos de crise, que com a distância devem ser considerados momentos de graça, intercalavam-se entre longas seqüências de maus tratamentos, chicotadas simbólicas, pelas quais Lacan mantinha meu galope. "Por que o senhor me trata assim?", lhe diria eu alguns anos mais tarde, num dia em que ele foi particularmente desagradável e até humilhante diante das outras pessoas presentes na sala de espera.

"– Porque é assim que devo tratá-lo.

– O senhor quer dizer no plano da cura?

– Em qual outro plano você quer que seja?".

Entretanto, aconteceu-lhe perceber que às vezes abusava. "Meu caro, nesta prática, é preciso ser sempre de uma extrema polidez. Não o sou sempre porque estou sobrecarregado com minhas múltiplas tarefas e rogo-lhe desculpar-me. Mas lembre-se disso", disse-me ele um dia, num tom de confidência enquanto me conduzia a seu consultório.

A panóplia dos "maus tratamentos", francamente sádicos às vezes, era das mais ricas: sessão interrompida sem nem mesmo deixar-me dizer uma palavra, barulhos diversos de um grampeador ou de um corta-papel, emanações corporais, jornal folheado em grandes movimentos. Depois, junto à porta, a mesma pergunta repetida dia após dia: "Vejo-o quando de novo?". Acontecia-me, exasperado, dizer: "depois de amanhã", ou "na semana que vem", ele então me corrigia numa voz suplicante, irresistível: "De jeito nenhum, amanhã!".

Num certo momento, Lacan descobriu outra forma de tortura: deixar aberta a porta do consultório. Assim, era possível, da biblioteca, ouvir as coisas que lá se diziam, que supostamente seriam da maior intimidade. Aconteceu-me assim escutar as sessões de meus irmãos de miséria, isto sem jamais saber quem as pronunciava. Jogando com suas duas salas de espera, Lacan tornava impossível a identificação do paciente no divã. Por outro lado, esse fragmento de discurso, fora da cadeia das sessões que lhe dava sua significação, perdia muito de seu conteúdo informativo. Era, poderíamos dizer, puro significante. Acrescento que esse "exercício" e as falas de Lacan que o acompanhavam ensinaram-me muito.

Mas, para mim, falar sabendo que a porta permanecia aberta era especialmente insuportável. Protestei. Lacan disse então estas palavras:

"Se estou fazendo isso, é que você tem um problema com as portas".

Ao voltar para casa, comecei a reler um texto de algumas páginas que eu estava escrevendo. Fiquei impressionado com a incrível repetição da palavra "porta" que esse texto guardava. Era encontrada em cada parágrafo. Num de seus primeiros seminários, que no entanto só será publicado depois de sua morte, Lacan dedicou uma de suas conferências ao objeto "porta", elemento essencial do processo de simbolização.

Tal prática, considerada do exterior, e especialmente por psicanalistas "tradicionais", parecerá totalmente louca, escandalosa, uma manipulação condenável. No entanto, vinte anos depois de a morte me separar dele, não sinto em relação ao tratamento que Lacan me infligiu nenhuma animosidade, antes divertimento, diante do que ele mesmo chamava suas brincadeiras. Alguns de seus antigos alunos, hoje desaparecidos e de quem eu gostava, convidaram-me para associar-me a uma crítica de sua obra e de sua prática. A seu respeito sinto apenas, fundamentalmente, gratidão. Sem ele eu jamais teria chegado a esse pedaço de destino que é o meu, eu não poderia ter "tratado por você", com respeito, as maiores mentes.

Uma neurose como a minha, dita obsessiva, é fundamentalmente nutrida de pulsões agressivas, viradas para os próximos, mas também contra si mesmo, numa conduta de fracasso às vezes literalmente suicida. Para embotar a ponta dessa agressividade, desviar-lhe a trajetória numa iniciativa fecunda, não havia outra saída a não ser acrescentar mais agressividade, exagerar seu gozo até enjoar, como já aconselhava no século XII o grande Maimônides. Adotar uma atitude "compreensiva", complacente em sua neutralidade, teria condenado meu projeto de reconversão a seu fracasso certo.

Ao mesmo tempo considero que esse modo de prática deve continuar sendo a singularidade de um homem singular que ninguém consegue imitar sem cair na macaquice, ou pior ainda. Há um tempo para macaquear, o dos primeiros passos, defeito a que eu mesmo me sacrifiquei, e um tempo para encontrar seu próprio modo de funcionamento.

"Não, decididamente", disse-lhe eu outra vez, alguns anos mais tarde e quando já praticava a profissão de analista, "não é mais possível. Vou parar por aqui, parar minha cura". Eu estava, dessa vez ainda, após dias de dolorosa reflexão, perfeitamente decidido. Não estava blefando. Lacan suspirou. "Meu caro amigo, lamento não ter podido ajudá-lo mais que isso. Você sabe que é livre para parar. Eu, no seu lugar, não o faria". Depois, deixando a mesa, veio sentar-se na poltrona, a alguns centímetros de meu rosto. Acrescentou então: "Em todo caso, saiba que gosto muito de você porque você é *um dos raros a sacar o que eu digo*". Foram exatamente as suas palavras. Podia eu deixá-lo depois disso?

*

Ver Lacan empregar assim uma tal energia, apesar da idade avançada, dar consultas sem parar, de manhã até de noite, tirar tão poucas férias, Júpiter trovejando de pé durante duas horas em seu seminário, sentindo um amor notório por uma jovem de trinta anos, que se tornará uma amiga, tudo isso produzia em mim a ilusão de sua eternidade. Ele vivia a velhice com uma tal elegante dignidade que eu o imaginava imortal. Seu rosto de septuagenário parecia embelezado com os anos, se comparado com retratos de juventude marcados por não sei qual fatuidade que a idade, tal um escultor a tirar o mármore inútil, havia apagado.

No entanto, aconteceu-me um dia ficar intrigado com sua voz alquebrada e, encarando-o naquelas breves e intensas trocas de olhares que abriam e fechavam a sessão, notei no lado esquerdo de seu rosto uma marca redonda de um vermelho escuro. Ia perguntar sobre sua saúde quando, num rugido de urso furioso, ele me despediu. Eu estava totalmente habituado às suas grosserias. Um resfriado ruim, talvez. O dia passou assim, depois a manhã do dia seguinte que passei na SATEC.

De repente, de tarde, fui invadido por uma imensa tristeza, tal como jamais conhecera até ali. Para minha grande confusão, em plena rua, fui sacudido por soluços. Lágrimas que eu não conseguia dominar escorriam aos borbotões. Por que um tal afeto, na verdade bem curioso? Uma lembrança brutalmente me voltara, a de um camarada operário com o qual aconteceu de eu vender, certos domingos, o jornal *L'Humanité* na Praça Gambetta. Um dia, notei numa das maçãs do rosto uma marca redonda, de um vermelho intenso. "Estão me fazendo uns exames benignos", disse-me. Um mês mais tarde, fiquei sabendo de sua morte. Haviam descoberto um câncer na mandíbula que fora inutilmente tratado com radiação, daí a marca vermelha no rosto. O câncer na mandíbula é também o terrível mal que levou Freud. Ora, Lacan apresentava a mesma marca no mesmo lugar. Logo, estava sendo tratado com radiação. Logo, ele tinha um câncer na mandíbula. Logo, sua morte era iminente.

Apresentei-me em minha sessão assim desmoronado, sempre sacudido por soluços, conseguindo com dificuldade explicar a sua razão. "Não, não se trata de radioterapia", disse-me ele com voz irritada. Como bom estóico que era, não suportava a exibição da minha fraqueza. Fui embora acalmado, como que por encanto. Eu ficaria sabendo que um bandido penetrara na véspera em seu consultório para roubá-lo e que os dois homens haviam brigado. Um soco causara a marca vermelha.

Restava que a idéia de sua morte, mesmo durante um tempo apagada, fizera irrupção em meu espaço mental. Lacan não era imortal. Para além, é claro, perfilava-se a representação mais horrível que um homem tem de enfrentar, a do voto edipiano da morte do pai, esse voto de que nada quero saber a ponto de a ele preferir meu próprio desaparecimento.

Era precisamente essa questão do pai, de seu desaparecimento desejado e insuportável, que formava o osso duro de minha relação com Lacan, de minha transferência quase delirante. Se gostei tanto de Lacan, foi porque no centro de sua teoria e de sua prática encontrava-se o enigma da paternidade e da filiação, minha cruz pessoal, paixão e ressurreição incluídas. Minha dramática relação com meu pai, do qual anos-luz de radical incompreensão me separavam, embora em mim queimasse um ardente amor, foi o fio condutor de minha análise.

Mas uma análise não se resume aos maus tratos, privação, frustração e castração reunidas, segundo a conceituação de Lacan. Eles não passam de manobras cujo objetivo é o advento de uma fala nova, um surgimento para além do discurso estéril da neurose.

Esse ano foi certamente decisivo em minha marcha forçada contra o tempo. Um sonho desse período me marcou.

Comportava duas partes. Na primeira, bem confusa, estava em questão o poder de um mágico, que ele exercia captando a imagem fotográfica de alguém. Mas logo a cena do sonho torna-se inteiramente clara. Quatro personagens estão presentes: meu pai, meu irmão, eu e... um outro eu mesmo, inteiramente real, de grande estranheza. Ele me vira as costas, embora, paradoxalmente, como num quadro de Picasso, eu veja seu rosto de frente. Silencioso, ele não participa das falas que trocamos. Percebo nele, em seu total silêncio, uma grande serenidade, ao oposto de meu modo de expressão, geralmente queixoso e sofrido. Mas, sobretudo, sua presença me aterroriza. Então dirijo a meu pai esta suplica:

"Impeça-me de vê-*lo*, senão vou ficar louco.

– Nada disso", responde-me meu pai, "também é meu filho".

O que representa esse sósia? Meu duplo, evidentemente. Mas então, por que essa angústia da loucura? E, sobretudo, o que significa a atitude hierática desse duplo, seu lugar à margem da cena, seu enigmático sorriso, *seu silêncio*?

Aconteceu-me contar esse sonho a colegas. Cada um veio com seu lugar comum. É o seu eu [*moi*] ideal ou o seu ideal do eu, disseram-me com freqüência. Mas essas explicações nunca me satisfizeram. Para mim, esse sonho se situa precisamente num além de todos os reflexos narcísicos. Esse outro eu mesmo, por seu silêncio, representa-me enquanto *já morto*, razão pela qual a visão dele provoca meu medo. E é com meu destino de mortal que meu pai me obriga a me confrontar.

Quanto a Lacan, manifestou um vivo interesse por esse sonho, como se nele encontrasse o sinal esperado para... o que descobrirei alguns meses mais tarde. Várias vezes, ele pontuou meus comentários com seus "Excelente! É exatamente isso!".

*

Participar do seminário de Lacan, comprar as revistas e as obras publicadas no "Champ freudien", coleção de livros que Lacan dirigia na Editora Le Seuil, progressivamente me aproximara do mundo dos psicanalistas. Até ali, eu imaginava que só um semideus podia ocupar esse lugar. Imperceptivelmente, essa mitologia começava a se esvaziar, o bastante para que eu ousasse um passo à frente. Pensei que havia chegado o tempo de eu me apresentar como candidato à Escola Freudiana. Falei disso a Lacan, que fingiu uma certa frieza. Mas ao mesmo tempo chamou Glória, sua secretária, para que esta inscrevesse para mim, num pequeno cartão, as coordenadas do Dr. Christian Simatos, o secretário da Escola, encarregado de receber os candidatos. Com esse pequeno gesto simbólico, ele me entreabria assim a porta de sua escola.

Simatos recebeu-me cordialmente e registrou minha candidatura. Esta não significava uma admissão, mas o início de um longo processo em que eu era colocado à prova:

"O senhor pode participar da maioria de nossos seminários e grupos de trabalho", disse-me, "vou lhe enviar o programa. Por que não começar pelo de leitura dos *Escritos* de Lacan, dirigido por Melman, Bailly e Parisot? Seria uma boa entrada na matéria. Em todo caso, estude, procure ser conhecido na Escola por suas atividades".

Segui o conselho de Simatos e inscrevi-me no grupo de leitura.

A localização da Escola Freudiana de Paris era a rua Claude-Bernard. Avistei, na calçada em frente, o prédio que outrora focalizou minha ambição, o do Instituto Nacional de Agronomia. Na quinta-feira seguinte, atravessei pela primeira vez e com muita emoção a porta da escola de Lacan. Uma surpresa me esperava. O rosto de Charles Melman, o responsável pelo grupo, não me era desconhecido. Após um momento, a lembrança de nosso primeiro "encontro" me voltou. Era da época em que eu efetuava minha "psicoterapia analítica" com o Dr. G., no dispensário para estudantes. Os pacientes esperavam seu respectivo terapeuta na mesma grande sala. G. e os outros tinham aquele ar sério, barrigudo, aquela lentidão do gesto que imaginamos ter o psiquiatra de bom tom. Eis que um dia, no enquadramento da porta, vejo um jovem psiquiatra de ar solto, cheio de energia, e instantaneamente lamentei não estar em cura com ele. Não sabia seu nome. Ora, eis que dez anos mais tarde eu me via diante desse sedutor psicanalista que doravante trazia um nome. Um vínculo transferencial não podia deixar de se estabelecer entre nós, início de uma história tempestuosa e de conclusão infeliz. Lacan soube despertar muitos grandes talentos, os quais, com freqüência, no fim da corrida, viraram as costas às promessas do início. A lista a estabelecer seria longa. Naquele momento, meu início na Escola apresentava-se sob vantajosos auspícios.

Algumas semanas mais tarde, eu me via no seminário de Lacan em companhia de minha mulher. Avistei Melman numa fileira em busca de um impossível lugar. Propus-lhe, apertando-nos um pouco, partilhar o nosso. Com tato, ele declinou a minha oferta. Não se mistura o analisando zé-ninguém com os brâmanes do lacanismo. Mas o carisma do homem tocou minha mulher, que me declarou: "Se um dia eu fizer análise" – até então ela se recusara a isso – "será com ele". O que vai acontecer.

*

Desde o início de seu ensino, Lacan ressaltava a importância da matemática: lógica das proposições, teoria dos conjuntos, em breve topologia dos nós. Ao longo dos anos e dos seminários, a referência à matemática ia se tornando cada vez mais insistente. Essa abordagem só podia interessar o engenheiro que eu ainda era. Mas, para aqueles que acompanhavam esse ensino, literatos e médicos na maioria, essas referências tornavam-se um obstáculo à compreensão de uma teoria já bastante hermética. Tanto que veio a alguns a idéia de organizar um ensino de matemática. Um anúncio foi publicado no boletim da Escola. A idéia me agradou e me associei a ele.

Nós nos reuníamos todas as quartas-feiras de manhã, em torno de um professor que pagávamos, na casa de uma participante que tomara a feliz iniciativa. A dinâmica de grupo funcionando, um vínculo de camaradagem se desenvolveu entre as dez pessoas que faziam o curso. Na maioria, diziam-se psicanalistas, o que acelerou para mim a desmitificação da palavra. Notei, sobretudo, uma mulher alta e bela, Anne C., analista reconhecida. Num dia ensolarado de primavera, depois da aula, todo o pequeno grupo decidiu tomar um drinque na varanda de um café próximo. Acabei sentado ao lado de Anne C. e, abruptamente, fiz-lhe a pergunta:

"Como é que se vira psicanalista?".

Minha pergunta evidentemente a embaraçou. "Não posso lhe responder assim. Seria preciso que nos encontrássemos para falar disso com mais calma".

Registrei distraidamente a proposta. Tal objetivo parecia-me ainda tão irreal, tão longínquo... ao mesmo tempo tão próximo.

Eu havia feito este voto curioso: assim que fosse analista, iria a Viena, à famosa Rua Berggasse, visitar a casa de Freud. A idéia de começar a atender pacientes me atormentava. Minha situação material desastrosa, agravada por todos os empréstimos bancários estudantes contraídos nesse meio tempo, desprender-me de minha humilhante postura de estudante atrasado, tudo me levava a isso. Mas não era esta a minha principal motivação. Eu tinha pressa, sobretudo, de começar a realizar o sonho perseguido desde a adolescência. Era difícil para mim falar disso com meu analista. Eu estava persuadido de que ele me mandaria passear com um de seus grunhidos. Acabei, no entanto, ousando. Para minha grande surpresa, sua reação foi bem diferente. Minhas palavras pareciam ter causado nele uma emoção particular, angústia.

"Dou-lhe uma resposta daqui a algum tempo", acabou por dizer. A abertura tornava-se um pouco maior, embora a decisão se achasse adiada para um futuro indefinido. Retirei daquilo um covarde alívio.

*

O segundo trimestre universitário avançava. Pouco a pouco, pelo esforço de cada dia, eu melhorava meus resultados. Minha passagem para o terceiro ano, sempre problemática, não parecia mais impossível. Quanto ao aperto financeiro, com certeza ele me estrangulava cada dia mais. Eu não tinha outra opção a não ser esta: de novo, colocar à venda o apartamento onde morávamos, liquidar o magro resto de patrimônio. Mas a encenação dessa dolorosa decisão não podia ser imediata. Os dias e as semanas passavam sem uma única visita de um potencial cliente. Quem podia se interessar por aquele banal apartamento de subúrbio sem encanto? Pedi a Lacan para aceitar, senão uma interrupção, pelo menos uma diminuição da freqüência das sessões. A bancarrota efetiva estava ali. Sua manobra foi, uma vez mais, inesperada:

"Venha amanhã. Você não pagará a sessão".

A sessão gratuita aconteceu. Pareceu-me insuportável. Era preciso encontrar outra solução. Lacan me deu crédito para algumas sessões, mas de novo não pude suportar. O crescimento de minha dívida podia rapidamente se tornar vertiginoso. Eu me lembrava também destas palavras que ele um dia me havia lançado:

"Por que eu deveria ser o seu banqueiro?".

Quanto a meu pai, ele havia passado a maior parte da vida a serviço de um banco. Foi a ele, então, que pedi um pequeno empréstimo. Aceitou, apesar da modéstia de suas finanças.

Uma agência acabou enfim por me contatar. Tinha comprador para o meu apartamento no preço pedido, o que me deixava um pequeno ganho. "Onde o senhor pensa ir morar agora?", perguntou-me o agente imobiliário que havia tratado a venda.

"– Vou procurar alugar.

– Estaria interessado pela proposta de ficar em seu próprio apartamento como locatário?".

Com efeito, o comprador tinha comprado o apartamento como investimento e não para ocupá-lo. A proposta pareceu-me inesperada. Eu me poupava o incômodo de uma mudança e ficava em meu contexto familiar. Com o que respirar um tempo.

*

Para as férias de Páscoa, Bour me propôs uma nova missão. Foi como a última tentação do Maligno.

Havia estourado algumas semanas antes a guerra entre a Índia e o Paquistão com relação à Bengala oriental. O fracasso do exército paquistanês deu nascimento a um novo país, Bangladesh. Os canhões mal acabavam de se calar quando o Quai d'Orsay confiou à nossa firma uma missão exploradora: como ajudar esse país, provavelmente o mais miserável do planeta? A missão de imaginar projetos agrícolas me foi confiada.

Preparando minha viagem para Dacca, que exigia algumas escalas, descobri que uma delas podia ser... Telavive. Eu nunca visitara Israel e de repente tive vontade de ver esse país pelo qual, durante todos os meus anos de comunismo, eu simulara uma indiferença hostil. Decidi então parar nele no caminho de volta, ainda que por três dias.

Parti para Dacca. A viagem pareceu-me interminável, com uma primeira escala em Nova Delhi e uma segunda em Calcutá, onde esperei várias horas no calor e no desconforto da sala de trânsito. Eu descobria também o penoso mal-estar proporcionado pelo fuso horário. Cheguei ao destino esgotado, bêbado de cansaço. Atravessando a cidade de táxi, perguntei-me a razão daquela incrível multidão fervilhante nas ruas, naquela hora matinal. A realidade de Bengala de imediato me pegava pelo pescoço. Aquela multidão não ia a lugar nenhum. Vivia ali, dormindo no próprio chão, uma população então o dobro da população francesa para um país cinco vezes menor, infinitamente mais pobre, freqüentemente submergido ao sul pelo oceano, sem nenhum recurso natural, arruinado pela guerra, numa só palavra, uma falta total de esperança.

Nos dias seguintes, visitei o cônsul da França, depois os serviços locais que começavam a se reorganizar, arrumei um carro velho e um chofer para percorrer o campo. As horas passadas em torno da piscina do hotel foram para mim igualmente preciosas. Jornalistas, repórteres de guerra vinham descansar naquele oásis e tirei dali algumas informações. Consegui assim, em uma semana, esboçar uma série de pequenos projetos simples que poderiam permitir uma primeira ação de desenvolvimento agrícola: perfuração de poços equipados com pequenas bombas, culturas de leguminosas em estação seca, melhoria dos arrozais, criação associada de peixes...

No caminho de volta, aproveitei as três horas de escala em Calcutá para alugar um táxi e percorrer, sem deixar o veículo, esse símbolo da extrema miséria. O centro da cidade, decrépito, pareceu-me, no apodrecimento geral de toda a região, guardar belezas inesperadas. Mas eu não podia demorar. O avião partia para Telavive ao cair da noite. Desconfortavelmente instalado para intermináveis horas de vôo, busquei em vão, com as pernas doloridas e inchadas, as costas quebradas, um hipotético sono. Cheguei, enfim, ao aeroporto Ben-Gourion arrebentado de cansaço, emocionado, sem admiti-lo, por pisar a terra de meus sonhos de menino piedoso, de adolescente sionista. A dura realidade israelense bem rápido me despertou. Estávamos na véspera da guerra do Kippur, que ninguém previa. Mas o terrorismo era uma preocupação maior. Aviões tinham sido destruídos. Meu nome, razoavelmente difundido no

Oriente Médio, era também o de um terrorista então famoso. Desembarcando de Bangladesh e partindo de novo três dias depois para Paris, eu só podia despertar a suspeita dos serviços de segurança israelenses. O policial que estava no controle dos passaportes pediu-me para acompanhá-lo a um escritório onde um colega o encontrou. Tive que sofrer uma revista aprofundada, um interrogatório serrado, abrir minhas bagagens, minha mala foi inspecionada debaixo de todas as costuras. Por que eu fora a Bangladesh? Em que hotel eu ia ficar em Israel? Eu não havia feito reserva. Dei o endereço de primos que moravam no país. Tudo isso era altamente suspeito, mas eu não me dava conta. Só encontrando como objeto suspeito em minhas bagagens os *Escritos* de Lacan, deixaram-me enfim passar, após longas horas desse tratamento pouco ameno.

Ao chofer de táxi que me perguntou onde me deixar, respondi sem hesitar: Jerusalém. Na cidade nova ou velha? Na velha, é claro. Para mim, "cidade velha" significava morar no interior das muralhas, a verdadeira Jerusalém de meus sonhos. Eu ignorava a existência de um bairro árabe fora dessas muralhas. O chofer me deixou na rua Salah-el-Din, diante de um hotel vagabundo sem conforto. Eu estava tão esgotado e meu inglês era tão insuficiente que renunciei a qualquer discussão. Peguei o quarto que me propuseram, mergulhando imediatamente num sono profundo.

Duas horas mais tarde, despertava molhado. O dia estava canicular. Eu estava em Jerusalém. Não era hora de dormir. Deixei o albergue e, depois de alguns passos, descobri as grandiosas muralhas. Atravessei a passos rápidos a porta de Damasco, eu avançava sem hesitação, reto na minha frente, como se soubesse aonde devia ir. Eu estava feito um sonâmbulo, mas ao mesmo tempo habitado por um estranho saber, por uma imemoriável música que começava a surgir dentro de mim, num fino filete de água fresca. O sol estava no zênite. De repente, diante de mim, o Muro, esse muro que imediatamente reconheci, a metonímia de minha memória judia, de meu desejo. Talvez eu devesse estourar em soluços. Mas eu tinha de me desfazer da irrealidade de minhas impressões, do combate que eu mal iniciara contra a minha alienação, contra a minha opacidade subjetiva.

Alguns minutos mais tarde, estava perambulando pela elegante esplanada das Mesquitas, cercada de arcadas como um grande claustro, silenciosa e deserta. Ali, outrora, ficava o Templo de Salomão, o Santuário, o

Santo dos Santos, lugar focal de meu olhar mental. A paz do lugar, sua beleza irreal, proporcionava-me uma infinita doçura.

Um jovem palestino aproximou-se de mim e propôs-me guiar-me na visita das duas mesquitas. A de El-Aqsa quase fora queimada alguns meses antes por um fanático judeu que acreditava assim apressar a vinda do Messias.

Logo deixei esse lugar sublime ao qual, desde então, nunca pude voltar. Meus passos me conduziram à Rua Jaffa. A vitrine de uma agência de viagens propunha várias excursões: visitas a Tiberiade, ao deserto, à Galiléia... Empurrei a porta. Tinha que usar da melhor forma minha escala de três dias. Meu programa foi rapidamente estabelecido. Grande *tour* no deserto da Judéia com parada no mar Morto, depois Massada, volta pelo Neguev e Beer-Sheva, pegar Telavive para subir rumo ao norte, visita da Galiléia, *tour* do lago de Tiberiade, chegada a Haifa e levantar de madrugada para pegar de novo o avião. As dimensões reduzidas do país permitiam tal circulada.

Vivi cada etapa como um novo abalo, uma irrupção de sonho em meu cotidiano, um encantamento. Se minha estada durou apenas três dias, convém a ela acrescentar três noites que preferi não gastar, ou o menos possível, em sono.

Mas em breve eu ia voltar à cinzenta realidade encarnada pelos tinhosos policiais do aeroporto. Eu não entendia que cada um dos meus atos dos três últimos dias só podia despertar a suspeita do tira menos paranóico: minha residência na rua Salah-el-Din, minha olhada corrida em metade do país. Minhas idas e vindas deviam ter sido vigiadas. Fizeram-me tirar a roupa, revistaram-me, minha mala foi esvaziada várias vezes. Enfrentei o interrogatório de vários policiais que se revezavam. O que o senhor fazia em Bangladesh? Por que está em Israel? Mas para visitar o país, meu Deus! Em três dias? Esses pobres tiras não entendiam nada da minha presença ali, tão atípica e, por conseguinte, suspeita. Seus computadores deviam ter-lhes fornecido alguma informação errada a meu respeito. O alto-falante já anunciava a próxima partida de meu avião e eu estava começando seriamente a me inquietar, logo, a me irritar. Vocês vão me fazer perder o avião! O que querem comigo? O que significam essas revistas, essas perguntas incessantes? Segurança, respondiam-me. Obsessão da segurança que minava o país em suas profundezas. O que me fazia lembrar o conto de Edgar Allan Poe, *A carta roubada*, com a insistência da polícia em encontrar um objeto no entanto colocado diante de seu nariz. O perigo que procuravam no hipotético fundo falso da minha mala estava no entanto ali, evidente, e ninguém, ou quase ninguém, queria vê-lo: a ocupação e a opressão de um outro povo.

Finalmente, liberaram-me justo a tempo de pegar o avião. *Shalom!* disseram-me os dois policiais que me haviam "tratado". *Bye Bye!*, respondi-lhes, significando assim que não tinha vontade alguma de rever tão cedo aqueles lugares inospitaleiros. Eu não podia imaginar que, alguns anos mais tarde, uma ardente paixão por aquele país ia despertar em mim, fazendo-me tudo abandonar de minha situação em Paris, tornada nesse meio tempo bem confortável, para instalar-me ali. Nenhum acontecimento particular causara esse despertar, simplesmente o desvelamento progressivo de um sentimento por muito tempo recalcado. Depois, virá o tempo das desilusões e, depois de tê-lo amado com paixão, acabarei por deixar um país que se tornou estrangeiro.

De volta a Paris, esqueci, por um momento, todas essas fortes emoções. A vertiginosa fenda que se entreabrira em mim bem rápido foi colmatada. Apreciaram muito o relatório que eu trazia de Bangladesh. Francis Bour convocou-me a seu escritório. Felicitou-me primeiramente pelo trabalho cumprido, pela clareza de minhas propostas. Depois, abordou a verdadeira razão de ter me chamado:

"Você sabe que a cooperação técnica está em crise. Há cada vez menos dinheiro para as ações de desenvolvimento no terceiro mundo. Tenho que reorganizar a firma, simplificar o organograma. Daqui para a frente, ela vai comportar, sob minha chefia, cinco direções".

Enumerou as quatro primeiras.

"A quinta, que vamos chamar de 'prospecção e desenvolvimento', consistirá em conceber, nas regiões do mundo onde ainda não estamos implantados, novas operações de desenvolvimento. *Pensei em confiar-lhe essa direção.* Você se organizará como bem entender, irá em todo país tropical que lhe parecer promissor. Espero de você novas idéias. É evidente que o seu salário estará em conformidade com suas novas funções. É evidente também que você terá que abandonar os estudos de medicina, os quais, disseram-me, não vão lá muito bem".

Essa proposta superava todas as minhas esperanças. Eu estava sendo propulsado, aos trinta e um anos, ao topo da hierarquia mais velha da firma. Todas as minhas preocupações de dinheiro, minha situação humilhante de mau estudante seriam de um só golpe apagadas. De fato, a tentação era diabólica. Algo em mim vacilou. Pedi um prazo de reflexão de três meses. Conheceria então o resultado de meus exames na universidade e saberia se estava aprovado para o terceiro ano. Em caso de fracasso, eu sem hesitar teria voltado à agronomia. Em caso de sucesso...

"Não, preciso de uma resposta muito mais rápida.

– Dentro de um mês".

Ele aceitou. Deixei aquele benevolente patrão, dividido entre orgulho e embaraço. Alguns minutos depois dessa entrevista, fui a meu encontro diário com Lacan. Contei-lhe a novidade. Ele me escutou atentamente, longamente. Levantando-me do divã, vi que ele me sorria:

"Pois é, temos que falar disso de novo".

Depois, acrescentou uma dessas frases, de aparência tão anódina mas que sempre tiveram o maior efeito sobre as minhas decisões:

"É preciso saber assumir *riscos calculados*".

De que riscos e de que cálculo podia se tratar? Voltei à difícil escolha que tinha de fazer durante toda a semana. Na verdade eu estava profundamente ligado a Francis Bour, que me distinguira entre tantos de seus engenheiros. O homem, com seu tamanho imponente, seus ares de aristocrata, seus caprichos e sua generosidade, suscitava a afeição ou o despeito que costumam reinar nas cortes dos príncipes. Minha decisão não dependia, portanto, de uma fria análise da situação, mas do triunfo de uma ligação sobre a outra. A ligação com Lacan bem rápido mostrou ser mais poderosa.

Durante esses dias em que me debati sobre a grelha da torturante decisão a ser tomada, Lacan foi de total neutralidade, não disse nada que pudesse me influenciar num sentido ou no outro. Por certo evitou as "malícias" com que costumava adornar as sessões. Numa sexta-feira à noite, cinco dias depois de ter recebido a proposta de Bour, anunciei a Lacan que a minha decisão estava tomada: eu escolhia a psicanálise. Ele me apertou a mão sem dizer palavra.

Na semana seguinte, Bour, Maria Novak e eu mesmo fomos ao Quai d'Orsay para discutir Bangladesh. Maria Novak, então a colaboradora mais próxima de Bour, me manifestou também, ao longo desses anos, muita simpatia e compreensão. A reunião foi excelente. Mas nunca vou saber se teve desdobramentos concretos. No caminho de volta para o escritório, comuniquei a Bour a minha decisão, sem esperar o fim do prazo que ele me concedera. Ficamos silenciosos. Eu acabava de queimar as minhas últimas caravelas.

O caso conheceu seu epílogo algumas semanas mais tarde. O patrão convocou-me de novo.

"Você conhece as dificuldades que a nossa firma está atravessando... Assim, vou ter que demitir um quarto do pessoal da sede. Seu estatuto de meio expediente, que já me vale muitas críticas, não mais é possível. Você agora tem que escolher entre duas soluções: ou retomar o seu posto em tempo integral, e a proposta feita algumas semanas atrás continua de pé, ou demitir-se.

– Pois eu vejo uma terceira solução.

– E qual?

– Demitirem-me.

– Mas eu não tenho vontade alguma de demiti-lo. Por que está me propondo isso?

– Porque a demissão implica uma indenização. Trabalho há sete anos em uma ou outra de suas firmas".

Mais uma vez Bour aceitou. Alguns dias mais tarde, vi-me dividindo um escritório com três outros agentes da firma, todos condenados à demissão. O telefonou tocou. J. foi o primeiro a ser chamado. Voltou alguns minutos mais tarde, pálido: demitido. Depois foi a vez de P. Aquele escritório decididamente parecia uma espécie de corredor da morte. Fui então chamado ao escritório da direção para tomar conhecimento, em algumas frases curtas, do que eu já sabia. Faltava assinar uns papéis. Recebi, como combinado, um dinheirinho. A entrevista foi glacial. Não havia nenhuma surpresa e, no entanto, fiquei emocionado. Minha carreira de agrônomo parava ali para sempre.

Inscrevi-me alguns dias mais tarde, com um profundo sentimento de vergonha, na caixa de ASSEDIC de Créteil. Dali por diante, de quinze em quinze dias, eu devia dirigir-me àquele lugar sinistro, assinar um formulário e receber minha indenização de desempregado. A situação era insuportável para mim. Minha demissão, a venda do apartamento punham-me de posse de um pequeno capital que devia permitir-me agüentar dois ou três anos.

Esse mês de junho, tão carregado de acontecimentos, era o mês das provas de fim de ano. Dali por diante, custasse o que custasse, eu tinha de passar de ano. Senti de novo a mesma energia selvagem que me fizera ser admitido em Grignon. Eu acabara incorporando o modo de pensamento tão particular do ensino médico, os pequenos truques mais ou menos lícitos para remediar os buracos de memória. Ainda me lembro da surpresa do assistente de fisiologia que nos comunicou nossas notas e que me considerava uma toupeira. Ele não acreditava no que via: a melhor nota do ano era a minha. Eu tinha passado para o terceiro ano.

As férias estavam próximas e minha análise em breve ia parar. Uma pergunta me queimava os lábios: será que eu poderia, na volta às aulas, começar a atender pacientes? Sentia-me ainda tão mal preparado... Essa idéia me angustiava terrivelmente. Que conforto seria baixar os braços, adiar minha decisão para uma data longínqua, indefinida! No entanto, na última sessão do mês de julho joguei-me na água: não me havia ele prometido "responder-me dentro de algum tempo"? Esse tempo não havia chegado?

Minha pergunta provocou de novo em Lacan a mesma espécie de agitação ansiosa que eu já havia percebido, particularmente quando a questão de meu tornar-me analista voltava à mesa de jogo:

"Você entende, é claro, que você ainda não pode se dizer analista. Mas começar, sim...".

Essas palavras perdiam-se em frases que eu não compreendia. Lacan parecia mais emocionado que eu mesmo. Chamou Glória, pediu-lhe para tomar as minhas coordenadas.

"Já tenho".

Essa curiosa agitação durou alguns instantes. Ele sublinhava a importância do momento, sua gravidade.

A agitação do velho, traquejado naquela estranha profissão, uma vez mais me surpreendia. Nunca, até seu último dia, sua prática tornou-se rotina. Tanto ele nela estava totalmente implicado, identificado. Tais lembranças, ainda hoje, causam em mim o penoso sentimento de minha radical insuficiência.

Lacan, dessa vez, me havia francamente aberto a porta ao mesmo tempo que piscando o sinal amarelo da prudência. Eu estava mais embaraçado que satisfeito. Talvez eu também tivesse o pressentimento de que ia, a partir desse momento, conhecer as mais violentas tempestades da minha existência, perto das quais as que eu acabava de atravessar não passavam de simples temporais. Em breve meu universo mental vai estar virado de cabeça para baixo. Entrei sem maiores dificuldades, e sem saber, nesse momento que Lacan definiu como *o passe*, gargalo que conduz o analisando a abandonar sua queixa para ocupar o lugar de analista. Um tal termo devia suscitar um momento de recuo. Estava eu realmente pronto para escutar a queixa de meu irmão humano, eu, tão enrolado em minhas dificuldades? Tinha eu entendido bem a mensagem de Lacan? Minhas dificuldades conjugais, que me haviam conduzido à psicanálise, estavam no auge.

Deixei para mais tarde a resposta a essas torturantes questões para ir de férias para Udine, na casa de meus sogros. Não podíamos gastar o pequeno capital que acabávamos de constituir. Minha esposa há alguns anos tinha um modesto salário de professora auxiliar na Educação Nacional. Mas ele também era engolido no oceano de nossas despesas, isto é, no custo de minha análise.

Essa estada em Udine me deprimia. Sob o calor, eu sonhava com mar, montanha, e devia contentar-me com o tédio de uma cidade de interior desertada por seus habitantes.

Para me distrair, tive a idéia de ir visitar Viena. Udine encontra-se precisamente na linha direta de trem que conduz os viajantes austríacos de Viena à Itália. Foi por essa estação, necessariamente, que Freud teve várias vezes de passar para suas múltiplas viagens à Itália[1]. Havia por certo esse "voto" de peregrinação à casa de Freud, já que eu mesmo me tornara psicanalista, o que deveria ter-me conduzido a recusar a viagem. Mas por que era preciso ficar prisioneiro de tais pensamentos, algo religiosos? Minha decisão foi tomada. Parti numa sexta-feira do mês de agosto.

---

[1] Cf. A. e G. Haddad, *Freud en Italie*, op. cit.

A fronteira austríaca fica a algumas dezenas de quilômetros de Udine. A travessia das risonhas colinas da Caríntia dissipou os miasmas caniculares. Cheguei a Viena de noite. Era tarde demais para dirigir-me ao museu Freud, meu verdadeiro destino. Encontrei um quarto num modesto hotel perto da estação onde dormi um mau sono.

Na manhã seguinte, perguntei pelo endereço do Museu Freud. Poucas pessoas conheciam sua existência. Enfim informado, com uma planta de Viena na mão, dirigi-me para lá a pé. Segui o Ring. Estava aproveitando um belo dia de verão, sem calor. Mas meu humor, decididamente, não era turístico. A beleza da cidade não me interessou. Finalmente, cheguei ao lugar mítico onde a psicanálise viu o dia, onde viveu o homem cuja doutrina havia organizado a minha vida e o meu pensamento.

Do mobiliário de Freud restavam apenas as poucas cadeiras da sala de espera, testemunho carnal da passagem do mestre. Ela abria para uma vasta peça vazia, de paredes cobertas de grandes fotos tiradas em 1938, antes da partida para Londres. Eram as do consultório tal como era então, com o divã recoberto por um tapete. À direita, o gabinete de trabalho de Freud, também recoberto de fotos, as das célebres estatuetas que ele colecionava. Algumas vitrines que guardavam obras originais de Freud mobiliavam ainda esse lugar deserto e emocionante em sua nudez. O mobiliário, a biblioteca, os bibelôs, a alma do consultório, encontram-se agora em Londres, onde Anna Freud criou outro museu que visitarei alguns anos mais tarde.

Deixei o local após um longo momento passado diante daquelas grandes fotos. Meu projeto de ficar mais tempo em Viena pareceu-me de repente infinitamente inútil. Eu ainda não sabia que, proximamente, tomaria de fato a decisão de ocupar esse lugar do analista que Freud havia instituído. Decididamente, eu não viera aqui por alguma razão fútil, fugir das reclamações da minha sogra por exemplo, mas para um ato fundamental: anunciar ao espírito de Freud que eu estava retomando a sua mensagem. De certa maneira, eu acabava de realizar como sonâmbulo meu voto de peregrinação. Para além de minha consciência míope, eu descobriria uma vez mais a existência de uma instância bem mais lúcida, a que Lacan designa como *sujeito do inconsciente*, que sabe aonde quer ir, contanto que queiram bem escutá-la ou deixá-la, se for o caso, ir de rédeas soltas.

Uma e a Outra

Minhas férias não haviam acalmado a tortura desta impossível questão: era concebível, na derrelição que era a minha, imaginar minha entrada em exercício como psicanalista? Embora Lacan tivesse dado seu aval, nem por isso havia posto um termo em meu dilema.

Um acontecimento se preparava, um congresso da Escola, que devia realizar-se nesse mês de setembro. Será minha primeira participação numa manifestação de psicanalistas. Grupos de trabalho preparavam essas jornadas e eu participava de um deles, dirigido por Jean Clavreul.

Uma grande tensão reinava entre os principais dirigentes da Escola, os barões do lacanismo. No momento, eu atribuía essa febre, perceptível assim que se atravessava a porta do local, à minha própria angústia de noviço ousando pisar o adro do templo. Deleuze e Guattari, este último sendo membro da Escola, acabavam de publicar, com algum estrondo, seu *Anti-Édipo*, mas a ordem na Escola era não falar dele. "Um monte de besteiras", diziam. No entanto, a sombra da obra pairava sobre os nossos trabalhos. O aluno ousara contestar o centro de gravidade do ensino de Lacan, o Édipo precisamente, rebatizado Nome-do-Pai. A tese me repugnava, ontem como hoje, convencido de que a questão paterna continuava sendo o único operador consistente de que a psicanálise dispõe. Entretanto, numa arena "científica" como a nossa, debater, criticar parecia-me mais conveniente que o estalinismo do silêncio. De cara, eu estava me saindo da linha.

Teoria, teoria, produção teórica, avatar do althusserismo passado de muitos de seus membros, só se ouvia então essa palavra na Escola, lancinante ambição ou verdadeiro prurido mental, como se cada um carregasse nos ombros o peso de uma dívida paralisante. Durante a reunião de nosso grupo, uma idéia me veio à mente: teoria não soa como Torah? O que é uma produção teórica senão uma exegese dos textos fundadores? Por que então o pensamento judeu se esgotara há séculos numa exegese indefinida? Eu comparava a situação àquela de alguém que teria contraído uma dívida de dinheiro e que tentaria reembolsá-la fazendo frutificar o capital recebido. Os juros produzidos viriam em dedução da dívida inicial numa espiral sem fim. Exprimi, assim, essa idéia em voz alta (enchendo-me de coragem). Clavreul achou-a interessante e pediu-me para relatá-la nas próximas jornadas.

Estas tiveram lugar no sábado seguinte. Eu não entendia muita coisa dos discursos pronunciados na tribuna. Clavreul presidia a sessão da manhã. De novo o significante *teoria* pôs-se a sobrevoar os discursos. Guattari, presente na sala, não interveio. Foi então, diante da sala cheia, que ousei pedir a palavra, esforçando-me para controlar os batimentos do coração que parecia querer estourar. Eu obedecia ao convite de Clavreul. Nesse meio tempo, seu humor parecia ter mudado. Tive muita dificuldade para fazer que ele me concedesse um aparte, mas acabei conseguindo. A clareza de meu pequeno discurso surpreendeu-me. Não gaguejei. Foi assim, sem tê-lo conscientemente buscado, que fiz minha primeira incursão na cena psicanalítica com esse significante Torah-teoria. Eu não sabia então que caminho estava tomando.

Na pausa que se seguiu, como a maioria dos ouvintes deixou por um momento a sala, vi-me ao lado de Maryse P., uma jovem psicanalista com quem eu costumava cruzar no seminário e nas reuniões da Escola, mas sobretudo na sala de espera de Lacan. Ela parecia petrificada, não ousando avançar no corredor vazio. Perguntei-lhe a razão. Com o queixo, ela me designou, alguns passos mais adiante, nosso comum analista. Ela não ousava passar diante dele. Tal inibição pareceu-me curiosa após tantos anos de análise e quando ela mesma já atendia pacientes. Deixei-a ali entregue à sua angústia e dirigi-me à saída. Passei diante de Lacan, que me sorriu e me estendeu a mão. Minha intervenção talvez lhe tivesse agradado. Era também um sinal de boas-vindas à sua escola. Dois anos mais tarde, em Roma dessa vez, num contexto semelhante, Lacan achando-se a dois passos, sentirei a mesma paralisia que Maryse P.. A transferência é, sob certos aspectos, uma experiência autêntica da loucura.

Cruzei também com Anne C.. Nosso grupo de estudos de matemática recomeçara. Lembrei-lhe sua promessa de esclarecer-me sobre o "manual" do tornar-se analista. Ela propôs que almoçássemos juntos. Encontro marcado. Anne era uma analista já reconhecida e eu a admirava. Que aceitasse almoçar comigo, verme miserável, era uma grande honra. Nenhum sentimento amoroso vinha perturbar nossa relação. De resto, durante todos esses anos, a idéia mesmo de uma aventura amorosa não podia passar perto de mim, toda a minha energia mal me bastando para levar a cabo meu projeto insensato. O que significava então meu pedido a Anne? Que ela me ajudasse a passar por aquele gargalo, aquele passe que me angustiava.

Fui para o almoço como se vai a uma reunião de informação. Com a febre que se apodera de mim sempre que demonstro um ponto a meu ver essencial, falei da minha paixão pela psicanálise, do percurso que fora o meu. Anne incentivou-me a ir em frente. Ela me predisse mesmo um futuro brilhante como analista. Outros analistas da Escola, que eu consultara, me haviam aconselhado a adiar esse início, a aprofundar a minha própria análise. A fala de Anne me aparecia como um pouco de luz em minha noite.

Dois dias depois desse almoço, cruzei de novo com Anne numa reunião da Escola. "Espere-me depois da reunião", disse-me ela, "quero lhe falar". Para evitar os ouvidos indiscretos, convidou-me a subir em seu carro, estacionado na Rua d'Ulm. Parecia agitada, perturbada por palavras que afluíam a seus lábios e que ela hesitava em emitir: "Recebi as suas palavras no nosso almoço como um presente maravilhoso...".

Segurei-lhe as mãos ou ela colocou as suas nas minhas? Dante, a respeito de Francesca da Rimini, expressou esse pensamento aprendido em minha adolescência tunisiana, que não se pode resistir ao amor de um coração nobre. Foi um fogo de savana que em alguns dias ia tudo levar e consumir. A declaração de amor de Anne me perturbou, eu, Jó sobre seu monte de esterco. Sob a luz pálida de um poste, entrevi a solução para todos os meus problemas. Eu pensava ter encontrado o grande Outro lacaniano em pessoa. Seria o fim do pesadelo conjugal, uma vida digna e confortável de trabalho partilhado.

Poucos dias se passaram antes que Anne, casada, mãe de dois filhos, anunciasse ao marido a decisão de deixá-lo, o que provocou uma pequena tragédia. Levado por tanta impetuosidade, informei minha mulher de minha própria intenção de me divorciar. Sua reação me surpreendeu. Eu a imaginava cansada de minhas insuportáveis censuras, de nossos incessantes conflitos e achava que ela não ligava mais para mim. Não era para ela também uma libertação? Descobri que lhe estava infligindo, assim como a nossos filhos, um golpe terrível, um cruel sofrimento. Desamparada, saiu a procurar um analista. A escolha recaiu em Charles Melman. Nada de esperar, disse-me, de refletir, a situação deve ser esclarecida logo, sem equívoco. Eu devia romper a ligação ou ir embora. Escolhi ir embora.

Anne e eu alugamos um pequeno apartamento sombrio e sumariamente mobiliado. Provisoriamente, era preciso contentar-se com essa mediocridade. De resto, o lugar não servia para que eu atendesse meus primeiros pacientes. Estávamos no início de outubro. Essa mudança, aparentemente radical, se efetuara numa semaninha.

Restava sempre a questão de minha entrada em exercício. Decidi, para romper a espiral de minha inibição, dar-me um prazo de um mês. Será, então, o feriado de Todos os Santos. Eu estava pensando em ir a uma praia da Mancha e ali, como fiz com freqüência, andando descalço na areia fria do outono, eu tomaria a minha decisão. Na verdade, eu estava esperando um misterioso sinal, que meu inconsciente expressasse seu sésamo através de um sonho, por exemplo. Assim, eu marcara encontro comigo mesmo para a simbólica data do início de novembro. Escapou-me, em minha cegueira, que essa data era ao mesmo tempo a do aniversário de minha mulher e de meu filho mais velho, data que me havia feito pai.

De tudo isso, evidentemente, eu falava com Lacan dia após dia. As sessões breves não me impediam de colocá-lo a par. Ele não dizia uma palavra. Mesmo assim, eu acreditava perceber uma certa aprovação. Eu sempre supus que Lacan desejava o meu divórcio como solução para a minha neurose. Na verdade, esse grande pescador de almas que ele foi, ou jogador de pôquer emérito, deixava-me por enquanto fugir, sabendo-me solidamente preso a seu anzol.

O mês se passou. A corrente de meus sonhos parecia ter definitivamente secado. O fim de semana à beira das ondas não me foi, tampouco, de grande socorro. Daí deduzi que o momento para iniciar a minha prática ainda não tinha chegado.

Na segunda-feira, 6 de novembro de 1972, apresentei-me em minha sessão e fiquei surpreso com a atitude de Lacan. Ele, tão mudo, tão distante naqueles últimos tempos, veio plantar-se à cabeceira do divã e, mergulhando seu olhar no meu, interrogou-me. Sua pergunta tinha uma incrível intensidade:

"E então?

– Então acho que a minha entrada em exercício é prematura, que conviria...".

Não tive tempo de dizer mais nada. Ele secamente me cortou a palavra com seu habitual grunhido e dirigiu-se para a porta, decepcionado, encolerizado talvez. Eu estava a mil léguas de imaginar tal reação. Esperava antes sua aprovação diante de minha prudência e minha modéstia, quando tantas pessoas, referindo-se ao famoso adágio lacaniano, tão mal compreendido, *O psicanalista só se autoriza por ele mesmo*, precipitavam-se em declarar-se analistas. Como, por outro lado, havia ele tão bem guardado o que eu havia um dia deixado escapar, sem insistência particular, que eu tomaria minha decisão durante o primeiro fim de semana de novembro? O maravilhoso homem, que tinha em análise dezenas de pacientes, estava bem presente no dia D, dia de minha recuada.

Eu estava totalmente desconcertado. Apesar do caos de minha situação presente, apesar de minha imaturidade profissional, Lacan desaprovava minha decisão de adiar. A dúvida agora não era mais possível e o sinal que eu estava esperando encontrava-se paradoxalmente expressado naquela recusa grosseira de meu analista, seu forçamento. "Decidi", pois, entrar em exercício e anunciei a notícia a Anne. Ela se mostrou surpresa com a minha mudança repentina e com a atitude de Lacan, que ela nunca havia encontrado. Veio de novo com a ladainha do equívoco da linguagem e particularmente a linguagem de Lacan, que as minhas impressões eram do tamanho das minhas próprias expectativas. Além disso, um analista tem o direito de intervir assim? Suas palavras soavam falsas comparadas com o sismo que eu acabava de viver. A moda na época era o *flou* de Duras, a encantação do desejo assimilado ao capricho, e sobretudo a hesitação obsessiva indefinida, embelezada pelo nome de *pensamento complexo*. Lacan me ensinou a arte de encurtar, de escolher o caminho mais curto.

"Enganei-me", falei sem jeito na sessão do dia seguinte, "com certeza o tempo chegou...".

Lacan soltou um suspiro de lassidão e aquiesceu. Teria desejado ver-me mais valoroso, que eu tomasse minha decisão sem aquele peteleco suplementar. Não retirei dessa decisão nenhuma euforia, mas uma gravidade nova. Doravante à vista o fim do túnel, eu avançava em sua direção despojado de toda vaidade, habitado por um estranho sentimento de derrota, de luto. Dali por diante o jogo era aberto.

Minha ligação com Anne seguia seu curso. A volta à faculdade acontecera. Eu estava agora no terceiro ano de medicina, que iniciou sob melhores auspícios que o anterior. O segundo ano tinha uma função seletiva e havia plenamente desempenhado o seu papel. O anfiteatro se esvaziara e encontrar um lugar tornava-se fácil. Tínhamos acabado com o pesado estudo de anatomia que eu achava muito penoso. Começávamos o da clínica, estranha palavra cuja ambigüidade me levara a Lacan. Essa disciplina me fascinou. Ler na mínima alteração do corpo como que a escrita de um diagnóstico é coisa apaixonante, infelizmente muito negligenciada hoje. Íamos duas vezes por semana a um serviço hospitalar para um primeiro contato com "o leito do doente". Exibíamos com orgulho nossa blusa branca e nosso primeiro estetoscópio novinho em folha em volta do pescoço. Eu havia escolhido o serviço do Prof. Caroli, ilustre especialista do fígado. Os chefes de clínica encarregados de nos iniciar na arte médica, Maurice Smadja e Valentin Nusinovici, eram excelentes médicos, apaixonados pela psicanálise além disso, o que facilitou nossas relações.

Em 22 de novembro de 1972, Lacan retomou seu seminário intitulado, nesse ano, *Encore*. Assisti a ele, orgulhosamente sentado ao lado de minha nova companheira, acreditando na harmonia de nosso casal fundado em nossa comum adesão à psicanálise, à doutrina lacaniana – em relação à qual Anne mantinha uma certa distância, o que me irritava profundamente.

Lacan nesse dia parecia estar de péssimo humor, cheio de uma cólera contida:

"Vou primeiro supor que vocês estão na cama, numa cama de pleno emprego, a dois... não vou descolar dessa cama hoje... o concubinato, o que quer dizer dormir juntos... o que fazemos nessa cama, agarrar-se...".

E o resto do mesmo nível. Essas palavras me tocavam, me perturbavam. Pareciam visar-me diretamente. Rádio Londres. Não há relação sexual, trovejava Lacan.

Saí do seminário como se tivesse tomado uma ducha fria. "O que isso tudo quer dizer?", zombou Anne. Para mim, a fala de Lacan tinha, e continua tendo, seu peso profético, sendo o profeta aquele que desperta o homem do encanto do narcisismo. Impossível por enquanto tirar desse discurso qualquer conseqüência concreta. Eu estava convencido de que Anne ocupava para mim esse lugar do grande Outro onde se encontravam depositadas as chaves de meu desejo. Senti a necessidade premente de formulá-lo em sessão. Por esse encontro, eu havia substituído uma, minha esposa, pela Outra, Anne. Mas eis que, deitado no divã de verdade, outras palavras brotaram:

"Coloquei uma no lugar da Outra.

– É exatamente isso!".

Lacan havia literalmente pulado da poltrona. Dei-me conta então de que as palavras que eu acabava de pronunciar significavam exatamente o contrário do que eu mentalmente me havia preparado para dizer. Na estrutura da frase, *uma* só podia remeter a Anne, e *a Outra*, à minha mulher. Quis voltar atrás, retratar-me, mas em vão.

"Até amanhã!".

Uma luz imprevista, intensamente dolorosa, acabava de me atravessar e de me abalar. Meu pseudo-amor por Anne desabou instantaneamente, como um castelo de cartas, tornou-se até totalmente insuportável para mim. Essa fala voltou-me à memória: "Sua mulher é a causa de tudo, de tudo...".

Mal saí do consultório, telefonei a Anne para anunciar-lhe minha decisão, que ela não podia imaginar, de romper. Suas súplicas, seu pedido para refletir um tempo não levaram a nada. Estava bem refletido, irreversível. Uma força implacável e cruel, uma vontade que não era a minha própria vontade, tão lábil, forçava-me àquilo. Voltei envergonhado ao domicílio conjugal e pedi perdão por meu pobre deslize.

Aconteceu-me depois cruzar com Anne duas ou três vezes. Não tínhamos mais muita coisa a dizer. Para ela, o golpe foi terrível, a vida conjugal acabada, mas ela não tinha vontade alguma de retomá-la. "O que é um homem para uma mulher?", perguntou um dia uma ouvinte do seminário. "Seu estrago", respondeu Lacan. Eu me sentia profundamente culpado por aquele estrago e vários outros.

"Que isso não o impeça de passar boas férias!", lançou-me Lacan no momento da interrupção de fim de trimestre. Minha culpa estava se tornando excessiva. Eu devia antes dedicar minhas energias aos problemas colocados por minha entrada em exercício. E, antes de mais nada, onde atender meus eventuais pacientes? Minha casa não servia muito.

Saí a procurar um local, um pouco batendo pernas por Paris, olhando os anúncios de aluguel nas vitrines das agências imobiliárias. Entrei numa, ao acaso, simplesmente para me informar.

"Por que o senhor não compra?

– Porque não tenho meios.

– Posso lhe arranjar um empréstimo total. Por outro lado, tenho um negócio a lhe propor, uma herança a ser liquidada rapidamente, dois *studios* contíguos que o senhor pode juntar num único apartamento".

Deixei-me tentar. Estava a um só tempo surpreso com a modicidade do preço e interessado por sua localização, no *faubourg* Saint-Antoine, a dois passos da faculdade. O que havia à volta não era lá muito animador, o térreo era ocupado por um tripeiro que exibia no balcão testículos de touro, montanhas de miúdos. O pequeno prédio parecia abandonado, sem conservação. As escadas estavam carcomidas. Os dois *studios* também estavam particularmente vetustos e exigiam uma séria renovação.

"Tenho o artesão de que o senhor precisa", disse-me o empreendedor agente, "um artista".

Eu dispunha do dinheirinho de minha demissão e havia adquirido, por necessidade, um certo sentido dos negócios imobiliários. Anne me convencera de que mal eu entrasse em exercício iria estar recusando gente. Em suma, o investimento pareceu-me interessante. Aceitei.

O artesão-artista foi convocado. Veio, acompanhado de um amigo decorador. Expliquei-lhes o meu projeto. O decorador não falava. Com o nariz virado para o teto, ele parecia cheirar o ar do local empoeirado. "Tem viga!", soltou, deixando de repente seu mutismo. "Todo o teto é de vigas de carvalho. Vamos deixá-las expostas". A moda era então as vigas que apareciam. A idéia me agradou. Estabeleceu-se um orçamento apertado e as obras começaram. Eu ignorava que derrubar uma parede, retirar vigas, que se revelaram bem bonitas embora seriamente atacadas pelo cupim, ia produzir montanhas de entulhos. A vigilância da obra, seus imprevistos, os clássicos caprichos dos operários de construção com suas ausências imprevisíveis não tardaram a me deprimir. As obras se prolongaram durante meses.

No fundo, esse atraso me tranqüilizava. Eu em breve ia ver-me encostado na parede, ia atender meu primeiro paciente. De onde viria? Quem me enviaria? Por que milagre? Por que loucura? Eu não acreditava mais na ilusão de que bastava entrar em exercício para atender a um excesso de pedidos. Eu estava diante de uma espécie de impossível.

Foi nesse período, quando as obras estavam chegando ao fim, que tive um sonho impressionante. O sonho esperado em vão no período anterior à minha decisão surgia uma vez esta tomada.

Eu me encontrava em meu futuro consultório, que o sonho aumentava. O chão estava recoberto de montículos de entulho. Reinava uma estranha luz crepuscular. No fundo, sentado na penumbra, meu primeiro paciente. Eu sentia uma vergonha enorme de recebê-lo assim, naquele local inacabado. Para aproximar-me dele, tive que subir nos montes de entulho. Ali, para meu grande estupor, descobri que se tratava de meu pai. Ele tinha uma cara muito ruim e não dizia uma palavra. Pai de além-túmulo, embora então bem vivo. Senti a necessidade de dizer alguma coisa. Mas só pude pronunciar estas palavras, que achei ao mesmo tempo ridículas, uma espécie de proclamação de fé:

"Não sou um analista jungiano".

Era aquele o meu desejo, analisar meu pai? Não se analisa o pai, tinha um dia proferido Lacan. Jungiano, com o som *young* que ele contém, tinha um sentido múltiplo: jovem, não sou portanto tão jovem, tão sem experiência para ocupar esse lugar. Eu afirmava simultaneamente minha filiação e minha afiliação à Escola de Freud e de Lacan, esse fio condutor da minha existência. Meu pai, figura principal da minha análise, que tanto amei e tanto detestei, de quem eu confessava numa sessão, num murmúrio culpado, que tinha vergonha. Nossas duas existências foram sem cessar inoportunas: ele havia renunciado à prática religiosa na idade em que um grande fervor religioso me habitava. Quando se tornou devoto, caí no "ateísmo". Ele se interessou pelo Estado de Israel quando eu militava no PC, depois tornou-se anti-sionista quando eu mesmo não via outra salvação a não ser instalar-me em Jerusalém, e o resto do mesmo jeito. Esse pai que não entendia nada do percurso errático desse filho bizarro por seus gostos, seu amor pelos livros e pela música, sua curiosidade fatigante, pai irascível, tirano doméstico, generoso, avaro, inculto, inteligente. Lembro-me da bela exposição de um pintor chinês do qual todas as grandes telas, grandes aguadas preto e branco, representavam um único motivo: o homem mais belo, o homem mais feio, o homem mais inteligente, o homem mais burro, o homem mais generoso, o homem mais mesquinho... Também era assim meu pai. Sua partida da Tunísia na idade de cinqüenta anos o havia profundamente machucado, arrasado talvez. Ele era tão ligado ao país natal, sua segunda pele, seu meio natural. Encontrara um emprego em Paris, uma casa que lhe convinha. Mas a saudade foi forte demais e nas primeiras férias voltou a Túnis. Essa viagem o traumatizou, ou, antes, revelou a fratura que o habitava. Ele afundou, parou sua atividade profissional. Forcei-o a consultar um médico e até acompanhei-o à consulta. Foi um fracasso.

Sua doença afetou-me muito. Mas ele mesmo ficou profundamente mexido com a minha análise. Tinha raiva de Lacan, causa de minha mudança, aquele escroque que me despojava de meu dinheiro e me reduzia à miséria. Bem rápido percebi, no entanto, que uma espécie de diálogo se instaurara entre eles através de mim. A análise, ao contrário do que se imagina, não é um exercício egoísta, egotista, mas uma polifonia em que vêm misturar-se outras vozes, apesar de estarem concretamente ausentes do divã.

Certo dia, relatei em sessão os esforços que eu fazia para convencer meu pai a empreender uma pequena cura, quando Lacan me interrompeu:

"Não existe só a psicanálise. Seu pai está resolvendo o conflito dele na vida real".

A pertinência dessas palavras se revelou pouco depois. Para grande alegria de toda a família, meu pai acabou por emergir da melancolia que o prostrava há anos, reencontrou uma serenidade, um humor que eu nunca conhecera nele, viajou. Depois, em seus últimos momentos, enfrentou seu destino de mortal, o sofrimento da doença, com uma coragem que forçou a minha admiração. Esse vínculo tão complexo com meu pai alimentava minha ligação transferencial com Lacan. A questão paterna, designada por ele com o significante Nome-do-Pai, estava no cerne de seu ensino, questão que ele mesmo, vou descobrir mais tarde, vivia dolorosamente, fundando sua teoria sobre essa dor.

*

Eu ouvira dizer que o analista iniciante tem por primeiro dever escolher para si um "supervisor", isto é, um analista tarimbado que vai guiar os seus primeiros passos, ensinar-lhe as pequenas técnicas do ofício, esclarecê-lo e apoiá-lo na hora das dificuldades. Depois da longa ascese de sua análise com seus silêncios, seus delírios associativos, o supervisor é aquele que vai acolhê-lo, apadrinhá-lo na grande família freudiana. Num diálogo doravante frente a frente, vai permitir que ele aterrize, que volte à prosaica realidade.

Antes mesmo de atender um único paciente, pus-me em busca de um supervisor e acabei me decidindo por M.S., um dos praticantes de maior visibilidade da Escola, além disso o único psicanalista árabe de sua geração. Eu gostava do homem, mas tinha também, em razão de minha história pessoal, contas a acertar com a cultura muçulmana, tão próxima e tão distante da minha. Eu contava com o diálogo da supervisão para apurá-las. Marquei então consulta. O próprio M.S. abriu-me a porta e fez-me entrar numa saleta, pedindo-me para esperá-lo alguns instantes, o tempo de acabar uma entrevista com outro paciente. O mobiliário dessa pequena peça compreendia uma poltrona e duas desconfortáveis cadeiras. Ao ficar só, vi-me diante de um dilema imprevisto: onde me sentar? Ocupar uma das duas cadeiras quando a poltrona me estendia os braços seria manifestar uma timidez, uma inibição indigna de um psicanalista, mesmo iniciante. Escolhi, então, a poltrona e comecei minha leitura do jornal que eu acabava de comprar. M.S. chegou então e ficou claro que a nossa entrevista devia se realizar nessa sala. Vi-o então embaraçado. Ia ele ocupar uma das duas cadeirinhas? Tal escolha, a meu ver, não deixaria de ser audaciosa, a saber, que um analista estava muito além daquelas mesquinhas precedências. Não foi o que ele fez. Preferiu ficar de pé, acotovelado na lareira durante todo o tempo de nossa entrevista. Esta, no entanto, foi preciosa. M.S. aconselhou-me a não me precipitar numa supervisão, a começar a minha prática e a entrar em contato com ele mais tarde. De resto, eu continuava em análise e, em caso de dificuldade, nada me impedia de pedir ajuda a meu analista.

No entanto, o episódio tinha quebrado o encanto e M.S. nunca seria meu supervisor. Lacan dirá um dia – ficara ele sabendo do incidente? – que um analista nunca escolhe com bastante cuidado o seu mobiliário.

Essa história de cadeiras me lembra uma outra, bem mais instrutiva. Eu me encontrava então em Israel, no hospital psiquiátrico de Beer-Sheva, onde eu dirigia o serviço de consulta externa. Por isso, participava do ensino dado na escola de psicoterapia – criada e financiada, no seio da Universidade Ben-Gourion, por eminentes psicanalistas anglo-saxões e cujo controle guardavam com ciúme. Uma vez por ano, o principal promotor do projeto deixava sua opulenta América pela aridez do nosso deserto a fim de nos dispensar suas luzes sob a forma de uma "supervisão de grupo" semanal. Ele era nosso *supervisor**.

As reuniões aconteciam sempre na mesma sala, em volta de uma longa mesa retangular cercada de confortáveis assentos, dessa vez todos idênticos. Mas essa sala tinha outra particularidade, bem curiosa. Numa de suas paredes estava pendurada, à moda americana provavelmente, uma série de retratos fotográficos, os dos benfeitores, fundadores, eminentes professores (vivos ou mortos, ignoro) do departamento de psicologia da universidade. Entre estes... o retrato do nosso *supervisor.*

Logo notei que este se sentava sempre no mesmo lugar, exatamente diante de sua foto, sob o olhar desta. Então me veio a idéia de uma pequena experiência de psicologia. Cheguei na sessão seguinte mais cedo que todos os colegas e tomei assento diante do famoso retrato. O *supervisor* chegou pouco depois e, vendo o lugar ocupado, teve um momento de hesitação, avançou, recuou, depois finalmente sentou-se em outro lugar. Seu mal-estar era evidente. Ele parecia ter perdido de repente sua bela autoridade, gaguejava. Finalmente, no primeiro pretexto, suspendeu prematuramente a sessão. Eu não esperava uma reação tão violenta, que o fato de não mais se encontrar sob o olhar de sua própria foto pudesse assim desconcertar um

* Em inglês no original. O francês usa o termo *contrôleur* (NT).

clínico com tal experiência. É verdade que o *supervisor* pertencia à corrente americana da *egopsychology*. Talvez ele nunca tivesse meditado sobre o texto de Lacan sobre o "estádio do espelho". Não tive a crueldade de repetir a experiência e o *supervisor* reencontrou na semana seguinte, junto com seu lugar, seu retrato e sua autoridade.

*

As obras chegavam ao fim e eu continuava diante da mesma dificuldade. Esta equação simples, um analista é alguém que atende pessoas que lhe pedem uma análise, escondia, para o iniciante que eu era, um abismo. E se ninguém viesse me apresentar esse pedido, a mim, estudante atrasado em seu início de formação médica, desprovido dos atributos habituais das pessoas da corporação? Por um momento eu havia esperado a ajuda de Anne. Era bom não contar mais com ela. Em desespero de causa, dirigi-me ao secretário da Escola, Christian Simatos. O que ele podia fazer?

"Faça-se conhecer!", repetiu-me uma vez mais.

Decidi, como faço quando minhas referências ficam obscuras, tomar esse conselho ao pé da letra, em sua função de oráculo. Assim, telefonei a uma dezena de psicanalistas, os de maior visibilidade da Escola, que aceitaram todos, amavelmente, receber-me. Eu anunciava a cada um minha entrada em exercício, por enquanto vazia de conteúdo. Durante minha entrevista com um deles, Xavier Audouard, o telefone tocou:

"Desculpe-me, ausento-me um instante para atender".

Voltou apressado, alguns segundos mais tarde:

"Rápido, rápido, dê-me seu endereço, seu telefone, este paciente é para você".

Eu ainda não tinha telefone no consultório. Naquele tempo, obter uma linha era uma proeza. Dei-lhe o de meu domicílio. Tratava-se de um antigo analisando que interrompera sua cura alguns meses antes e que desejava retomá-la. Mas Audouard, cheio de trabalho, não dispunha mais de tempo para atendê-lo. Pelo menos foi o que me disse.

"Pegue-o! Pegue-o!".

É claro que Audouard tinha percebido meu constrangimento de neófito, minha inibição que arriscavam conduzir ao fracasso nossa primeira entrevista. Sua injunção me foi muito útil quando, duas semanas mais tarde, eu atendia esse paciente. Guardo por ele um infinito reconhecimento.

Nesse meio tempo, uma outra candidata marcara consulta, depois uma terceira, na mesma semana. Sim, colegas que eu mal conhecia, Alain Didier-Weil, Dr. Sécheresse*, demonstravam essa incrível confiança em mim. Nesse ritmo, eu teria rapidamente constituído uma clientela, pensei, tomado de vertigem. Na verdade, as coisas iam ficar por aí durante meses, anos.

Atendi minha primeira paciente, numa noite de março de 1973. Meu artesão acabava de colocar o carpete. Não tivera nem tempo de fixá-lo. A senhora, na primeira olhada, entendeu a situação. Entrando em meu consultório, onde flutuava um cheiro de tinta fresca, ela prendeu o pé no infeliz carpete flutuante. Ignoro qual de nós dois tremia mais nesse encontro que podia ser decisivo. Eu estava totalmente contraído. Revi-a uma segunda vez. Ela vinha polidamente me anunciar que não contava mais voltar. Paradoxalmente, esse fracasso me liberou.

Dois dias mais tarde, recebi M., o paciente enviado por Audouard. Dessa vez eu não devia mais tremer. O carpete estava enfim fixado e as obras, em sua imperfeição, acabadas.

"Minha precedente análise me mostrou que eu tinha um problema de pai".

Foram estas suas primeiras palavras. Ele caía bem. Foi uma cura memorável, que prosseguiu durante vários anos, apesar das múltiplas mudanças de endereço que eu ia conhecer. M. nascera no fim da guerra, de pai desconhecido, um resistente caído em combate, disseram-lhe. Descobrirei que o resistente em questão era antes um soldado alemão. Curiosamente, M., tão provocador em sua estrutura perversa, nunca procurara saber muita coisa mais sobre sua origem e se contentara com a mentira de sua mãe.

Assim, a primeira cura que conduzi ia confrontar-me de cara com uma clínica muito particular, com os estragos que a guerra mundial, o nazismo e seus horrores imprimiram no psiquismo das gerações seguintes.

* Dr. Secura (NT).

Descendentes de judeus deportados e assassinados, ou dos colaboradores e dos nazistas, uns e outros formando às vezes estranhos casais, povoam os consultórios de analistas, o meu, em todo caso.

Logo recebi uma segunda paciente, uma jovem anoréxica. Ela não ia tardar a me confrontar com outra terrível questão, a que me fizera fugir da psiquiatria, a psicose. Assim, meus primeiros passos no ofício não foram de todo tranqüilos. Minha prática balbuciante e apaixonante desses anos de aprendizado misturava-se intimamente com o prosseguimento de minha própria cura. Lacan queria essa interação, as primeiras curas tendo por efeito despertar no aprendiz analista questões permanecidas na sombra. "É preciso que o ofício lhe entre por todos os poros de sua pele!", dirá ele em seu seminário, dirigindo-se ao conjunto dos analistas em formação.

Durante anos, minha clientela se reduziria a dois ou três pacientes e a renda que eu tirava disso mal bastava para cobrir as contas do consultório. Além disso, para dar-me a meus próprios olhos algum conteúdo, eu havia oficialmente declarado minha entrada em exercício. Estava, com o mesmo golpe, renunciando à insuportável visita bimensal ao escritório das ASSEDIC de Créteil. Perdi, com o mesmo golpe, minha indenização de desempregado. Para a administração pelo menos, eu era psicanalista e lhe devia as cotizações referentes a isso. A compra do consultório e as obras haviam esgotado as minhas reservas. Não tardei, portanto, a reencontrar os tormentos financeiros que foram decididamente, e durante a minha vida inteira, meus mais fiéis companheiros.

Eu prosseguia assim de frente com esse angustiante início de prática, meus estudos de medicina, minha própria cura com suas sessões diárias, incessantes queixas de alguns segundos, minha freqüência ao seminário de Lacan. Também participava ativamente do grupo de leitura de textos que Melman dirigia na Escola, sem omitir incursões em outros grupos. Ao que em breve acrescentei uma nova atividade que ia contar muito.

De quinze em quinze dias, no Hospital Sainte-Anne, sala Magnan, Lacan tinha sua "apresentação de doentes". Dezenas de pessoas se apertavam nessa sala não muito grande e era prudente pegar um lugar ao menos uma hora antes do início da sessão. Algo de mágico acontecia então. No meio da multidão que segurava a respiração, Lacan conseguia criar com o paciente um tipo de espaço íntimo. Ele lhe "dava a fala", como dizia, e o mais espantoso é que o doente a tomava efetivamente. Ele falava, contava toda a sua história, suas alucinações, com uma vertiginosa verdade. Eu costumava ter a sensação de que esse doente, às vezes um simples operário, um imigrante, lera Lacan. Eu saía dessas apresentações com a mente abalada, numa espécie de embriaguez angustiada. Lá aprendi uma multidão de coisas preciosas.

Os alunos de Lacan, na verdade mais doltoístas que lacanianos, raciocinavam sem parar sobre a linguagem. Dolto pronunciara esta enorme besteira que todos se apressarão em repetir: "Tudo é linguagem". No início da psicanálise, alguns alunos de Freud não se haviam metido num exagero semelhante, "tudo é sexo"? Tanto que Freud deverá ele mesmo criticar o pansexualismo de seus discípulos. Estávamos confrontados, dessa vez, com um "pan-linguagismo". Lacan vai repetidas vezes procurar retificar essa falha, em sua teoria do nó borromeano, por exemplo, em que o imaginário tem um papel de mesma importância que a linguagem. Para mim, a bolha do pan-linguagismo estourou na apresentação de doentes no dia em que, maliciosamente, ele pediu... um martelo de reflexos. Depois, conscienciosamente, examinou um a um os reflexos rotulianos, depois os dos tendões de Aquiles do doente. Ao público que se espantava de ver o mestre em significantes dedicar-se a essas tarefas de baixa medicina, ele lançou:

"Sabem, existem também doenças reais".

Num outro dia, após uma apaixonante entrevista com uma inteligente doente, alguém na sala lhe perguntou:

"O senhor não acha que se deveria aconselhar uma psicanálise a esta mulher?

– Eu lhe aconselharia antes uma arteriografia. Tenho medo de que ela tenha um 'caroço' lá em cima".

Assim, ele suspeitava, por trás dos distúrbios psíquicos dessa mulher, de um tumor no cérebro.

Foi nessa mesma apresentação de doentes que descobri uma das fontes do judaísmo, na qual Lacan fora se inspirar, nomeadamente a obra-prima do rabino cabalista Elie Benamozegh, *Israel e a Humanidade*. Confiaram-lhe nesse dia um doente de delírio "místico". Esse homem fora concebido num campo de concentração depois de sua libertação pelas tropas aliadas. Os pais, após tantos sofrimentos, tinham escolhido esconder a origem judia dos filhos, acreditando assim poupar-lhes uma eventual tragédia. Esse não-dito radical, esse segredo causou outra tragédia, a loucura do filho.

"É o que eu chamo", disse-nos Lacan naquele dia, "uma foraclusão do Nome-do-Pai".

Por uma vez, tínhamos portanto debaixo dos olhos um exemplo concreto, simples, encarnado desse misterioso e precioso conceito que dá lugar a tantos vaticínios.

Essa apresentação deu lugar a outro incidente dos mais perturbadores. Depois de ter gentilmente acompanhado de volta seu doente, como sempre fazia, Lacan voltará para junto de nós, atormentado por uma grande emoção e repetindo estas palavras: "Ele leu! Ele leu!". O que tinha lido então de tão extraordinário aquele doente? *Israel e a Humanidade*, de Benamozegh. Lacan nos aconselhou vivamente sua leitura: "Uma das melhores introduções à Cabala que se possa encontrar!", acrescentou. Eu conhecia bem esse livro, que eu lera na adolescência e que me marcara. Toda essa cena me perturbou profundamente. Mais uma vez, de certa maneira, minha trajetória cruzara com a de Lacan. Contardo Calligaris, um psicanalista que efetuara trabalhos de documentação para Lacan, relatou-me esta frase que Lacan teria dito em relação a esse livro "*pelo qual eu me teria tornado judeu se tivesse tido de fazê-lo*". Aconteceu-me, a partir daí, evocar essa apresentação com certas pessoas presentes nesse dia. Ninguém se lembrava. Tinham assistido a tantas apresentações apaixonantes... É uma das ambições deste livro: suspender algumas amnésias seletivas.

Enfim, não posso esquecer uma de suas últimas apresentações, quando já estava profundamente marcado pela doença e só falava com parcimônia. Ele estava a ponto de se retirar quando uma senhora da assistência, uma de suas pacientes que eu conhecia bem, fez-lhe uma pergunta sobre o doente que ele acabava de examinar. Encarando-a com um sorriso amargo, ele pronunciou estas palavras: "Todos ao hospício! Todos ao hospício!". A pessoa insistiu e ele se contentou em repetir: "Todos ao hospício!". Era este seu último diagnóstico sobre a humanidade moderna alguns meses antes de deixá-la. Todos loucos.

Essa apresentação permitiu-me também conviver mais de perto com uma certa fauna lacaniana, bem indigna do grande homem em torno do qual ela se aglutinava. Assim, depois de uma sessão particularmente emocionante, eu estava almoçando sozinho num boteco não longe do hospital. Na mesa vizinha encontrava-se uma mulher, uma *habituée* da apresentação, Muriel D., que fará carreira em Roma. Disse-lhe o quanto a apresentação me havia interessado. Recebi em retorno as seguintes palavras, que me pregaram na cadeira:

"O que alguém como você vem fazer na apresentação?".

Num outro dia, o médico encarregado da escolha do paciente confiado ao exame de Lacan, considerando necessário filtrar os ouvintes, barrou-me a passagem. Atolado pelos estudos, eu havia por algum tempo faltado à apresentação e, assim que pude, peguei de volta o caminho de Sainte-Anne. Eis que me barravam o acesso. Fiquei ali alguns instantes, diante da porta fechada, infeliz, furioso. Quando Lacan chegou:

"O que está fazendo aí, meu caro?", disse-me.

"– Gostaria de assistir a sua apresentação. O que não parece possível.

– Mas entre então!".

Assim, entrei pela porta de serviço em sua companhia, sem ligar para o cérbero furioso. Lacan nesse dia examinou um jovem sírio delirante.

"Repatriem-no e ele melhora". Foi essa a sua conclusão.

Naquela microssociedade, na verdade, eu era uma mosca na sopa, razão pela qual, mais tarde, pude sem grande sofrimento ficar sem aquele caldo sem gosto.

*

Uma jovem analista, Marie M.C., que como eu dava seus primeiros passos na profissão, desejou encontrar-me. Claude Conté, um dos líderes da Escola, pelo qual Lacan tinha uma afeição particular, lhe aconselhara a me procurar. Com que fim? Ela me propunha alugarmos juntos um apartamento para fazermos dele nosso consultório comum. Dividiríamos as despesas.

"Conté a aconselhou a me fazer esta proposta?".

A idéia era surpreendente. Conté, que dois anos mais tarde se tornaria meu supervisor, mal me conhecia. De onde vinha essa idéia? Tive que suspeitar da discreta intervenção do próprio Lacan. No tempo da Escola

Freudiana, tão caluniada desde então, silenciosos "anjos guardiães" velavam pelos jovens brotos em formação.

"Mas eu já disponho de um consultório", disse-lhe, "este onde estamos. Eu poderia sublocá-lo para você.

– Não. Este lugar não me convém". M.C. tinha uma capacidade de convencer pouco comum. Não se podia rejeitar facilmente a sua oferta.

"Tenho que pensar!", disse-lhe.

Na verdade, a idéia caía bem. Minha situação financeira estava se tornando catastrófica. "Venda!", lançou-me um dia Lacan.

A idéia de revender o consultório, comprado alguns meses antes apenas, no qual eu investira muito e que me agradava bastante, custava-me. Mas tinha eu escolha? Nesses anos de faina, eu ao menos havia aprendido a arte das transações imobiliárias. Consegui assim vender rapidamente meu local e até obtive um pequeno lucro na operação. Poderia, no embalo, ter-me tornado agente imobiliário.

Telefonei a M.C. para anunciar-lhe que aceitava a sua proposta. Encontramos um apartamento na Rua Mayet, a dois passos do Bulevar de Montparnasse. Passei, assim, a integrar a grande coorte dos psicanalistas da *Rive Gauche*. Depois de umas pequenas obras – eu não podia aceitar trabalhar num lugar pouco acolhedor –, estávamos nos preparando para mudar no fim das férias escolares.

Nesse meio tempo, o ano universitário terminava, com seu cortejo de exames. A angústia do fracasso me oprimiu de novo. O que aconteceria se eu tropeçasse? Tantos acontecimentos me haviam monopolizado durante esse ano... Como poderia ter dedicado a meus estudos toda a atenção necessária? O peso deles, desde o terrível segundo ano, era para mim menor. Entretanto, os exames recapitulativos, os de semiologia em particular, continuavam sendo impressionantes pela massa de conhecimentos que era preciso revisar. Minhas inquietações encontravam eco no divã. Na véspera da prova de semiologia cirúrgica, quando meu moral começava a murchar, Lacan, com um sorriso benevolente, disse estas palavras:

"Veja as coisas com simplicidade. Você vai passar nessa prova!".

Era a outra face da medalha de sua arte. Depois do "você está ferrado", eis que ele me prometia o sucesso num exame. O que ele sabia daquilo afinal? Mas eu me convencera de que "o velho" dispunha de um dom de vidência. Aconteceu-me, assim, chegar a sua casa completamente derrubado porque a minha paciente, isto é, a metade da minha clientela, não viera à sessão.

"Não se preocupe", disse-me sorrindo, "ela só faltou esta. Ela vai vir na próxima".

De fato, no dia seguinte, dirigindo-me ao consultório, minha analisanda, minha pequena anoréxica, lá estava, esperando diante da porta. Dessa estranha "vidência" Lacan vai mais tarde dar-me outras provas, mais espetaculares ainda. Eu as interpreto como posso, como efeitos da intensa relação transferencial que nos ligava.

No entanto, a prova de semiologia cirúrgica começou muito mal. Diante da folha de exame e de sua lista de questões, conheci um enorme vácuo. Não me lembrava mais de nada. Quanto mais tentava voltar a mim, mais o vazio se tornava vertiginoso. A causa parecia decidida. O fracasso estava assegurado. Eu teria de adiar, de assumir um atraso que no entanto eu não podia me permitir. Sentia o corpo se cobrir de um suor frio. De repente, as palavras de Lacan me voltaram à memória: *Veja as coisas com simplicidade. Você vai passar nessa prova.* E eis que pedaços de aulas me vieram à mente, feito um riachinho cada vez mais cheio. Tomei de novo coragem e a vontade de lutar. Pouco a pouco, consegui construir uma redação apresentável. Ah! por certo não foi um triunfo. Mas mesmo assim obtive um pouco mais da média nessa matéria difícil, o suficiente para passar para o quarto ano. Estava assim terminando o primeiro ciclo de meus estudos de medicina.

Outro fato ocorreu nesse período de provas, uma luminosa lembrança de minha relação tão complicada com Lacan. Eu tinha uma prova no mesmo dia da última sessão de seu seminário *Mais, ainda.* Assisti a ele apesar de tudo, mas não pude ficar até o fim. Quinze minutos antes do fim, deixei lamentando o anfiteatro para correr até o metrô Luxembourg e ir a Arcueil, onde seria realizada a prova. Na mesma noite, telefonei a conhecidos para informar-me da conclusão do seminário, saber sobretudo se Lacan havia anunciado o tema do ano seguinte. "Não", responderam-me. "Ele até deixou pairar uma dúvida sobre seu eventual prosseguimento". Eis as últimas palavras dessa sessão tais como se pode lê-las na última página do seminário *Mais, ainda*, publicado com Lacan ainda em vida:

"Taí, eu os deixo. Será que lhe digo até o próximo ano? [...]. Façam então suas apostas. E qual será o resultado? Será que tudo isso quer dizer que aqueles que adivinharem certo, que eles me amam? [...] saber o que o parceiro vai fazer não é uma prova de amor".

Meu amor por Lacan não podia ser posto em dúvida. Mas eu não tinha vontade alguma de entrar num jogo de apostas. A idéia de que o seminário corria o risco de parar me angustiava. Era como o sinal de um fim que eu não podia conceber, um ataque concreto ao mito pessoal da imortalidade de Lacan.

"Não procurarei adivinhar se o senhor vai retomar ou não o seminário", disse-lhe numa sessão do início de julho, alguns dias antes das férias escolares. "Peço-lhe apenas para nos dar esse seminário de 1964 sobre os Nomes-do-Pai que o senhor tinha recusado fazer após a sua exclusão da IPA".

Lacan teve um sobressalto, como lhe acontecia sempre que uma fala o tocava particularmente. Emitiu um grunhido.

Houve as férias, depois houve a volta às aulas. Recebi um dia, na correspondência da manhã, a circular da Escola anunciando a retomada do seminário. Li o título: *Les non-dupes-errent*. Estava decepcionado, evidentemente: *Les non-dupes*? O que isso podia anunciar? Lacan, como eu deveria ter previsto, fizera pouco caso de meu pedido. Coloquei a folha sobre um móvel e preparava-me para ir ao hospital quando, de repente, as palavras que eu acabava de ler assumiram uma significação bem diferente. Mas é claro! *Les Noms-du-Père, les non-dupes-errent*. Era um jogo de palavras, uma dessas homofonias de que Lacan tinha o segredo. À sua maneira, ele respondia a meu pedido. Eu estava emocionado com essa piscada de olho, essa marca inesperada de simpatia. Esse seminário é meu seminário. Neste dia, trinta anos mais tarde, ele ainda não foi publicado.

Kippur ou O triângulo de Pascal

Minha análise com suas sessões diárias ritmava, tal como um baixo contínuo, meu tempo e meus pensamentos. Era o motor e este girava a todo vapor. Eu avançava bem rápido, corria até, por um caminho cujo destino eu ignorava.

De que eram feitas essas sessões de alguns minutos? De queixas, de lucubrações na maioria sem interesse, de pequenos fatos relatados, pedaços de sonhos quase sempre sem continuação, definitivamente de pequenos nadas de que é impossível e inútil se lembrar. Mas, às vezes, preparados por esse ingrato labor, fulgores, raros mas nos quais uma existência muda bruscamente. No entanto, esse zumbido acabava por definir uma melodia, um movimento e, considerando-o *a posteriori*, o analisando é o primeiro a ficar surpreso. Nada da metamorfose, da atividade transbordante que conheci nesses anos teria acontecido sem a minha cura, disso estou absolutamente certo.

Em setembro de 1973, começou meu quarto ano de medicina, aquele em que, como externo, eu ia cumprir meus primeiros atos médicos, ter a responsabilidade de alguns leitos. Devia, sob a autoridade do interno, examinar meus doentes, estabelecer o prontuário, ver como evoluíam. Escolhi o serviço de neurologia do hospital Saint-Antoine. Uma iniciação séria à neurologia me parecia um indispensável complemento para a minha formação de psicanalista.

Meus primeiros passos nesse serviço não foram dos mais agradáveis. Os pavilhões de neurologia costumam ser sinistros. Minha arrogante atitude de psicanalista em potencial que deteria uma certa verdade sobre a histeria para isso contribuiu. As grandes histerias, de que o homem estaria livre, na verdade encontram agora refúgio nesses serviços. Lembro-me de uma elegante senhora a quem infligiram uma arteriografia antes de estabelecerem o diagnóstico de pitiatismo, termo científico sinônimo de histeria. Por que não confiá-la a mim, não tentar a psicanálise em vez dessas práticas perigosas? Convidaram-me antes a melhor cuidar de meus prontuários, tarefa, esta, que me cabia.

Tive em breve de enfrentar uma penosa prova. Um de meus doentes, um senhor idoso, sofria da terrível doença de Charcot ou esclerose lateral amiotrófica, cuja origem continua desconhecida. Achavam-na próxima da doença de Creutzfeld-Jacob, de etiologia igualmente misteriosa. É por causa de "um vírus lento", diziam nesses anos em que o conceito de príon ainda não existia. Um protocolo de pesquisa fora definido com relação a meu doente. Era preciso, nos minutos que seguiriam seu falecimento, autopsiá-lo a fim de retirar seu cérebro e tecido nervoso para tentar com ele infectar um macaco de laboratório. O que, de qualquer modo, colocava um problema: a que hora o pobre homem iria se dignar a morrer? E se o falecimento acontecesse às três horas da manhã?

Eu diariamente passava algum tempo conversando com esse doente e uma espécie de amizade se tecera entre nós. Certa manhã, notei que seu estado bruscamente se agravara:

"Como está se sentindo?", perguntei.

"– Cada vez melhor", respondeu-me.

O interno chegou pouco depois. Notou o agravamento, chamou o chefe de serviço, telefonou ao pesquisador da Salpêtrière que dirigia o estudo. A decisão foi tomada. Era preciso evitar que o doente morresse de noite. Iam, portanto, injetar-lhe uma dose de morfina suficiente para apressar a sua morte. Opus-me a tal decisão. Com que direito privar aquele homem das poucas últimas horas que lhe restavam, sem mesmo a desculpa de abreviar um insuportável sofrimento, simplesmente para o conforto de alguns médicos? Evidentemente, minha pobre objeção de externo não pesou muito e o interno cravou a seringa. Alguns minutos mais tarde, o assunto estava resolvido. Cabia a mim acompanhar meu morto à sala de autópsia e ajudar os laboratoristas encarregados do trabalho. Essa sala sempre me horrorizara, com os cadáveres deitados, o ventre aberto, e o cheiro horrível que lá reinava.

Nesse dia, tive de enfrentar a presença de dois mortos sendo autopsiados. Deitaram meu paciente ainda quente sobre uma das bancadas e a obra macabra de retalhar começou. Uma náusea terrível estava a ponto de me submergir quando de repente tive um estalo. Percebi claramente que os homens e as mulheres que haviam habitado aqueles corpos não estavam mais ali agora, que eu estava às voltas apenas com um suporte para sempre inerte. Eu admitia ao mesmo tempo a morte como destino do homem e fiz conscienciosamente, sem grandes emoções, meu trabalho: cortei, talhei, serrei.

Algumas horas mais tarde, relatei no divã a prova que acabava de atravessar, e como de repente ficara claro para mim que não era o corpo de meu antigo doente que eu ajudara a retalhar, já que este *não estava mais ali*. Lacan aprovou. Com certeza ele apreciava minha nova resistência ao horror, impensável alguns anos antes. A morte havia descerrado seu domínio sobre a minha mente. Ignoro como será a minha e não penso nela sem inquietude, às vezes com alívio também, mas ela não me aterroriza mais. Meus estudos de medicina, meu estágio em neurologia, mais tarde outro duro estágio em cancerologia permitiram-me acompanhar muitos seres até o fim.

Nesse outono de 1973, um outro acontecimento ia profundamente abalar-me e preparar o terreno para uma nova e decisiva mutação: a guerra do Kippur. Em 6 de outubro de 1973, a grande notícia estourou: os egípcios haviam atravessado o canal de Suez e penetrado as linhas israelenses. No norte do país, a Síria também se engajava no conflito. À minha volta, em meu anfiteatro onde pelo menos a metade dos estudantes era de judeus, não se levou o acontecimento a sério. Dessa vez, com certeza, os exércitos árabes iam ser desfeitos em menos de seis dias.

Embora não fosse mais membro do Partido, eu continuava me considerando pertencente à grande família antiimperialista e pró-palestina... enquanto a existência de Israel parecesse assegurada. Mas logo ficou claro que os combates não andavam bem para Israel. Tsahal estava em grande dificuldade.

Lembro-me desse início de tarde em que, voltando para casa, A. acolheu-me relatando-me as últimas informações. Evocou as "últimas agressões dos sionistas". Foi então que a mordaça que abafava a minha voz e a minha mente caiu.

"Chega!

– Como assim chega?

– Como é possível falar de agressão quando Israel, esse pequeno país com seus três milhões de habitantes, está cercado por dezenas de milhões de homens hostis, ameaçado em sua sobrevivência?".

A. me encarou, estupefata. Ela nunca poderia prever, naquela manhã ainda, uma tal virada. Não disse uma palavra, mas bem rápido alinhou-se à minha nova posição, sem mesmo debatê-la. Os judeus estão de novo ameaçados de extermínio e eu estaria do lado dos inimigos deles? Não, realmente, chega! Eu sentia uma imensa e dolorosa liberdade. Eu era judeu, tal era a minha verdade profunda, e essa guerra me abalava com a violência de um vendaval. Dali por diante, eu vivia com o ouvido colado no transistor, escutando com os colegas da faculdade, entre as aulas, as últimas notícias. O pior parecia agora provável. Eu estava arruinado, não dormia mais.

Na segunda à tarde, após um fim de semana terrível, fui para a sessão e, aí então, estourei em soluços sobre o divã. Anunciei a Lacan a decisão bem fresca que eu acabava de tomar: apresentar-me como voluntário em Israel. "O que você vai fazer lá?

– Qualquer coisa, padioleiro. Morrerei com eles. Não agüento mais ficar aqui de braços cruzados".

Lacan parecia sério e emocionado. Conhecia-me bastante para saber que eu não hesitaria em adequar meus atos às minhas palavras. Não disse nada além de seu habitual "Até amanhã!", acompanhado de um longo suspiro.

Naquela noite mesma, ou no dia seguinte, Tsahal conseguia romper as linhas inimigas na célebre operação do Escoadouro e cortava em dois o exército egípcio. O cerco estava rompido, os sírios recuavam, Israel ganhava na dor essa nova guerra, ao mesmo tempo tornando sem razão meu projeto louco.

Foi o início de meu degelo, minha volta a um certo judaísmo. Ele assim tomou por primeiras cores as do sentimento nacional, do sionismo. Este vai se reforçar até se tornar um irreprimível desejo de ir viver em Israel, o que farei doze anos mais tarde, em 1985. Viver nesse país, descobrir o problema palestino e, sobretudo, encontrar Y. Leibowitz causarão mais tarde meu desligamento da ideologia sionista. Conformei-me assim, por minha própria evolução, à posição de Freud, para quem um psicanalista não pode aderir a nenhuma posição nacionalista.

Meu sionismo de um tempo foi apenas a metonímia, o sinal precursor de um interesse bem mais fundamental, o interesse pelo judaísmo, por seus livros e, no centro dessa cultura, pela ardente questão do Deus mosaico, o qual, como dirá Lacan, é preciso ter em conta, creia-se nele ou não.

Nos feriados de Todos os Santos que se seguiram a esses dias duros, participei do congresso da Escola que se realizou em La Grande-Motte. Centenas de pessoas achavam-se agrupadas nesse complexo turístico, analistas tarimbados, iniciantes, estes pacientes daqueles, todos misturados, constrangidos por se cruzarem. O ambiente geral era elétrico, execrável. As rivalidades mortais, as violentas tensões que conhecia a Escola iam se agravando e vão desembocar, alguns anos mais tarde, em sua explosão.

Descobri também que jovens analistas de minha faixa etária já haviam sido admitidos na Escola enquanto a minha candidatura continuava nos limbos e eu sentia uma viva dor. Tinha vontade de berrar, o que fiz, aliás, no último dia, numa intervenção desajeitada. Pus em dúvida a eficiência da psicanálise que, não só não havia acalmado o meu sofrimento, mas o havia, ao contrário, exacerbado. Uma moça que parecia bem perturbada apossou-se do microfone para afirmar que o ensino de Lacan já se encontrava consignado no Talmude. Achei aquilo ridículo. O congresso estava virando *hapenning*. De qualquer modo, houve um momento luminoso quando Lacan, com voz surda, fez uma intervenção improvisada. Se somos psicanalistas, é porque a psicanálise é uma coisa apaixonante, disse ele, e essa fala vinha responder à minha crítica. Ele evocou esta frase de Heráclito: *O raio os faz todos*. A análise deve levar a que aconteça esse raio onde o ser cai em sua verdade. Raios, quanto a mim, não haviam faltado.

De volta a Paris e a minhas sessões, disse a que ponto aquelas jornadas me haviam exasperado. "Elas me encheram o saco bem mais que a você". Foi esta a sua espantosa reação.

Abordei a questão de minha admissão formal na Escola. Ela me teria conferido um *status* mais apresentável que o de estudante de medicina atrasado, de ex-agrônomo. Essa admissão sobretudo teria significado um reconhecimento simbólico por uma instituição cujo presidente era precisamente meu analista. Quanto a esse ponto, Lacan permaneceu marmóreo. Ele sempre sabia levar a minha exasperação até o ponto de ruptura e ali, por alguma gratificação simbólica, ele relançava a dinâmica de minha corrida louca.

O ponto nevrálgico de minha existência continuava sendo meu problema conjugal, chateação de cada dia, e às vezes dor insustentável. Minha breve ligação com Anne e sua curiosa conclusão só haviam produzido um apaziguamento temporário.

Nesse meio tempo, Anne se divorciara e considerava seu ato como altamente analítico, o ideal freudiano, aquele ao qual toda análise bem-sucedida devia conduzir. O preconceito desse tempo realmente desapareceu? Recentemente, um analista de visibilidade julgou pertinente dar por título à sua revista o de *Célibataire* [*Solteiro*]. Fundamentalmente, um analista só pode ser solteiro, posição que me parece hoje perfeitamente aberrante. Mas podia eu então estar insensível a esse preconceito propagado pelos mais eminentes analistas? Eu acreditava até descobrir em Lacan esse voto de meu divórcio que me permitiria resolver definitivamente o nó neurótico que me estrangulava. Disse-lhe isso um dia, de modo bem claro:

"O senhor deseja que eu me divorcie, não é?

– Eu? Você não entendeu nada. É você e só você quem quer esse divórcio. *Você!*".

A réplica cortante de Lacan colocava-me dolorosamente contra a parede. A perspectiva de passar o resto de meus dias ao lado de A. pareceu-me claramente insuportável. Naquele dia mesmo decidi, ao sair da sessão, deixar o apartamento familiar e ir morar sozinho no novo consultório.

"Preciso", disse a A., "ver de longe".

Com a infinita indulgência que sempre foi a sua em relação às minhas loucuras e às minhas mudanças de humor, ela aceitou sem dizer uma palavra. Ajudou-me até a fazer as malas, a separar algumas coisas indispensáveis à minha vida cotidiana. Contentou-se com este modesto pedido:

"De qualquer modo, seria bom que você voltasse para casa no fim de semana. As crianças precisam ver você".

A surpreendente atitude de Lacan definitivamente me esclarecia sobre um traço fundamental de sua clínica, sobre sua estratégia de condução das curas, pelo menos a minha. Como um jogador de pôquer, um analista deve saber esconder o jogo. Não havia ele conseguido fazer crer em suas simpatias marxistas, sem as quais nem eu, nem toda uma geração o teríamos consultado? Eu encontrava essa mesma atitude com relação a meus estudos de medicina. Relatei o papel decisivo que ele teve nisso. No entanto, num segundo tempo, quando a coisa pareceu andar mal, sua atitude mudou e acabei achando que ele mudara de opinião. Por outro lado, na Escola, achavam a minha idéia inútil, talvez até estúpida, motivada por uma necessidade de segurança, necessidade tão contrária ao ideal analítico de viver no risco. Tanto que eu estava seriamente começando a considerar o abandono dos estudos. Mas eis que, num fim de sessão em que o problema foi levantado, ele fez questão de me precisar:

"Acredite que de modo algum procuro criar obstáculo a seus projetos".

Por que então me ter feito crer o contrário durante meses? Com certeza para compensar a alienação que sua implicação decisiva em minha escolha dos estudos médicos pudera criar. Essa escolha era minha ou dele? Esse equívoco não era a causa das dificuldades que eu sentia em levá-los adiante? Era preciso desatar esse ponto.

Esse mesmo modo da intervenção paradoxal foi utilizado para esvaziar meu casal de sua carga destruidora: fazer-me crer que ele me sugeria o divórcio quando acabou ficando claro que para mim não havia salvação fora do contexto desse casal. Sua conduta ulterior será, quanto a esse ponto, perfeitamente clara. Conseguir aceitar e superar o mal-entendido fundamental e irreparável que separa um homem e uma mulher (o que significa sua famosa fórmula "Não há relação sexual"), era esta a visada final da análise com o luto que ela implica, o da ilusão de uma possível harmonia idílica.

*

Dali por diante eu vivia só, em meu consultório da Rua Mayet, e essa solidão, que eu escolhera, não me trouxe reconforto algum. Muito pelo contrário, foi um período sinistro, depressivo. Aconteceu-me ficar estendido horas inteiras sobre o divã, com o olhar fixo no teto, sem poder iniciar trabalho algum.

Minha clientela não aumentara muito e mal bastava para pagar as contas do consultório e as despesas com os estudos.

Meu irmão, psiquiatra na periferia de Paris, em Garges-lès-Gonesse, propôs-me trabalhar com ele. Ofereceu acolher-me em seu consultório às quartas e aos sábados à tarde para lá atender sobretudo crianças em dificuldade, eventualmente adultos. Essa esquelética consulta – com efeito, os pacientes não eram muitos – terá conseqüências importantes às quais voltarei. Mas não me ajudou a sair do aperto financeiro. Meu irmão, este, conseguira uma clientela importante, gozava de um bom salário em suas funções hospitalares e vivia confortavelmente. Essa situação exacerbou a minha frustração e complicou a fraterna rivalidade que estava no cerne de nossas duas neuroses. Eu ficava horas inteiras à-toa quando ele estava atolado de pacientes.

*

Eu ia de abalo em abalo, cada vez mais decisivos. Minha relação com Althusser cessara desde o envio da monografia sobre o trabalho dos camponeses africanos, que ele mesmo havia suscitado, e que no meio do caminho se tornou uma reflexão geral sobre o trabalho humano. Como me escreveu que não podia mais ler, nossa relação parou ali.

Desde então, eu carregava dolorosamente esse texto órfão de que havia entregue uma cópia a Lacan. Ao ler o boletim mensal da Escola, fiquei sabendo que um psicanalista, o Dr. Martin, anunciava o prosseguimento de seu seminário sobre "o dinheiro e a psicanálise" e que nesse ano ele consideraria a questão do trabalho humano. As reuniões aconteciam duas sextas-feiras por mês, à noite. Fui a ele. O público se resumia a alguns gatos pingados, e confesso que relativamente não entendi nada do discurso do conferencista. Adquiri, no entanto, o hábito de assisti-lo.

Esse Dr. Martin, com sua enorme cabeça totalmente careca e sua voz tão forte, não me era totalmente estranho. De vez em quando eu cruzava com ele na segunda-feira de tarde, na sala de espera da Rua de Lille. Ele morava em Montpellier e vinha a Paris duas vezes por mês para realizar seu seminário, mas também para encontrar Lacan. Certa noite, enchi-me de coragem e, após a sua conferência, abordei-o para falar-lhe de minhas próprias reflexões sobre a questão do trabalho e entregar-lhe uma cópia de minha monografia. Ele acolheu minha idéia de modo bem educado e prometeu ler meu texto.

Algumas semanas mais tarde, voltei, como a cada fim de semana e conforme nossas convenções, ao domicílio conjugal. A. informou-me então que um certo Dr. Martin havia telefonado e que desejava me encontrar. Deixara um número para o qual eu podia telefonar para falar com ele. O que fiz. Marcamos um encontro para a tarde do sábado seguinte no Café Bonaparte. Esse encontro me impressionava. Martin pertencia ao areópago da Escola e seu convite era uma importante marca de interesse. Meu trabalho o interessara, começou ele por me dizer, e propôs conceder-me um tempo, em seu seminário de sexta-feira à noite, para expor seu conteúdo.

"Você o fará quantas vezes desejar.

– Duas ou três exposições de uma meia hora devem bastar.

– A continuação de sua análise o ajudará a precisar a interpretação de suas observações".

Mais tarde descobrirei que essa fórmula *a continuação de sua análise* era uma pequena mania de linguagem do bom doutor. Cada um tem as suas. Mas eis que a nossa entrevista se prolonga e seu conteúdo muda. Logo se trata de um verdadeiro programa de estudo. Martin aconselhou-me ler, é claro, os textos de Freud e Lacan, o que, há anos, eu praticava. Depois, insistiu na importância da obra de Claude Lévi-Strauss e particularmente em sua *Antropologia estrutural*, em suas *Estruturas elementares do parentesco*, em *O cru e o cozido*, toda a sua obra enfim. O estudo dos trabalhos de Lévi-Strauss era indispensável à formação de um psicanalista, considerando meus interesses do momento. Outros autores figuravam nesse programa de leitura, filósofos, antropólogos.

Eu sabia que Lacan e Lévi-Strauss, após terem sido muito próximos, tinham em seguida rompido, por causa, diziam, do suicídio do aluno deste último, Lucien Sebbagh, pelo qual ele imputava uma certa responsabilidade a Lacan, ruptura que entristecia muito o psicanalista. No seio da Escola, os trabalhos de Lévi-Strauss continuavam a ser uma referência.

Essa entrevista, essa proposta de uma primeira tribuna, esses conselhos me proporcionaram muito reconforto. Atribuí a idéia apenas ao Dr. Martin enquanto membro eminente de uma estrutura que velava pelo percurso daqueles que ela formava.

O acaso quis que, dois dias mais tarde, uma tarde de segunda-feira, momento de minha sessão, Glória me fizesse ficar na biblioteca, pois a sala de espera estava cheia.

Alguns minutos transcorreram quando de repente ouvi a voz de estentor tão característica do Dr. Martin: "Vi *então* Haddad...", começou ele.

Ele mesmo tivera que aguardar na outra sala de espera. Ignorava, portanto, a minha presença na biblioteca. Ouvi então algo como um *sshh!* e o barulho da porta do consultório que se fechava. De repente, entendi. Então era a pedido de Lacan que Martin procurara me encontrar. Eu, que vivia tão miseravelmente meu *status* de analisando perdido na coorte daqueles que se amontoavam no nº 5 da Rua de Lille, eu descobria que Lacan, em geral tão distante, tão duro comigo, preocupava-se concretamente com a minha formação, intervinha discretamente junto a seus próximos para colocar algumas balizas em meu caminho. Fiquei abalado. Teria eu lhe enchido bastante a paciência, ao caro velho, com minhas queixas incessantes, minhas incessantes ameaças de parar a cura!

Quando fui admitido para minha sessão, alguns instantes após Martin, fingi não ter ouvido nada. Esse silêncio com certeza não enganou Lacan.

Intervim, portanto, três vezes no seminário de Martin. Depois de sua própria exposição, ele me deixava um tempo de fala de uma meia hora mais ou menos. A assistência era das mais reduzidas, quatro ou cinco pessoas persistindo em vir escutar o discurso esotérico de Martin. O trabalho de exposição teve seu efeito, o de me ajudar a ver mais claro minhas observações junto aos camponeses de Casamance, a saber, que o trabalho humano, em seu nível elementar, estava estruturado como o inconsciente com suas duas vertentes que Freud havia descrito, o deslocamento e a condensação, e que Lacan procurou transpor nas figuras lingüísticas da metonímia e da metáfora. *O trabalho humano está estruturado como uma linguagem.* O que devia ser meu último trabalho de agrônomo foi, decididamente, meu primeiro trabalho teórico no campo freudiano.

Em novembro de 1975, Pierre Martin foi encarregado da organização das jornadas de estudos da Escola na Maison de la Chimie. O tema principal era a psicopatia, mas também diferentes questões em torno de seu seminário, o dinheiro, o trabalho. Decidi lançar-me e propor uma comunicação sobre a minha reflexão.

Essas jornadas foram um meio fracasso, as propostas de intervenção raras, o público muito menos numeroso que de costume.

No momento da abertura, estando a grande sala ainda pouco ocupada, vivi uma estranha experiência. Lacan encontrava-se no estrado superior e, avistando-me, cumprimentou-me em voz alta. Eu estava sentado perto de uma amiga, Brigitte. Ao ouvir a voz de Lacan, virei-me para ver a pessoa a quem ele se dirigia.

"Mas é com você que ele está falando", disse-me Brigitte.

A idéia de que Lacan pudesse dirigir-se a mim num lugar público parecera-me totalmente irreal.

Feita a abertura, o público repartiu-se entre duas salas, o grande anfiteatro onde se realizavam os trabalhos sobre a psicopatia e a sala onde eu devia, entre outros, discorrer. Lacan ficou no grande anfiteatro, o que me aliviou. O tema da psicopatia provocou algumas tempestades violentas, o orador, de nome Lévi, foi até chamado de nazista.

De tarde, cruzei com Lacan na postura mais constrangedora possível, diante dos mictórios da Maison de la Chimie.

"Então, Haddad, como foi?

– Bem, acho.

– Não pude ir lá como desejava. Fiquei preso no grande anfiteatro...

– É, acho que um debate importante aconteceu lá...", gaguejei.

"– Um debate babaca, você quer dizer".

Dialogar assim com meu analista, que acabava de mijar e sacudia a braguilha, não era lá muito confortável. Era a primeira vez que eu lhe falava fora do contexto de minha análise e não houve muitas outras. Livrei-me o mais rápido que pude daquela curiosa troca.

No ano seguinte, tentei prolongar minha reflexão sobre o trabalho com um seminário que a Escola me autorizou a realizar em seu local. Os participantes que responderam a meu convite foram de qualidade. Conheci assim Maria Landau, Marie Balmary, Mund, Botvinik, para quem a questão do judaísmo foi tão ardente que o consumiu. Preparei cuidadosamente minhas exposições, que bati à máquina, e entreguei uma cópia a Lacan. Percebi nele como que uma decepção. Tendo lhe perguntado sua opinião sobre meus textos, recebi esta cortante observação:

"É modesto como tudo o que você faz – mas não é ruim".

O acento estava colocado, evidentemente, no "modesto", o resto atenuando o efeito de tapa da frase. Na verdade, eu não fora muito além de meu primeiro esboço, tendo por resultado uma falação à moda analítica de então. O programa de leitura que Pierre Martin me esboçara ficava de lado, embora eu tivesse conseguido a maioria das obras de Lévi-Strauss. Meus estudos em curso não me permitiam documentar-me seriamente. No fim desse ano, meu primeiro seminário parou. Outra questão começava a vertiginosamente me aspirar e meu trabalho sobre "o trabalho" para isso contribuiu, sobretudo através de meu diálogo com Botvinik.

Mas tenho de voltar um ano atrás, nesse momento em que encontrei Pierre Martin. Dessa vez, foi em minha balbuciante prática de analista que a tempestade estourou sem avisar. M.C., minha primeira analisanda, a moça bem jovem que sofria de uma anorexia grave, telefonou-me num domingo à noite atormentada por uma grande angústia.

"Estou com muita fome. Não como desde ontem. Tenho tanta vontade de comer...

– E por que não comeria? Falaremos disso amanhã".

Eu achava estar acertando no alvo. M.C. tinha fome, ia comer, estava curada, ou quase, de sua anorexia. Minha primeira cura, tão difícil, era um sucesso. Infelizmente!

Atendi-a no dia seguinte na primeira hora, antes de ir ao hospital para meu estágio de externo. Ela me olhava de modo estranho e fixo com seus grandes olhos verdes. Recusou deitar-se no divã. Depois, de repente, emitiu um grito horrível, interminável, antes de desabar inanimada sobre o tapete. O que estava acontecendo? Tinha ela se envenenado antes de vir? Telefonei para a sua casa. O pai atendeu. Informei-o da situação. Veio correndo ao meu consultório. Nesse meio tempo, M.C. se levantara. Ajudei-a a sentar-se. Ao ver o pai, foi em sua direção e, designando-me, disse estas palavras: "É ele!". Ouvi ali todo o desamparo do amor impossível de uma criança.

Lacan me ensinara, por sua própria prática, que, em período de crise, convinha ver o paciente todos os dias. O que fiz. O bom senso teria sem dúvida exigido que eu mandasse hospitalizar a minha paciente. Mas naqueles anos a psiquiatria tinha uma reputação execrável no meio psicanalítico. Aliás, como eu poderia ter praticado essa hospitalização que de qualquer modo M.C. teria recusado? Eu teria de renunciar às minhas prerrogativas.

Assim, marquei com ela, na frente do pai, um encontro para a manhã seguinte. Eu ignorava que ia descer um após o outro todos os círculos do inferno. M.C. inventava cada dia um horror novo: cortes profundos nos antebraços, engolir diante de mim um punhado de comprimidos. A anorexia revelava-se uma verdadeira psicose. No auge da crise, ela me apresentou com um riso louco seus dois olhos, cujo branco era apenas uma mancha de sangue. Tinha ela tentado furá-los?

Uma vez, em meu consultório, ela recusava ir embora. As sessões tornavam-se intermináveis, insuportáveis. Para romper esse *tête-à-tête* maléfico, eu pedira a A. para me telefonar de dez em dez minutos como se tivéssemos um encontro ao qual eu não podia faltar. A irrupção da campainha do telefone tinha valor de real e eu conseguia assim, depois de mais de uma hora, liberar-me desse enclausuramento. Essa ajuda aproximou-me de minha mulher. Num momento de crise, eu enfim só tinha a sua ajuda.

Recebi também, nessa prova, o apoio firme e benevolente de Lacan. Sim, eu podia agora enfrentar em todo o seu horror a loucura que antes me fizera fugir.

A semana terminou com um encontro marcado para a segunda-feira seguinte. Mas na tarde do sábado M.C. me chamou. Anunciou-me com uma voz muito calma que estava melhor, que a crise passara, mas que não viria mais me ver. Encontrar-me mexia demais com ela. Estava saindo para descansar uns dias no campo.

De fato, não a revi mais. Dez anos mais tarde, no entanto, arrumando notas, a lembrança de M.C. me voltou e senti o incontrolável desejo de ter notícias daquela que foi a minha primeira paciente. Telefonei e foi o pai que, mais uma vez, atendeu:

"Como é estranho que o senhor telefone hoje! M.C. está hospitalizada há algumas horas apenas no Sainte-Anne".

Há, às vezes, entre o paciente e seu analista um vínculo tão forte que seria possível evocar fenômenos parapsicológicos. Por que estranho mecanismo senti necessidade de chamá-la no dia de sua hospitalização? Simples acaso? De qualquer modo, era como se eu tivesse ouvido seu grito.

O que tinha acontecido durante todos esses anos? perguntei ao pai. M.C. retomara os estudos de arquitetura, obtivera o diploma, depois trabalhara. A cura não fora, portanto, sem efeito benéfico. Só que ela tivera uma recaída nesses últimos dias e fora preciso hospitalizá-la.

Eu conhecia o serviço onde ela fora admitida. Conversei com um psicólogo, J.A., que eu conhecia e que lá trabalhava. Era ele precisamente quem cuidava dela. Informou-me que, em seu delírio, M.C. pronunciava meu nome, o qual tinha uma vaga homofonia com o dele. Perguntei se podia visitá-la. Manifestaram-me um veto categórico. Os médicos, como os psicanalistas, costumam considerar seus pacientes como seu domínio reservado.

Algum tempo depois do desfecho da crise, no fim de uma sessão, Lacan me anunciou:

"Eu fiz com que o admitissem na Escola".

Insistiu no *Eu*. Esse reconhecimento, que me tocava profundamente, chegava no momento propício, não o da reivindicação que era a minha alguns meses antes, mas num só-depois que não suscitava nenhuma exaltação malsã. Ela simplesmente constatava um fato adquirido.

A notícia me foi confirmada por uma correspondência oficial do secretário da Escola. Um novo anuário estava em preparação e meu nome nele figuraria. Perguntaram-me que título devia acompanhar minhas coordenadas. Eu conhecia bem o anuário anterior, no qual cada nome era seguido de títulos universitários. Médicos e psiquiatras para a grande maioria, havia também numerosos psicólogos, ex-alunos da Escola Normal formados em filosofia ou em matemática e até um ex-aluno da Escola Central. Então, por que não ex-aluno de Grignon, o único título acadêmico de que eu podia então me prevalecer? Da secretaria telefonaram para pedir-me, constrangidos, a retirada da menção. Um caipira, numa assembléia tão distinta, pegava mal. Não insisti e contentei-me com a vaga menção, como um falso nariz, de psicoterapeuta.

*

Minha vida de recluso em meu consultório da Rua Mayet não trazia nenhum dos efeitos esperados. Meu humor era dos mais sombrios, minha clientela não só não aumentara, mas parecia, ao contrário, a ponto de se extinguir. Na verdade, eu sentia falta de A., bem como da algazarra cheia de vida de meus filhos. A dura prova que eu acabava de atravessar nos havia aproximado. Decidi, então, voltar a viver como eles. Meu horário nem por isso ficou simplificado. Dali por diante eu devia percorrer Paris e sua periferia sem cessar, de uma ponta a outra: morar em Maisons-Alfort, continuar os estudos no Hospital Saint-Antoine, atender meus últimos clientes na Rua Mayet, ir a Garges-lès-Gonesse no consultório de meu irmão onde eu dava consulta para crianças... Era evidente que eu não podia mais viver dispersado por muito tempo.

Alguns dias mais tarde, meu filho mais velho me fez uma declaração, que eu nunca teria imaginado, e que ia fazer tudo mudar:

"Tenho doze anos. Logo terei treze. É a idade da *bar mitzva* para um jovem judeu. Quando é que você pretende preparar a minha?

– De onde saiu esta história de *bar mitzva*? Somos ateus, marxistas, não praticamos nenhuma religião.

– Pois bem, meu avô me disse que ele mesmo iria cuidar disso".

O golpe vinha então de meu pai. Essa intervenção em minha vida familiar, já tão complicada, sem eu saber, provocou em mim um vento de cólera. Eu continuava me considerando, embora tivesse deixado o Partido, um marxista ateu, sem ter realmente pensado a fundo no sentido e no alcance dessa posição. Aliás, não era a primeira vez que eu tropeçava na questão religiosa, sempre através dos meus filhos. Alguns meses antes, numa noite em que eu acreditava meu pequeno mundo já adormecido, surpreendi meu filho mais novo de joelhos em minha cama, virado para a parede, numa evidente atitude de prece. "O que você está fazendo aí?

– Estou rezando por você, papai, para que Deus o perdoe.

– Mas por quê?

– Porque é um pecado grande não crer em Deus".

Um colega de escola o tinha, numa única palavra, catequizado. Mas como entender tal influência se a questão religiosa nunca atormentara a sua alma de criança? Despejei-lhe então o habitual refrão sobre as nossas opiniões, de sua mãe e a minha, nossa rejeição de todas essas superstições. Ele me respondeu que nem por isso deixaria de dizer as suas preces noturnas.

Na hora, eu fervia de raiva contra meu pai, que não perdia uma oportunidade para minar minha autoridade vacilante em relação a meus filhos. Entre uma aula e outra no anfiteatro, fui à agência de correios mais próxima para telefonar-lhe e exprimir-lhe sem meias palavras meu furor. Como sempre, ele levou a coisa muito mal. Ninguém na família jamais ousava enfrentar aquele perfeito tirano doméstico, seus berros, e eu mesmo de hábito não agia de outro modo, preferindo a ruptura ao confronto. Dessa vez, no entanto, agüentei firme. Deixamo-nos muito zangados, uma vez mais.

Fui para a sessão pouco depois e, é claro, relatei o episódio. Lacan me felicitou. Enfrentar o pai tirânico, não a sua lei, mas seu perpétuo capricho narcísico, aliviava o grilhão que eu arrastava.

"Você estava totalmente certo".

Uma sessão decisiva como essa, em que meu destino girou, não durou mais que dois ou três minutos. Nesse breve instante, eu estava longe de prever o que viria depois, e esse depois caiu-me por cima no momento mesmo em que eu deixava o consultório de Lacan. Algo mudou, vi-me invadido por uma decisão imperiosa, daquelas que não deixam ao sujeito outra escolha a não ser a aceitação forçada: essa *bar mitzva* de meus filhos, cabia a mim e a ninguém mais fazê-la, e eu tinha de fazê-la, categoricamente.

O que se passara no mais profundo do meu ser nesses poucos segundos? Algo como o assassinato simbólico do pai imaginário, animal, e sobre os despojos ainda quentes o surgimento imediato da instância da Lei.

Não havia mais em mim nem dúvida, nem hesitação, nem tergiversação. Ao voltar para casa, anunciei a minha decisão a A. Sua reação foi glacial. A idéia a desagradava totalmente.

"São as crianças que querem essa *bar mitzva*, e não vou me furtar a isso.

– Evidentemente, são tentados com presentes, uma festa...

– Uma festa, por que não? Mas não creio que seja a principal motivação deles.

– Enfim, já que você faz tanta questão...".

Eu me via de novo diante da inércia que era a sua arma mais eficaz, a mais desanimadora. Minha dor conjugal, além da síndrome de Solal já sublinhada, era mantida por essa inércia que bloqueava qualquer movimento e que encontrava sua expressão mais insuportável na contradição sistemática. O julgamento mais trivial, o mais anódino que eu podia ter sobre um fato qualquer, tinha fortes chances de provocar imediatamente, antes mesmo de qualquer exame, sua refutação. Ora, desde que ela começara sua análise com Melman, esse traço desagradável de sua personalidade se arredondara e nossas relações tinham encontrado prazer.

Nesse dia, a frieza dela não me tocou nem um pouco.

No dia seguinte, como a cada dia, fui para a minha sessão. Como Lacan ia tomar a minha decisão, tão inesperada, de levar meus filhos à consagração religiosa? Isto deve estar claro e sublinhado: à exceção notável e justificável da escolha do momento para começar a atender pacientes, eu nunca perguntei a Lacan que conduta eu devia ter ou que decisão tomar. Eu sabia que estas só podiam ser as minhas próprias, inteira e exclusivamente. Essa decisão tomada, eu lhe falava dela e ele a aprovava ou não. Mas ele costumava guardar absoluta neutralidade. Eu estava esperando nesse dia ou uma atitude muito reservada, antes hostil, ou uma perfeita neutralidade. Para minha grande surpresa, ouvindo o que eu dizia, Lacan manifestou uma espécie de entusiasmo.

"É formidável!".

E apertou-me longamente a mão para sublinhar a importância do momento. A partir desse dia, o judaísmo deixará de ser para mim uma longínqua referência para se tornar um dado concreto da minha existência, de conseqüências determinantes. O que começava a surgir ali era a paixão que foi a minha, na infância, pelo judaísmo, por seus escritos. Lacan, o *gói*, foi quem soube acolher e deixar brotar esse amor de juventude furiosamente recalcado, a questão paterna em todo o seu enigma, minha fascinação pelo véu do Santuário.

Contei a A. a surpreendente reação de Lacan, e ela, é claro, ficou impressionada. Alguns dias mais tarde, pareceu aceitar melhor a minha decisão. Ela havia seguramente entendido, *a posteriori*, o alcance simbólico e a vantagem para nossos filhos desorientados. Como não estar fascinado até a vertigem por esse amor materno, aparentemente sem limites, e cuja impressão eu podia observar na conduta de minha mulher com os filhos? "Dar o que não se tem" tinha para ela um sentido inteiramente concreto.

Essa decisão que ela endossava escondia uma tragédia secreta que minha cegueira masculina recusava ver. Nascida numa dessas famílias italianas de curioso sincretismo stalino-católico, a judaização de nossos filhos abria uma dolorosa crise, uma ruptura com a família. Mas ela aceitou.

Falou, é claro, de toda essa confusão com Melman, seu analista, estando entendido para ela que a via estava traçada e o problema resolvido. Qual não foi a sua surpresa, no fim da sessão, ao ouvir dizer:

"A propósito da *bar mitzva* de seus filhos, vou pensar e lhe direi o que acho disso daqui a algum tempo".

Duas semanas mais tarde, de fato, embora A. estivesse lhe falando de um coisa completamente diferente, Melman lhe disse ao final da sessão:

"Como lhe prometi, pensei. Sua primeira reação me parece ter sido a boa. Certo, você agirá como bem entender...".

Seguia a lamentável conversinha enrolada pseudo-psicanalítica daquele que se esconde diante dos estragos de seu ato. A primeira reação de A. foi, lembremos, negativa, e é essa posição, portanto, que ele acabava de relançar, desprezando ao mesmo tempo a minha decisão.

Relatando-me essa conversa, minha mulher declarou-me o quanto ela a havia incomodado. O que é que ele está fazendo, ela pensava, embora nada tivesse pedido. Não era mais psicanálise, mas direção eclesiástica de consciência, o que se tornará uma especialidade de Melman, como pude várias vezes observar.

Uma cólera terrível me invadiu. Eu, que não havia tolerado a intromissão de meu pai, ia aceitar a de um estranho? O que seria dali por diante a minha fala, esse doloroso e desconfortável desejo que eu procurava reencontrar e manter?

"Continuar a sua análise com Melman não é mais tolerável. Ele infringiu sua função". A., como sempre, teria preferido botar panos quentes, prosseguir sem levar em conta aquela opinião. Mas eu sentia que um perigo inútil ia dali por diante pairar sobre a minha estrada e que convinha eliminá-lo. A. telefonou a Melman para anunciar-lhe que não voltaria mais. Ela ouviu sua voz furiosa, antes de desligar secamente:

"Espero-a amanhã, como previsto".

Eis agora que ele dava ordens manejando uma espada de madeira. Fui eu que, no dia seguinte, encontrei em minha sessão um Lacan manifestamente irritado. Com certeza o telefone havia funcionado. Acabrunhado, nem me ofendi.

"Então, o que está acontecendo?".

Falei-lhe de novo da *bar mitzva* de meus filhos.

"Mas eu o apoiei em sua decisão.

– O senhor sim, mas Melman...".

E contei-lhe o que minha mulher me dissera.

"Com que direito ele fez isso?".

Meu testemunho manifestamente o surpreendera.

"Sei lá", disse-lhe, não sem insolência, "o senhor o encontra com mais freqüência que eu. Pergunte-lhe quando tiver oportunidade".

Agora, Lacan parecia acabrunhado. Apertou-me amigavelmente a mão. No conflito que acabava de me opor a um de seus alunos mais próximos, é o meu partido que ele tomava. Com certeza, meu testemunho convergia com outros sobre a inquietante evolução deste, sobre seu gosto pelo poder e pela manipulação. Desse período data provavelmente a deterioração de suas relações que vão se agravar até a explosão final.

Uma outra peripécia, aparentemente anódina, ia acelerar a minha evolução e a minha volta ao judaísmo. Aconteceu no seminário de Lacan.

Este mergulhava de novo nesta questão que o preocupava tanto, a dos números, de sua geração a partir do *Um*. Evocava com freqüência os nomes de Frege, de Cantor. Nesse dia, o triângulo aritmético de Pascal recebia as atenções. Ele escreveu no quadro suas primeiras linhas:

$$\begin{array}{ccccccc} & & & 1 & & & \\ & & 1 & & 1 & & \\ & 1 & & 2 & & 1 & \\ 1 & & 3 & & 3 & & 1 \end{array}$$

Em seguida, pôs-se a soletrar os números que acabava de inscrever: um, um e um, um e dois...

De repente, o sentimento de estranheza que acompanha a volta inesperada de lembranças totalmente esquecidas me invadiu. Tratava-se, dessa vez, de uma lembrança renegada, nos últimos calores do outono tunisiano. Ainda procuro resistir à dor do jejum que me torce o estômago, quando o oficiante começa a salmodiar, repetindo várias vezes estas palavras aparentemente vazias de sentido: *ehad, ehad ve ehad, ehad ve chtaïm*... um, um e um, um e dois... Eu ignorava então o sentido dessa litania. Logo ficaria sabendo que ela pertencia ao rito sacrificial praticado nesse dia pelo grande sacerdote. Este, após ter sacrificado o animal designado, retirava seu sangue e aspergia com ele a *Parokhet*, o famoso véu do Santuário, num modo bem preciso: uma aspersão em cima do véu seguida de uma embaixo, depois uma aspersão no alto e duas embaixo e assim por diante até o número sete.

Essas aspersões eram repetidas várias vezes com o sangue de diferentes animais sacrificados. Eu entendia enfim, através do triângulo de Pascal, o sentido desse rito antigo, o mais solene da cerimônia mais séria do judaísmo, o *Yom Kippur*. Tratava-se do mistério da geração dos números[1].

Havia mais ou menos vinte anos que eu não passava pela porta de uma sinagoga e de repente senti o desejo de obter um ritual das preces do Kippur para encontrar *esse texto* que soava em minha memória sua imperiosa lembrança. Fora ele talvez que estruturara em meu inconsciente a fantasia que me conduzira, feito um sonâmbulo, a Lacan, para pousar em seu consultório esse olhar dirigido para o véu do Santuário.

Estávamos no mês de junho e meu aniversário estava próximo. Meu pai perguntou-me então o que eu desejava de presente de aniversário. Desde o dia em que eu decidira que meus filhos teriam sua *bar mitzva*, nossas relações tinham retomado seu curso normal, com sua alternância de violentos conflitos e de reconciliações. Pedi-lhe uma Bíblia hebraica bilíngüe e um *Mahzor*, o ritual das preces de Kippur. Meu pedido o surpreendeu.

“Eu gostaria de encontrar esse texto... sabe... *ehad ve ehad*, um e um...

– Acabam de publicar uma edição bilíngüe do *Mahzor*...

– É esse livro que eu quero”.

---

[1] Como me fará notar mais tarde François Rouan, a operação parece com o *dripping* praticado pelos pintores modernos e, em particular, Pollock. A pintura contemporânea teria assim encontrado o caminho dessa busca do Um?

Freud de fato ganhara, tardiamente, uma Bíblia de presente do pai. Na minha vez, também pedi uma ao meu. Meu ato tinha essa vantagem sobre o de Freud, é que era eu quem reclamava essa Bíblia.

Meu pai logo me deu as duas preciosas obras que eu lhe havia pedido às quais acrescentou uma terceira, uma *Haggadah de Pessah*[2] estabelecida e abundantemente comentada por um rabino tunisiano. Há mais de dez anos que eu não segurava nas mãos, ainda menos lera, um livro escrito em hebreu, esses livros que na infância eram meus companheiros familiares, que eu podia ler com grande facilidade quase sempre sem entender patavina. Qual não foi a minha reação no momento? Emoção? Não, a volta do recalcado costuma vir acompanhada de estranheza, de embaraço, o *unheimlich* freudiano.

Eu pensava ter esquecido tudo. No entanto, ao fim de alguns instantes, consegui decifrar a letra hebraica e encontrar esse texto que dali por diante eu chamava "prece do triângulo de Pascal". Foi uma pequena decepção, pois essa edição não trazia ao lado, por não sei qual obscura razão, a tradução da passagem. Mas, decididamente, é preciso ser um grande hebraizante para decifrar esses poucos nomes de números, estes mesmos que marcavam minha volta definitiva ao texto hebraico.

Contei a Lacan todas essas peripécias que me agitavam até o mais fundo do meu ser, a prece de Kippur, o *Mahzor* que eu havia pedido a meu pai.

"Você pode me emprestar esse livro?

– Está faltando a tradução francesa na passagem de que lhe falo.

– Eu me viro razoavelmente em hebreu".

Ele ficou com o meu livro durante vários meses e tive que pedi-lo de volta.

Várias vezes, ao longo de seu seminário, Lacan afirmou que não conhecia o hebreu. Meu testemunho, ao lado de outros, anula essa declaração à qual voltarei quando abordar as relações misteriosas que Lacan mantinha com o judaísmo. No entanto, vou dar já dois outros testemunhos que confirmam o meu. Um amigo, paciente não judeu de Lacan,

---

2 O livro que se lê na véspera de Pessah, a Páscoa judia.

perguntou-lhe um dia em que tradução o aconselhava a ler a Bíblia. A resposta deixou-o mudo:

"É melhor lê-la em hebreu".

Um outro amigo, Alex Derczanski, contou-me ter, no início dos anos 60, cruzado com Lacan na Escola de Línguas Orientais, na Rua de Lille precisamente, em conversa com o bibliotecário, Emmanuel Raïss. Vinha pegar emprestado o dicionário talmúdico Jastrow. Essa obra só é utilizável por alguém já relativamente versado nos textos hebraicos.

Enquanto isso, despertava em mim um desejo cada vez mais vivo de voltar ao estudo dos textos hebraicos há tanto tempo abandonados e dos quais, de resto, eu nunca tivera nenhum conhecimento bem sério. Eu muito jovem aprendera a ler com facilidade um texto hebraico, sem compreender, longe disso, a significação do texto lido. Meu saber atual na matéria, por fragmentar e lacunar que fosse, mas não desprovido de consistência, deve, portanto, ser considerado um produto de minha análise.

Tinha também de iniciar meus filhos nesses textos, encontrar para eles um rabino que os prepararia para a *bar mitzva*. Nesse retorno nostálgico de memória, voltou-me a figura de meu velho mestre de hebreu, o rabino Mordekhaï Koskas. Sua retidão, tanto moral quanto física, a afeição fiel que ele guardara por mim, com certeza me apoiaram em meus anos de errância. Ele costumava pedir notícias minhas a meus pais, que lhe respondiam suspirando:

"Ah! se o senhor soubesse...".

E ele sempre tinha esta resposta de uma infinita indulgência:

"Meu filho" – é assim que ele me chamava – "não pode nunca fazer o mal. Ele está em busca...".

Estava agora centenário, mas a mente sempre clara. Nos aspectos por momentos pueris de "minha busca do tempo perdido", tive por um momento o desejo de confiar-lhes meus filhos, que lhes inculcasse um pouco dessa retidão que eu admirava.

Tive então este sonho. Achava-me, numa atitude grotesca, infantil, no colo de meu rabino. Entendi, ao lado de outros aspectos, a chamada à ordem que ele continha. Minha regressão tópica não devia degenerar em criancice. Era preciso viver o tempo presente. Eu tinha, portanto, que encontrar um rabino para meus filhos. Aliás, alguns meses mais tarde, o querido ancião morreu. Não o chorei, e seu desaparecimento não me tocou de imediato. Talvez seja essa tristeza escondida, e tantas outras que eu não soube enfrentar no desaparecimento daqueles que encarnaram para mim autenticamente a fé judaica, que estourou numa terrível dor anos mais tarde, quando morreu meu último mestre, Yeshayahou Leibowitz, esse homem de Deus.

As preocupações financeiras, como uma cólica que se acalma por momentos e depois volta a nos torcer as tripas, estavam presentes, de novo. A pequena soma retirada da venda do consultório permitira-me sobreviver durante um ano. Dessa vez, eu havia esgotado todo o meu patrimônio. Lacan não encontrara nada de melhor para fazer nesse meio tempo do que aumentar o preço de minhas sessões. Eu precisava agora desembolsar, dia após dia, cento e cinqüenta francos. Eu precisava, ainda e sempre, ou encontrar dinheiro ou diminuir as despesas.

Meu irmão psiquiatra anunciou-me então que comprara um apartamento em Garges e queria fazer dele um pequeno centro médico. Propôs-me desenvolver lá minha esquelética atividade, sem nem mesmo me pedir para participar das despesas do centro. Ia eu aceitar essa oferta generosa, deixar Paris, seus belos bairros, por aquela periferia ingrata onde, até então, nenhum psicanalista pensara em se instalar? Economizaria, assim, o aluguel do consultório.

Minhas relações com esse irmão eram, desde a infância, bem complexas. Elas participavam ativamente do núcleo de nossas duas neuroses. Não só recusei, como, com um pretexto fútil, uma frase recebida por mim como uma ofensa, discutimos.

Os dias se passaram, o ano universitário acabava de se encerrar e eu passara para o quinto ano. Almocei num sábado na casa de meus pais quando meu pai me informou que a Caixa de Depósitos e Consignação acabava de terminar novos imóveis, mais para luxuosos, na periferia de Sarcelles e que os alugava a um preço dos mais módicos, nem mesmo o que eu pagava em Maisons-Alfort. Eu não perdia nada visitando. O dia estava bonito, ensolarado, a refeição materna copiosa como sempre. Um passeio serviria para nos desenferrujar as pernas. A nova Avenida du 8-Mai com seus prédios tinindo de novos tinha bom aspecto. As periferias da região ainda não conheciam graves problemas de delinqüência. Mostraram-nos um apartamento bem bonito, vasto, jamais habitado. Fiquei seduzido. Rapidamente entendi todas as vantagens da situação. Eu logo descobriria que meu inconsciente as havia calculado bem além do que eu podia imaginar. A proximidade de meus pais, o apoio deles, fornecia-me o ambiente necessário para levar a cabo a *bar mitzva* de meus filhos, projeto que assumira, ao meu ver, uma dimensão metafísica e no qual eu estava totalmente engajado.

Com a concordância de A., assinei imediatamente o contrato de locação. Meu pai morria de alegria. Eu não só moraria ali, como minha briga com meu irmão apareceu-me de repente em toda a sua puerilidade. Decidi aceitar a sua proposta: eu transferia meu consultório parisiense para o seu centro. Esse reviramento como sempre se fez na travessia de uma crise, uma violenta recusa desfazendo-se na alegria de uma aceitação, o alívio do fim de uma mordida.

O esforço que eu fiz nesse dia, essa renúncia a panos inteiros de meu narcisismo estéril e de meu ciúme fraterno era imensa. As conseqüências dessa escolha de domicílio foram consideráveis.

Fiz em sessão o relato detalhado de todas essas peripécias. Cheguei, enfim, à minha aceitação de colaborar com meu irmão, encontrando-me eu mesmo, mais velho da família, numa posição pouco gloriosa. Eu via ali, senão o desaparecimento, pelo menos a possibilidade de superar a rivalidade fraterna, tão cheia de ódio e de destruição, do outro e de si mesmo. Nesse momento, Lacan pulou da poltrona. Parecia muito emocionado, transtornado mesmo. Eu nunca o vira nesse estado.

"Formidável", repetia segurando a minha mão, "estou realmente muito contente".

Nesse dia, algo da feia face deformada da neurose obsessiva, até mesmo de minhas tendências à paranóia, tinha definitivamente caído.

Informei M.C., com quem eu dividia o consultório da Rua Mayet, de minhas decisões. Ela mesma tinha outros projetos. Rescindi meus dois contratos de locação e informei meus dois últimos pacientes do novo endereço que seria o meu na volta das férias. M. aceitou seguir-me.

*

A análise, há meses, tinha provocado em mim uma dolorosa saudade de meu país natal, a Tunísia. Eu não parava de sonhar com suas praias, sua doçura de viver, as ruas de Túnis, todas as pequenas coisas que haviam feito a minha infância. *A odisséia* fala do inesquecível país dos lotófagos onde Ulisses pára. Segundo uma tradição tunisiana, esse país era precisamente a Tunísia e eu sentia na carne a verdade dessa tradição. Algo de minha dor neurótica lá mergulhava também suas raízes. Eu ignorava, por algum tempo ainda, que essa saudade recobrisse a da mãe, que tomasse o seu lugar. Quantas vezes, no divã, eu havia denunciado a inanidade da afirmação freudiana, a de uma libido *pro matrem*! Essa libido que eu procurava às cegas, o grande segredo edipiano que me entregaria a chave de meu ser, tinha, em grande parte, tomado o disfarce dessa saudade.

Meu pai, inconsolável com a perda de seu Mediterrâneo, e que há várias estações retomara o caminho de sua Tunísia, propôs-me que o acompanhasse. Ele estava alugando em Kram, balneário não longe de Túnis, uma pequena casa. Aceitei com alegria. Depois de treze anos de ausência, eu voltava à Tunísia. Encontrei em Marselha o barco com perfume de férias, que eu tantas vezes pegara antigamente, antes do arrancamento.

Tal decisão não se revelou particularmente feliz. A Tunísia da minha infância transformara-se profundamente e não encontrei mais nenhum rosto conhecido. O país atravessava também um período difícil de retraimento e de angústia. Pouco a pouco, senti infiltrar-se em mim a mesma melancolia que atingira meu pai em sua primeira estada. Além disso, na promiscuidade daquela casa desconfortável, minhas relações com ele tornaram-se de novo difíceis. Voltei dessas férias amargo e desanimado, acreditando ter riscado definitivamente de minha vida uma saudade fora de estação. A Tunísia pareceu-me pertencer a um passado morto. Quantas impressões assim revelam-se falsas, de uma vez por todas! Édipo ou não, o país natal continua sendo inesquecível. Reencontrarei minha Tunísia vinte anos mais tarde, depois de ter cumprido várias revoluções mentais, pela graça de um colóquio em Cartago, onde pude reatar alguns fios. Desta vez, de verdade, algo da minha dor, filho de uma recusa de amor, se acalmou.

Minha conversão

A volta à Tunísia deixou-me um gosto amargo. Retomei meu posto de externo com seus esgotantes plantões noturnos no Hospital Trousseau. Eu escolhera para segundo estágio o serviço de cirurgia infantil notavelmente dirigido pelo Prof. Gruner, que a doença ia cedo demais levar. Eu não queria responder a esta definição do psiquiatra: um médico judeu que tem medo de sangue. Ocupei meu lugar no bloco operatório, nas urgências, durante várias semanas, cortei, cosi, engessei sem emoção particular, tentando fazer o melhor e familiarizar-me com todas as armas possíveis da arte médica.

Acabado esse estágio, escolhi iniciar-me, enfim, na psiquiatria, no serviço do Prof. Alby, que será, meses mais tarde, meu benevolente orientador de tese. Ao mesmo tempo, prestei meus exames sem grande brio, mas sem nunca tropeçar. Apenas por duas vezes foi preciso recuperar em setembro uma nota insuficiente.

Minha passagem por esse serviço de psiquiatria não foi de todo confortável. Eu não conseguia admitir meu doloroso estatuto de simples estudante. Mostrava, pois, sob a forma da provocação, num meio onde essas idéias eram pouco apreciadas, minha posição "lacaniana". Esta me permitiu, entretanto, obter um dia um pequeno sucesso, uma pequena desforra.

Certa manhã, fiquei sabendo no serviço que acabavam de nele admitir um travesti. A polícia o recolhera no *Bois de Vincennes* em grande estado de agitação e o conduzira a nosso serviço de urgência.

"Se você conseguir arrancar dele alguma coisa, tiro o chapéu!", disse-me educadamente o interno. "Ninguém conseguiu arrancar dele uma única palavra. No entanto, ele parece estar bem. Exame somático normal".

Veio-me então à memória uma cena de que fui testemunha na biblioteca de Lacan, durante uma daquelas intermináveis esperas que ele me infligia. (Maravilhosas esperas, *a posteriori*, em que aprendi uma boa parte do meu ofício). Um rapaz esperava comportado sua vez. Seu aspecto era muito efeminado e levei alguns instantes antes de estar seguro de que se tratava mesmo de um homem. Lacan logo apareceu e lhe estendeu a mão.

"Venha, *minha* cara!", disse-lhe.

Ele havia imperceptivelmente enfatizado a palavra *minha** . Fiquei surpreso e meio emocionado por observar que ele se dirigia a um ser do sexo masculino empregando o feminino. Aprendi, assim, que a única esperança para deslocar o discurso de um sujeito era nele entrar, aceitá-lo tal como acontecia...

Entrei, então, no quarto de meu doente. Ele se deitara de novo e subira o lençol até os olhos. Só ficava de fora um tufo de cabelos oxigenados. Enchendo-me de coragem, lancei um sonoro:

"Como vai, *minha* cara!".

Alguns segundos se passaram. Depois uma voz emergiu das cobertas:

"Vou bem melhor, doutor!".

O gelo estava quebrado. O jovem se endireitou na cama. Conversamos, entre outras coisas, de seu "trabalho" em Vincennes, que ia muito bem. Mas ele não agüentava mais. Os perversos costumam ter depressões terríveis. Pude preencher por completo o prontuário. Alguns instantes mais tarde eu o entregava ao interno embasbacado.

"Aí está a sua anamnese".

Eu soube ter um triunfo modesto.

"É preciso entrar no discurso do sujeito e não lhe impor o nosso".

*

Mas a minha vida, nesse ano, estava sendo jogada em outra parte, na cena familiar como sempre. Eu havia mudado para Sarcelles, e era nesse

---

* A notar que, em francês, só o emprego do possessivo no feminino é que vai indicar o gênero (NT).

lugar que ia se tecer minha nova vida. Meu irmão, que me acolheu em seu consultório, nisso teve um papel importante. Ajudou-me a desenvolver minha clientela e, sobretudo, graças a seus vínculos estreitos com o importante meio rabínico da cidade, permitiu-me levar a cabo meus dois projetos, a *bar mitzva* de meus filhos por um lado, minha formação na literatura religiosa por outro. Eu queria que essas coisas se passassem dentro da mais estrita ortodoxia religiosa. As coisas evidentemente teriam sido mais fáceis se eu me tivesse dirigido a uma das comunidades judias liberais de Paris. Mas eu não queria, como sempre, como para o meu engajamento político ou a minha formação de analista, fazer as coisas pela metade e arriscar mais tarde suportar objeções humilhantes.

Um boato estava então circulando, o de uma influência desconhecida do judaísmo no aparecimento da psicanálise. Um livro de David Bakan, inspirado pelos trabalhos de Gershom Scholem sobre a mística judia, sustentando que a Cabala tinha influenciado Freud, conhecia um certo sucesso. Cabala, esoterismo, são muitos os assuntos que podem fazer sonhar mentes frágeis, abandonadas como a minha. Para responder a todas essas perguntas, meu irmão propôs-me encontrar um de seus amigos rabinos, Abraham E.H. Esse encontro devia evitar-me muitas errâncias.

"O que você gostaria de estudar?", perguntou-me o rabino alisando a barba.

"– O Zohar, a Cabala.

– Você então domina bem o hebreu, nossos grandes textos? E conhece o Talmude, evidentemente".

O erudito tinha dificuldades para esconder sua ironia. Evidentemente, eu ignorava totalmente todas essas coisas. Mas essa ignorância alimentava o meu desprezo pelo Talmude, essa grande confusão de textos empoeirados e sem interesse.

"Por que um julgamento tão negativo? Você estudou, leu ao menos uma página?".

Eu só podia confessar minha radical ignorância: eu jamais abrira um tratado de Talmude.

"Afinal, você não pode dizer de um fruto que você nunca comeu que ele tem um gosto ruim. Saiba que o Talmude é o fundamento de todo o judaísmo, inclusive da Cabala. Olhe só! Estou dando um curso de Talmude na sinagoga aos sábados de tarde. Faça uma experiência. Ah! o assunto que estou tratando nesse momento vai com certeza interessá-lo pouco. Mas mais tarde lhe mostrarei textos que podem interessar um psicanalista".

Meu rabino com certeza estava pensando em textos sobre a sexualidade, que supostamente era o alfa e o ômega dos interesses freudianos.

Com relação a meus filhos, convidou-me para inscrevê-los no domingo seguinte em aulas de preparação à *bar mitzva*.

No sábado seguinte, muito constrangido, atravessei após tantos anos a porta de uma sinagoga. Talvez os grandes avanços se façam assim, para trás. Eu me dispunha a escutar a aula, depois sumir a fim de evitar o ofício que acontecia pouco depois. Aceitava aprender os textos do judaísmo, mas a preço algum tornar-me praticante.

Essa primeira aula proporcionou-me uma das mais fortes emoções intelectuais da minha existência. De que falava o rabino? De uma carta perdida na via pública[1]. Que conduta devia adotar aquele que a encontrasse? Devolvê-la ao expedidor ou a seu destinatário? O texto talmúdico discorria sobre isso ao longo de umas quinze páginas densas.

"Mas por que", perguntou um ouvinte, "é tão complicado?

– Porque uma carta encontrada na via pública", respondeu o rabino, "é, por essência, altamente suspeita".

Não se podia dizer melhor, nem ser mais lacaniano. Eu mal saía de uma leitura do texto sobre *A carta roubada* de Edgar Allan Poe. Essa carta [em francês *lettre*] perdida, letra de câmbio e de dívida no caso, era ainda mais perturbadora. Foi amor à primeira vista pelo Talmude.

Mas não me saiu barato. Depois da aula, não houve meio de fugir do ofício. A cortesia me impedia. Reencontrei, com uma emoção que eu recusava, as palavras semi-apagadas da prece judia.

Na segunda-feira seguinte, relatei a Lacan a minha descoberta e a tempestade que ela suscitava em mim. Ele apurou o ouvido, fez-me uma pergunta. Eu percebia que, nas entrelinhas, um diálogo sobre essa questão se estabelecia entre nós, sem imediatamente medir-lhe o alcance, para ele como para mim.

---

[1] Tratado *Baba metzia*, cap. 1, 3e michna.

Tive a confirmação disso ao ler o texto *Radiofonia*, que eu possuía desde que fora publicado dois anos antes, e no qual eu não conseguia mergulhar. O tempo dessa leitura tinha enfim soado. Nela descobri, com grande surpresa, a aproximação que Lacan lá fazia entre o *Midrash* judeu e a interpretação em psicanálise. Ninguém antes dele havia ousado esse paralelo. Quanto a mim, eu ignorava até a existência da palavra *midrash* e mais ainda sua significação. Aproveitei minha nova relação com o rabino Abraham E.H. para instruir-me e descobrir o imenso e fascinante universo textual que se abria diante de mim. De certa maneira, o Talmude pertence ao corpus do *Midrash*. Mais tarde, quando as Edições Desclée de Brouwer me propuseram dirigir uma coleção de livros sobre o judaísmo, lembrei-me dessa palavra mágica em que meu passado e meu futuro de psicanalista, pela graça de Lacan, vieram se conjugar. Dei à minha coleção esse nome de "Midrash", precisamente em homenagem a Lacan.

Parece-me notável que Lacan, em busca de uma influência do judaísmo no pensamento de Freud, não tenha errado do lado da Cabala, do esoterismo. Se um efeito judaico existe na psicanálise, ele se deve à própria estrutura do discurso, ao *Midrash* portanto, e é ele que convém interrogar.

Foi o início de uma verdadeira subversão. Como um rio na cheia, ele levava irresistivelmente tudo o que entravava sua corrida. Toda vez que a ocasião se apresentava, fala de um rabino, publicação de uma obra, eu ia correndo ciscar umas migalhas de saber, para estancar uma sede nova e ardente, com a exaltação que necessariamente acompanha o processo psíquico de conversão. Lacan vai se esforçar em contê-lo, embora me deixe livre para percorrer até o fim o caminho que se abria.

A conversão não é um fenômeno puramente intelectual. Sabe-se que ela vem acompanhada ao extremo do aparecimento de estigmas físicos. Os meus serão mais discretos que os de Santa Teresa de Ávila, filha de marranos. No início vão ser gastronômicos. Convertido há lustros à cozinha européia ou exótica, chinesa ou indiana, eis que despertou em mim a saudade da cozinha judia, tunisiana por certo, mas também asquenaze. Comecei a freqüentar os restaurantes da Rua Richer assim como os da Rua des Rosiers. Era apenas uma primeira etapa. Logo pedi à minha mulher para não comprar mais carne de porco e outras espécies proibidas. Finalmente, convidei-a a não comprar mais carne fora dos açougues *casher*. Este último pedido irritou-a profundamente. Resistiu. Dei mil argumentos, aparentemente razoáveis, a possibilidade de convidar os meus pais, doravante nossos vizinhos, para comer em casa. Na verdade, pouco a pouco, à minha maneira, eu me tornava um judeu praticante. A., esta, fechava-se cada vez mais. Há alguns meses, a evolução das coisas a desagradava, a atingia no mais fundo de seu ser. Até onde iríamos?

Lembro-me do fim de semana que passamos em Etretat. Serviram-nos ostras. Desde a minha estada no Liceu Montaigne de Bordeaux que eu adorava frutos do mar e em particular ostras.

"Aproveite bem essas conchas", disse eu a A. "São as últimas que comemos.

– Não estou nem aí para frutos do mar. Sempre detestei isso, e foi você quem insistiu para que eu comesse. É o resto que não me agrada".

Eu acreditava estar brincando. No entanto, essa frase se afigurou profética. Desde então, há vinte e cinco anos já, nunca mais toquei numa concha nem em nenhuma espécie proibida. Essa estranha evolução vai mais tarde me inspirar a tese exposta em *Comer o Livro*.

A réplica de A. anunciava que estávamos entrando numa nova crise. Tínhamos, é verdade, conhecido tantas outras, a crise tinha até sido nosso modo diário de funcionamento. Mas esta de fato quase levou tudo abaixo. Algum tempo após a inscrição de nossos filhos no curso de instrução religiosa que devia prepará-los à *bar mitzva*, seu diretor, meu novo amigo rabino, Abraham E.H., pediu para me falar.

"Há um problema", disse-me. "Fiquei sabendo que a sua mulher não é judia. Por conseguinte, seus filhos não o são.

– Como? Ela é convertida há mais de quinze anos e nós tivemos um casamento religioso. Entreguei-lhe o documento que o atesta.

– O ato que você me forneceu não é reconhecido por nosso rabinato...".

Essas palavras foram para mim um golpe terrível. Tentei inutilmente negociar.

"Mas os meus filhos foram circuncidados por um rabino".

Fiquei então sabendo que é possível ser judeu sem ser circuncidado e circuncidado sem ser judeu. Um sentimento muito doloroso me invadiu.

Esse discurso teve por efeito afastar de mim meus filhos, eu agora era apenas um pai ilegítimo. O rabino entendeu meu desamparo e quis atenuá-lo:

"Esperando a regularização da situação deles, seus filhos podem seguir normalmente as aulas".

Alguns minutos mais tarde, informei A. da situação diante da qual a única solução consistia numa conversão. Mas de quem? Das crianças, dela, de mim? Na minha mente a coisa estava clara. Só uma conversão de toda a família nos daria a base clara e sólida sobre a qual avançar.

"Recuso categoricamente!", lançou-me ela, ferida.

Cego ao mundo exterior, empurrado por não sei que força doravante irresistível, eu não entendia a crueldade, a barbárie do pedido que eu estava infligindo à minha companheira, o drama que eu a fazia viver. Eu só enxergava sua habitual e rígida recusa sistemática, antes de qualquer reflexão. A partir dessa recusa, nossa convivência tornou-se ainda mais tensa, espécie de paz ou de guerra fria, sem aquela alternância de ternura, de desejo e de conflito que, até ali, temperava as coisas.

Um novo personagem logo surgiu na cena rabínica de Sarcelles, um rabino ultra-ortodoxo, Raphaël Israël. Sua notável erudição talmúdica, seu ardor e sua energia, sua natureza amável e jovial iam rapidamente impressionar a comunidade e empurrá-la cada vez mais na via da ultra-ortodoxia. Eu mesmo fiquei fascinado por aquela fonte a jorrar um saber esquecido.

"Acho que temos muitas coisas a nos dizer", disse-lhe em nosso primeiro encontro.

"– Também acho!", respondeu-me.

Não imaginávamos, então, um e outro, tão bem dizer.

*

Doravante, mês após mês eu media o tempo que me separava do dia libertador, aquele em que, apresentada minha tese, eu seria médico e teria assim acesso a uma vida profissional digna e reconhecida. Mas todo o meu empreendimento estava marcado com um selo: nada fazer por baixo, nada de estudos às pressas, nada de conversão escamoteada, pagar sempre o preço forte. Essa preocupação valia para a minha tese.

Com efeito, os estudos de medicina se concluem por essa pequena dissertação, em geral feita de qualquer jeito: a tese de medicina. Mas eu, eu queria que essa tese fosse a digna coroação de minha longa pena. Ao mesmo tempo, sua redação não devia retardar a entrega do diploma. Para resolver a contradição desses dois termos – logo haverá um terceiro –, bastava que eu começasse muito tempo antes. Meus colegas de estudos lançavam-se com todo ímpeto na preparação do concurso de residência médica. Eu achava, com sabedoria, que a minha idade não me permitia mais encarar uma carreira hospitalar, a qual, de resto, não me interessava. Eu dispunha, portanto, de um pouco de tempo para pensar em minha tese. Decidi, dois anos antes do termo normal de meu segundo ciclo de estudos, começá-la. Faltava determinar o tema.

Durante o meu estágio em psiquiatria, eu havia notado a freqüência de um diagnóstico entre os responsáveis pelo serviço, conceito de mil e uma utilidades então em moda, o de *estado limite*. Nem psicose, nem neurose, nem perversão, tratar-se-ia de um estado incerto em que a patologia narcísica estaria em primeiro plano. Essa concepção – eu sabia por minha convivência assídua de sua apresentação de doentes – irritava Lacan, para quem a questão da paternidade em seus múltiplos avatares continuava a ser o indispensável operador para compreender todo o leque dos distúrbios psíquicos. O diagnóstico de estado limite lhe aparecia como o fruto de uma certa preguiça mental ou da ignorância. Os herdeiros de Freud, aqueles que se colocavam como tais, não sabiam mais se servir dos instrumentos deixados pelo fundador. Estavam obnubilados ou pelos "mecanismos de defesa" do ego, ou pela patologia de um narcisismo que era preciso retificar.

Decidi então "voar em socorro do pai", ou antes, defender a sua glória. Para isso, eu pensava dedicar a minha tese à crítica da noção de estado limite opondo-lhe a eficiência do conceito de Nome-do-Pai. Não percebia o quanto essa tarefa estava acima de meus meios, impossível e vã. Por que metodologia seria possível abordá-la?

Encontrei então o Prof. Alby e falei-lhe de meu projeto, que ele registrou, deu-me até algumas referências bibliográficas. Portanto, eu estava pronto para enfrentar Lacan como de costume, isto é, não lhe pedir conselho, mas submeter-lhe um projeto suficientemente elaborado sobre o qual eu ainda não lhe havia dito uma palavra.

Algum tempo antes, eu havia experimentado a curiosa cerimônia da supervisão tal como Lacan a concebia.

"Desejo", eu lhe dissera, "submeter-lhe em supervisão o caso que estou acompanhando.

– Pois bem, amanhã, depois da sua sessão".

No dia seguinte, como combinado, depois de uma sessão no divã, ele pediu que eu me sentasse diante dele.

"Uma supervisão", precisou-me, "é feita frente a frente".

Depois de alguns minutos de angústia em que eu percebia em cada uma das minhas palavras a nulidade do que eu dizia e da minha competência de analista, Lacan, parecendo até ali ler uma folha colocada sobre a escrivaninha, interrompeu-me com este simples conselho:

"Nunca force as coisas, deixe-as vir".

Depois acrescentou:

"Para a supervisão, cobro honorários duplos".

O preço de minhas sessões tendo desde então passado a duzentos francos, eu me achava assim aliviado em alguns minutos de seiscentos francos, verdadeiro golpe que me deixou grogue na porta de seu consultório. Não lhe pedi mais, a partir desse dia, nova sessão de supervisão.

Mas a escolha do tema de minha tese era coisa importante demais para não aceitar um novo sacrifício financeiro.

"O fim de meus estudos de medicina está se aproximando", disse-lhe um dia ao deixá-lo, "gostaria de lhe falar do tema de minha tese em supervisão.

– Com prazer, conversaremos amanhã, depois da sua sessão".

O tom era amável. Talvez fosse possível nele descobrir algo da satisfação que o artesão sente quando sua tarefa está a ponto de concluir.

No dia seguinte, durante o tempo breve e infinito de minha sessão, momento fora do tempo, só pensei em uma coisa, na entrevista frente a frente que ia segui-la.

Lacan interrompeu-me brutalmente. Parecia irritado.

"Até amanhã!

– Não tínhamos combinado falar do tema da minha tese?".

Ele emitiu seu grunhido de urso furioso cujo sentido eu havia aprendido a decifrar, "inútil insistir!", e já se dirigia com seu passo arrastado de velho para a sala de espera onde se amontoavam vários pacientes.

Fiquei longas horas atordoado, aterrado. Por que uma atitude com tanto desprezo? Por que aquela mudança brutal? A total confiança que eu tinha nele – excessiva, com certeza, mas ela me permitiu avançar em impossíveis desafios – exigia uma explicação.

Com a noite, voltei a Sarcelles. Pensava de novo em minha paixão recente pelo Talmude. As poucas aulas e os sermões, ciscados aqui e ali, não me bastavam mais. Gostaria de passar alguns meses numa *yéchiva*, uma escola talmúdica onde, o dia inteiro, eu me imergiria nos grandes textos hebraicos. Evidentemente, meus estudos de medicina, minha tese me impediam. Eu não podia ao mesmo tempo preparar essa tese e estudar intensamente o Talmude.

De repente, foi como uma iluminação. A coisa era evidentemente possível, necessária até. Bastava que o tema de minha tese fosse sobre o Talmude, o que ele dizia das doenças mentais, uma tese de história da medicina, em suma, uma arqueologia do saber. Entendi ao mesmo tempo por que Lacan me havia mandado ao diabo. Ele com certeza havia adivinhado em que direção eu estava orientando os meus passos e, interpondo-se, forçava-me a tomar uma outra, aquela precisamente que eu desejava sem ousar confessar a mim mesmo.

Mas por que meio, com minha ignorância do Talmude, realizar um projeto tão vasto que requeria o exame de sessenta e dois tratados? Com a ajuda do rabino Raphaël Israël. Ainda era preciso que ele quisesse aceitar um encargo tão pesado. Sem perder um minuto, telefonei-lhe, apresentei-lhe meu projeto e meu pedido de ajuda. O caro homem aceitou na hora.

Lembro-me com uma espantosa precisão do momento em que aconteceu essa epifania, como se as agulhas de um misterioso relógio tivessem parado ali: vinte e uma horas e quarenta. Por outro lado, a data permanece vaga, uma noite de fevereiro de 1975.

Fui à minha sessão do dia seguinte, cheio de uma excitação leve e alegre. Anunciei a Lacan o abandono de minha primeira idéia de tese e o novo projeto em que eu me engajava.

"Mas é isso!", lançou ele levantando-se para marcar o fim da sessão.

Sorria-me e dessa vez tive direito ao amigável aperto de mão dos dias importantes. O grande arqueiro havia acertado o alvo. Os meios que ele empregava para desvelar a um sujeito o que este deseja secretamente sem conseguir confessar a si mesmo para mim permanecerão para sempre misteriosos. Grande arte.

Confirmava-se, além disso, que Lacan, à sua maneira, cumprira a palavra. No dia combinado, havíamos de fato falado da minha tese, ainda que a nossa entrevista tivesse se resumido a um grunhido, mas tão mais eficaz que um longo discurso...

Semana após semana, dali por diante, eu ia à casa de meu rabino, que havia antes passado pelo crivo um tratado talmúdico com suas referências à questão da loucura. Eu registrava as suas palavras no gravador; depois, em casa, escutava novamente a gravação, com o tratado talmúdico sob os olhos, depois transcrevia o que tinha ouvido. Meu conhecimento do hebreu progredia, apoiado por aulas de hebreu moderno, tão próximo do hebreu da *Michna* talmúdica, que eu tomava.

Um fenômeno inesperado logo ocorreu. Constatei, com efeito, que meu rabino ultrapassava amplamente o tema que eu lhe havia submetido. Ele selecionava tudo o que no Talmude lhe parecia picante, sugestivo, tanto que o volume de notas estava se tornando impressionante. Observei-lhe isso. Em vão. Entendi então que eu havia desencadeado nesse homem uma operação misteriosa, um percurso subjetivo pessoal e decidi dar-lhe carta branca.

Essa colaboração durou mais de um ano e a totalidade do Talmude da Babilônia, o mais importante dos dois Talmudes, foi assim examinada. Paralelamente, eu percorria sozinho a tradução francesa do Talmude de Jerusalém, bem como as traduções de certos tratados do Talmude de Babilônia que começava a ser publicado. Lia também tudo o que me caía nas mãos relativo ao *Midrash*, do qual nada fora então traduzido.

Como, após ter vivido tais experiências, ter sido a testemunha e o cego agente de incríveis golpes de jogo de xadrez, de estratégias tão refinadas, duvidar da existência dessa misteriosa instância chamada por Freud *inconsciente*? Com a distância, descubro o quanto minha provisória instalação em Sarcelles procedia de uma complexa estratégia em que se misturaram os processos de conversão e a elaboração de minha tese que se tornará a obra *O filho ilegítimo. Fontes talmúdicas da psicanálise*, pedra angular de meu destino de analista. Alcançados esses objetivos, essa ingrata periferia vai se tornar insuportável e nela não vou ficar um mês mais.

Nosso trabalho sobre o Talmude havia suscitado amizade entre R. Israël e eu. Ele conhecia a minha situação familiar. Convidou minha mulher a encontrá-lo, o que ela aceitou.

Ela continuava a opor, em aparência pelo menos, a mesma recusa categórica de uma conversão. Eu não percebia, em minha desconfortável vida cotidiana, as fissuras que apareciam por trás dessa máscara.

Por que não iniciar o processo de conversão que consiste em iniciar-se nos ritos do judaísmo, em seus textos? A coisa não é interessante em si? Ela era livre, no fim do percurso, para aceitar ou recusar o rito da conversão. Foi este o discurso amigável e sutil que lhe fez R. Israël, mas também a minha família, o meu pai sobretudo, o qual, desde o primeiro dia, tinha por minha mulher uma grande afeição. Ela aceitou, avisando que aquilo não a comprometia.

O grande rabino Ernest Guggenheim recebeu-a, cortês mas friamente.

"Um longo processo a espera e não lhe garanto, no fim, a conversão.

– Eu mesma não a desejo".

Em tais bases, as coisas começavam antes mal.

Entretanto, ela foi confiada ao tutorado, benevolente e compreensivo, da Sra. H., mulher de outro grande rabino mas também nossa vizinha.

Meu interesse vulcânico pelo judaísmo não podia ficar por muito tempo limitado a considerações teóricas, documentais. Uma força violenta, contra a qual eu tentava resistir, me forçava a reatar com a prática religiosa, com os ritos alimentares mosaicos. Retomei o caminho da sinagoga. Consumi ázimos pela festa de Páscoa, jejuei no dia do Kippur. A cada passo dado nessa direção, A. manifestava sua oposição aberta ou latente. A vida a dois, já difícil, tornava-se cada dia mais insuportável.

Para as férias de verão, decidi realizar meu sonho do momento, passar um tempo só numa *yéchiva*, a mais ortodoxa possível, a de Aix-les-Bains, antes de passar uma semana de férias na Córsega com a família.

Já na chegada a essa escola talmúdica, fui mergulhado num banho de judaísmo e de estudo. Levantava com a aurora, deitava à meia-noite, o dia se dividia entre os momentos de ardentes preces e as longas horas de estudo intensivo. Essa experiência espiritual, essa paixão coletiva pelo estudo inebriou-me até a vertigem. Fiquei particularmente tocado pela modéstia e pela espiritualidade de Yona, um rapaz a quem o mestre da *yéchiva* me confiou a fim de me iniciar, uma meia hora cada manhã, no texto do Midrash.

Fui também acompanhado por um estranho e cativante personagem, o rabino Besançon, um adepto do chassidismo de R. Nachman de Breslav e de... Chagall. No dia da minha chegada, ele me arrastou num longo passeio e durante horas me fez um longo discurso sobre a fé, sobre os contos de R. Nachman, sobre a sua própria história. Filho de uma mãe judia que lhe escondera as origens, ele ficou, num dia da infância, transtornado por um quadro de Chagall que representava um rabino. "Eu gostaria de parecer com aquele homem", disse à mãe. Esta desabou em lágrimas e confessou-lhe suas origens: "Você também é judeu!".

Nessa escola, conheci de modo pitoresco a Sra. Blau. Diziam que era uma antiga dançarina em Pigalle, depois, tocada pela graça, convertera-se ao judaísmo e tornara-se esposa do rabino Blau, o líder dos Naturei Karta, um ramo da ortodoxia violentamente anti-sionista e pró-palestino. Um membro desse grupo não havia um dia jogado uma bomba no recinto do parlamento israelense? De resto, todos os rabinos dessa escola judia eram, em graus diversos, hostis ao Estado de Israel. A Sra. Blau estava acompanhada de dois jovens russos, marinheiros, que ela queria colocar, em asilo provisório, na *yéchiva*:

"Arranquei-os das garras de Amalek!", dizia.

Amalek, na tradição, designa o inimigo mortal do povo judeu. Eu imaginei então que ela ajudara os dois jovens a desertar da marinha soviética. Eu me enganava, Amalek era o Estado de Israel e nossos dois jovens marinheiros russos soldados do exército israelense no qual, novos imigrantes, haviam há pouco sido incorporados. Eu não entendia então como judeus podiam a esse ponto odiar o Estado de Israel. Mais tarde, infelizmente!, os acontecimentos permitiram-me entender que essa posição tinha a sua pertinência.

Colocado nesse estranho caldeirão, eu poderia, e fui por um momento tentado a fazê-lo, ter tudo abandonado e caído no campo da ultraortodoxia. Lacan, sempre presente em minha mente, soube, durante todos esses meses, com tato e jeito, evitar-me essa nova guinada. Ele vai assim insistir para que eu venha à minha sessão no dia do Kippur. O que fiz, deixando a sinagoga na hora de minha sessão, respeitando até o fim a nossa regra do jogo.

Nos últimos dias de minha presença em Aix-les-Bains, minha mulher e meus filhos vieram a meu encontro a fim de que, juntos, fôssemos para a Córsega. Tentei comunicar-lhe alguma coisa da intensidade de minha experiência. Em vão.

"Essas pessoas vivem fora do mundo", disse-me ela com pertinência, "a fé delas é uma forma de fanatismo".

Eu não podia então ouvi-la. Um de meus mestres da *yéchiva* me havia dito um dia: filhos a quem você não pode transmitir o seu judaísmo são realmente seus filhos? Essa observação me atormentava. Toda essa confusão sobre o judaísmo girava em torno da questão, tão problemática para mim, da filiação e da paternidade.

Essa sombra pairou sobre as nossas férias na Córsega. A xenofobia da população irritou-me profundamente, mas sobretudo a estada em Aix-les-Bains havia cavado entre A. e mim um verdadeiro abismo. Era preciso agora resignar-se à nossa separação.

De volta a Paris após essas férias morrinhentas, encontrei um apartamentinho barato mobiliado, perto de Barbès, e nele me instalei, com móveis velhos e sem encanto, entre paredes de uma infinita tristeza. Eu doravante respeitava em todo o seu rigor as práticas religiosas judias, comia *casher*, rezava todos os dias com os *tefilin* novinhos que eu acabava de comprar. Mais de uma vez, soluços davam-me nós na garganta no meio de minha salmodia, onda de nostalgia por minha infância renegada, por esse amor a Deus no mais fundo do meu ser e que, ferozmente, eu quisera desconhecer. O que eu havia feito da minha vida? Em que impasses eu me perdera? Eu era semelhante a Jonas que o monstro marinho vinha vomitar sobre a terra firme.

No jejum do Kippur, o relato do sacrifício de Isaac me perturbou até as lágrimas. *Levem estas cinzas até minha mãe*, dizia a melopéia, *e digam-lhe: isto é o perfume de teu filho sacrificado.*

Separar-me de meus filhos era para mim particularmente doloroso, como o era, desconhecido, separar-me de minha mulher, com aquele amor recusado, excessivo, fusional, cujo luto era preciso fazer. A tragédia de meu casal nada mais era que a do Édipo.

*

Meus estudos de medicina, minha formação de analista prosseguiam através dessas tempestades e, misteriosamente, sem maiores obstáculos. Depois do estágio em psiquiatria, escolhi o serviço de cancerologia do Hospital Tenon. De novo, decidi confrontar-me com os aspectos mais extremos da medicina. Esse estágio foi efetivamente duro. Estar numa manhã diante do leito vazio de um doente que havíamos escutado, tratado, amado é uma terrível prova. Depois de um mês no serviço do Prof. Laugier, conheci uma verdadeira pequena depressão com seu cortejo de insônia, de prostração, de soluços. Em seguida essa depressão me deixou e pude cumprir minhas tarefas diárias de externo com a indispensável distância.

Meu período em cancerologia foi essencial para a minha formação. Lá aprendi a inutilidade da "verdade dita aos doentes", fantasia de quem está bem de saúde. Como, aliás, essa verdade podia ser ignorada por esses pacientes que levávamos para a radioterapia, que perdiam os cabelos sob o efeito de certos medicamentos? E no entanto...

Lembro-me de um arquiteto, simpático quarentão sofrendo de uma forma grave de câncer de pulmão. Sua companheira, fiel ao princípio acima, lhe havia dado para ler o resumo das análises: *câncer carcinóide de pequenas células*. Morando na Praça de l'Odéon, na frente das livrarias médicas, ele não teve dificuldade alguma para achar uma obra sobre esse mal e nela ler sua sorte funesta. O choque foi terrível, insustentável. A equipe médica foi forçada a inventar uma mentira piedosa. Um erro de classificação havia trocado dois prontuários. Ele sofria apenas de uma bronquite ruim, de uma gripe forte complicada. Acreditou nessa mentira grosseira e seu moral se restabeleceu. Pôde dali por diante fazer a quimioterapia, a radioterapia, injeções de morfina, convicto de que se tratava do tratamento de uma gripe.

Essa mentira parecia-me insuportável. Um dia em que me falou de novo de sua "bronquite", emiti um grunhido. Ele realmente achava que se tratava disso?

Mal deixei seu quarto meu doente pediu para ver o chefe de plantão. Queria queixar-se de minhas inépcias. Fui logo convocado pelo chefe:

"O que você disse ao arquiteto?

– Tentei lhe dizer um pouco de verdade.

– Mas meu caro amigo, ele conhece essa verdade por inteiro! Como você quer que ele possa viver o tempo que lhe resta com ela?".

Eu gostava muito de Laugier, ao contrário da maioria dos outros estudantes. Descobria nele uma verdadeira humanidade por trás de sua rabugice. O "sabão" foi antes um conselho e a proibição de cuidar dali por diante do arquiteto. O infeliz nos deixou algumas semanas mais tarde.

Fui testemunha, nesse serviço, de outra hipocrisia, a da eutanásia. Aqui como em outros lugares, nenhuma lei é necessária para abreviar o sofrimento incontrolável. Lembro-me dessa mulher corajosa – as mulheres me pareceram ao longo desse estágio enfrentar a morte com mais coragem que os homens – interpelando um dia o chefe:

"Laugier, você me prometeu não me deixar sofrer inutilmente.

– Minha cara, prometi e vou cumprir. Quando estiver além dos meios da nossa medicina, vou ajudá-la".

E ajudou-a com efeito, quando todo tratamento se tornou inútil e seu sofrimento insuportável.

Forjei-me assim a convicção de que a eutanásia *legal* era uma abjeção, o meio de encobrir certas práticas, como a de que fui testemunha em neurologia.

Depois desses seis meses duros em cancerologia, pude escolher para meu penúltimo estágio de externo, e doravante no sexto ano de medicina, o último de meus estudos teóricos, a consulta do Hospital Tenon. Eram confiadas aos estagiários suas primeiras verdadeiras responsabilidades de médico. Atendíamos os pacientes, prescrevíamos exames complementares e tratamento. Diante de um caso difícil, ou de uma dúvida quanto à conduta a ser tomada, reportávamo-nos aos médicos nomeados do serviço. Aprendi assim concretamente a medicina geral, medicina de cada dia. A angustiante atmosfera de meu precedente estágio, em que eu acabara por imaginar o mundo inteiro sofrendo de câncer, dissipara-se. Durante esses seis meses, não vi nenhum caso do terrível mal, essa loucura do biológico.

Eu também prosseguia ativamente a preparação de minha tese com a preciosa colaboração de R. Israël. Entre duas páginas de Talmude, acontecia-nos evocar minha situação familiar. Paradoxalmente, ele, o ortodoxo, não censurava a recusa obstinada de minha mulher. Até sentia por ela, com muito mais lucidez que eu, uma profunda simpatia. Aconselhava-me paciência.

E o inesperado, com efeito, aconteceu. No momento em que eu não acreditava mais, A. cedeu. Meus filhos tiveram um papel decisivo nessa virada.

"Você não é lógica", disse-lhe um dia meu caçula. "Você casou com um judeu, seus filhos querem ser judeus. Como a nossa família pode se manter se cada um viver à sua maneira?".

A. pediu a conversão e a obteve. Sem ter conscientemente organizado, eu reunira à minha volta apoios influentes e a opinião deles foi decisiva.

A cerimônia de conversão foi particularmente emocionante. Minha mãe assistia à conversão de minha mulher enquanto eu estava presente à de meus três filhos. Todos os três nus no *mikvé*, a tina ritual, com meu filho mais novo de que só a cabeça ficava fora da água, deviam, um de cada vez, pronunciar em francês a frase ritual, "Desejo entrar na lei de Moisés", antes de imergir três vezes na água morna. Diante do ato de amor filial dessas três crianças, eu deveria ter explodido em soluços. Mas a cena me parecia irreal!

Acabada a sóbria cerimônia, encontrei o grande rabino Ernest Guggenheim, que em todo esse caso tem um papel discreto mas determinante.

"Vamos poder agora proceder ao *casamento*".

Pensei num lapso de sua parte.

"O senhor quer dizer à *bar mitzva* de meus dois filhos mais velhos.

– Não, ao casamento, a *seu* casamento!".

Fiquei alguns minutos sem voz. A. e eu já havíamos conhecido dois casamentos. Um primeiro, religioso, que o rabinato oficial recusava reconhecer, mas que se desenrolara diante da minha família, nas regras da arte.

Depois nosso casamento civil alguns meses mais tarde. Eis que era preciso uma nova cerimônia. Ainda feliz que não tivessem pedido uma nova circuncisão a nossos filhos. Mas, passado o primeiro momento de surpresa, a idéia me agradou e logo senti uma verdadeira alegria, inesperada, cada vez mais intensa. Falei disso a Lacan.

"É inteiramente legítimo!", respondeu.

Apliquei-me a respeitar todos os preceitos de um casamento judeu, inclusive minha própria imersão no banho ritual. Esse banho deixou-me uma estranha impressão de leveza, de felicidade, flutuando no líquido morno, entre duas águas, na solidão e no silêncio, como um renascimento.

O casamento aconteceu no início do verão, na sinagoga de Sarcelles, diante das mais altas autoridades rabínicas do lugar, cada uma mais ortodoxa que a outra. Eu não queria que a regularidade desse casamento pudesse ser questionada por quem quer que fosse. Desejava também que esse casamento fosse um verdadeiro casamento, e demos uma pequena recepção em nosso apartamento, que ficou cheio de gente e de música. Houve até alguns presentes, o que não tínhamos conhecido em nossos precedentes casamentos, que tinham sido tão tristes, tão cinzentos. Eu vivia assim, pela primeira vez, uma plenitude conjugal que sempre fugira de mim. Todos os nossos esforços, em sua desumana crueldade, não tinham sido inúteis.

Além disso, essa felicidade não vinha só. Algumas semanas antes, recebi um telefonema de um colega da Escola, o Dr. Lauff, que dirigia um serviço no hospital psiquiátrico de La Queue-en-Brie. Lauff procurava um estudante em fim de estudos para ocupar um lugar de interno em seu serviço. Em princípio, só era possível ocupar tal função uma vez o sexto ano encerrado e ainda me faltava ter cumprido um último estágio de seis meses. Lauff pediu uma dispensa em meu favor e a obteve.

Essa proposta era um presente dos céus. Eu ia dali por diante ter um verdadeiro pequeno salário ao qual se acrescentavam numerosas substituições. Estava enfim emergindo da minha miséria, o horizonte ficava claro e eu podia agora pensar no equilíbrio do orçamento.

Lancei-me em minha nova função com todo o ardor do neófito, durante tanto tempo refreado. Como não havia feito o concurso do internato, eu devia necessariamente contentar-me com o pavilhão mais ingrato, respondendo pelo prestigioso nome de Paracelso, onde haviam agrupado os casos mais graves, psicóticos desde a infância, mongolóides, doenças neurológicas graves, grabatários. Era, na verdade, um posto que ninguém queria.

Decidi calçar de novo minhas "botas de agrônomo", como antigamente no Alto Volta, confrontado com a esterilidade do planalto mossi. Tratava-se de cuidar realmente daqueles pobres doentes, mais ou menos abandonados à sua sorte desesperada, mas também dos enfermeiros desanimados, de abrir perspectivas para os menos atingidos. Consegui insuflar entusiasmo a vários membros da equipe. Depois de um esgotante trabalho de cuidados corporais, de psicoterapia, de reuniões com os pais que não eram mais convocados, conseguimos reinserir alguns de nossos doentes em estruturas de tipo CAT (Centro de ajuda pelo trabalho). O morno torpor que pesava sobre aquele lugar esquecido de Deus e dos homens encontrou algum dinamismo. Descobri também que o trabalho em psiquiatria, esse desafio à psicose, não era sem perigo. Ao mobilizar as forças da equipe, suscitei também tempestades passionais, transferenciais, que escaparam a meu controle.

Esses primeiros resultados justificaram que meu contrato fosse prolongado por mais seis meses. Ao mesmo tempo acabava o ciclo de meus estudos teóricos de medicina. Dali por diante eu podia substituir um colega, dar plantões e fazer as duas provas conclusivas que me conferiam o título de médico. A primeira consistia num exame recapitulativo que chamávamos "as clínicas". A aprovação nesse exame dava-me o direito de apresentar a minha tese.

Mas já, como sempre, sem entender o sentido de meus atos, que só me aparecerá *a posteriori*, eu estava de novo em movimento.

Apenas alguns dias depois da cerimônia do casamento, decidi, para grande satisfação de minha mulher, deixar Sarcelles. Os dois anos que eu lá passara tinham esgotado a função do lugar: conseguir meu enxerto e o da minha descendência no tronco do qual eu me arrancara, o do judaísmo, reunir os materiais de minha tese sobre o Talmude que eu nunca poderia ter levado a cabo sem a ajuda de meu rabino. O inconsciente, esse prodigioso calculador, empurrava-me agora para outros horizontes.

Lacan soubera desencadear, depois acompanhar essa vaga de fundo, sem nunca opor-lhe obstáculo, mas mantendo o quadro preciso da cura. Quantos analistas teriam tremido diante de tal metamorfose e de seus riscos de derrapagem...

Eu atravessava um período favorável em que os meus empreendimentos possuíam essa estranha graça do êxito. Um presente dos céus: propuseram-me, por um aluguel curiosamente baixo, um enorme apartamento no XVIe *arrondissement*, Rua Lauriston. Eu ignorava a sinistra reputação histórica dessa rua, onde, durante a guerra, milicianos franceses tinham instalado numa mansão seu quartel-general... Lá haviam roubado, torturado, matado judeus. Essa informação que logo recebi me fez hesitar. Finalmente, decidi não levá-la em conta. Renunciando a essa bela oportunidade, quarenta anos mais tarde, eu teria dado a esses nazistas e a seus cúmplices que nos haviam envenenado a existência uma satisfação suplementar.

Depois de umas curtas férias passadas na Itália, instalei-me em meu novo e belo apartamento onde meus poucos móveis pareciam flutuar em tanto espaço. Seria a um só tempo minha casa e meu consultório e pus fim ao mesmo tempo em minhas atividades no consultório de meu irmão. A página de Sarcelles estava, assim, completamente virada.

Retomei meu lugar de interno no hospital de La Queue-en-Brie, meus estágios em ambulatórios e logo, superada a prova de "clínicas", minhas substituições como médico clínico. Eu era quase médico.

A “leucemia” do Dr. Lacan

Como alguém se torna psicanalista? Por que vem a alguém a idéia de ocupar esse lugar? Foi esta a grande questão que Lacan colocou àqueles que declaravam seguir seu ensino. Estava esperando deles um testemunho sobre esse momento pivô, que ele chamou *o passe*, testemunho que enriqueceria e renovaria a teoria analítica.

Alguns anos mais tarde, bem perto de um fim que ele conhecia e que quisera tal, recusando operar seu câncer, na hora de dissolver sua Escola, ele declarou não ter recebido de nenhum impetrante testemunho que valesse. A miragem do *passe* deveria ser substituída pelo termo *apasse*, conceito de uma impossível experiência à qual não me submeti em seu tempo.

A formação que se podia adquirir com Lacan, pelo menos tal como a vivi, era de uma complexidade e de uma riqueza inconcebíveis hoje.

Em primeiro lugar, houve a experiência sem a qual nada mais teria acontecido: minha própria análise. Com sua infernal escansão diária, ela operou uma mudança radical tanto em minha subjetividade quanto em minha existência mais concreta. Daí adquiri a convicção de que uma subjetividade inconsciente ativa, que calcula e elabora estratagemas para chegar a seus fins, agia sob a máscara da minha consciência. Tive a experiência de múltiplos afetos que acompanham a emergência desse pensamento, subjetividade inconsciente que encontrarei em meus pacientes.

Essas sessões de alguns minutos, com freqüência reduzidas a alguns segundos, às vezes se transformavam em fulgores que perturbavam o medíocre rumor de meus pensamentos. Eu me esforçava, nesses breves instantes, em confiar minha miséria diária, minha relação conjugal, insuportável em conseqüência de um apego excessivo, o incurável conflito com meu pai, meus momentos de depressão, minha própria dificuldade de ser pai.

Mas, para além dessa longa e pesada queixa, uma outra vontade procurava sua via, uma ambição, essencialmente intelectual. Eu queria que a descoberta fundamental de Freud, a saber, o complexo de Édipo, não fosse para mim um ouvir-dizer cultural, um saber livresco, mas uma experiência vivida. Eu estava, em suma, na posição de Jó que não podia mais se contentar com uma fé em Deus transmitida pela tradição e que desejava uma radical e direta redescoberta de Deus.

Essa obcecante vontade recobria o desejo de produzir também coisa nova, teoria ainda jamais articulada, inaudito, desejo no cerne das três ou quatro obras que eu cometi desde então.

Eu estava particularmente irritado com o conceito de objeto *a* de que Lacan dizia ser seu único achado. Nos círculos lacanianos, não se cessava de repetir estas palavras, *objeto a, objeto a...*, sem que se soubesse jamais o que estava precisamente em questão. Em que diferia ele dos objetos pulsionais definidos por Freud, o seio, o excremento, o olhar? Era o vaso do Graal que ninguém jamais vira e que todos invocavam. Fui tomado um dia, o tempo de um fim de semana, pelo violento desejo de tirar isso a limpo. Febril, reuni diferentes textos em que Lacan parecia definir esse conceito e os "superpus" mentalmente, vale dizer que tentei cruzar as partes que tinham em comum. Descobri que essa operação lógica dava... nada. Não havia parte comum. Disso deduzi que o objeto *a* é o *nada*. Foi uma espécie de epifania como conheci algumas durante a minha análise.

No dia seguinte, trouxe fumegante para o divã "esse filho de uma noite de Iduméia", minha "superposição":

"E então?", perguntou-me Lacan debruçando-se sobre mim e mergulhando seu olhar no meu, como numa exigência de confissão:

– É o *nada*!

– Excelente!".

Tive direito ao longo aperto de mão que pontuava meus avanços. Mas teria sobretudo a satisfação, alguns meses mais tarde, de ler num de seus textos que ele juntava à serie dos quatro objetos, mamilo, cíbalo, olhar, voz, cujo conjunto formava o objeto *a*, um quinto termo, o *nada*, esse nada precisamente no cerne, segundo ele, do desejo da anoréxica mental.

No segundo nível de minha formação, havia seu seminário, essa aparente missa absconsa, que foi para mim um formidável estimulante intelectual. Foi ali que tomei gosto pela filosofia, pelas obras de Platão principalmente, mas também por Aristóteles, por Kant e Hegel, pela antropologia, pela lógica matemática, pela topologia (fiz durante vários anos o curso de Michel Soury), por Joyce. Talvez esse gosto preexistisse em mim, mas em potência e não em ato. Como essa transformação poderia ter-se espontaneamente operado uma vez que eu estava desembarcando de meus arrozais de Casamance? Eu tinha um tal atraso a preencher e tão pouco tempo...

Não tenho dúvida alguma quanto a este ponto: minha análise com Lacan metamorfoseou-me. Confessei-lhe isso um dia:

"Não há agora nenhum elemento da minha existência, do meu pensamento que não tenha sido elaborado com o senhor, que não encontre sua raiz em nosso diálogo. O senhor foi para mim, na transferência, meu pai e minha mãe a um só tempo".

Ele aquiesceu.

Minha formação comportava um terceiro nível: a supervisão. Mencionei anteriormente essa passagem obrigatória para todo analista iniciante – mas também para um analista nomeado que encontrasse uma dificuldade ou que desejasse ampliar sua abordagem clínica: submeter à opinião de um confrade experimentado algumas das curas que está conduzindo.

Foi com Lacan, num ato altamente simbólico pelo qual ele me reconhecia como analista, que tive minha primeira sessão de supervisão. Mas esse ato revelou-se ruinoso, além de minhas condições financeiras. Procurei, então, com um de seus alunos nomeados esse apoio para meus primeiros passos. E por que não tentar uma analista? Minha escolha recaiu sobre Ginette Raimbault, uma das glórias da Escola, que aceitou atender-me em seu luxuoso apartamento próximo dos Champs-Elysées. Curiosamente, o consultório de Lacan, embora guardasse belos objetos, de repente me apareceu em sua austera sobriedade. Ali, por outro lado, eu me via entre cômodas e poltronas Luís XV, no consultório de uma analista que tivera êxito. O plebeu que nunca dorme em mim sentiu-se constrangido, constrangimento que a acolhida da analista não dissipou de modo algum, longe disso. Eu estava antes gelado diante daquela pessoa de máscara impassível, quase muda.

Aceitou tomar-me em supervisão, indicou seus horários. Afinal, a pouca graça do primeiro contato poderia, quem sabe, quando entrássemos no assunto mesmo, dar lugar depois a um pouco de calor. Dirigi-me, pois, ao segundo encontro. Mas, quanto mais eu falava, mais sentia-me estranho àquele lugar, àquela relação. A corrente decididamente não passava. No terceiro encontro, anunciei que não voltaria mais. A senhora não me colocou questão alguma, não procurou dissipar mal-entendido algum, nem analisar a situação. Para certos analistas, é isso a psicanálise. Em nome de sei lá que obscura concepção do desejo ou da neutralidade. Fui embora como tinha vindo. Lacan me havia acostumado a outro tipo de relação. Anunciei-lhe no dia seguinte que havia posto fim ao insuportável exercício. "Estou de acordo com você".

Essa concordância me surpreendeu. Uma vez mais, num desentendimento com um de seus alunos, era meu partido que ele tomava. Lacan decididamente não gostava mais de seus alunos.

Os meses se passaram sem que eu tentasse de novo a experiência da supervisão.

Estava ainda em Sarcelles quando encontrei uma grave dificuldade em minha prática. Tinha tomado em análise um adulto, nos quarenta anos, bem conhecido dos serviços de psiquiatria da região, casado e pai de três filhos. Ele apresentava um quadro clínico complexo em que as queixas somáticas misturavam-se a distúrbios do humor. Esse homem me foi simpático e o início de sua cura produziu efeitos tão espetaculares que o responsável pelo setor psiquiátrico me telefonou. Depois de elogiar meu trabalho, pediu-me para encontrá-lo. Esse pedido só podia me tocar em minha busca de reconhecimento.

Só que, ao fim de alguns meses, esse paciente miraculoso, que retomara o trabalho e até criara uma pequena empresa de transporte, revelou de onde vinha a força de sua metamorfose: ele havia construído um verdadeiro delírio amoroso em torno da minha pessoa, ouvia sem parar a minha voz que o guiava no mínimo ato da vida. E logo o castelo de cartas desabou. Eu acreditara estar às voltas com um desses casos de "histeria masculina" que fazem o deleite de certos analistas, monstro de Loch Ness que muitos acham que encontraram. Freud, em seus primeiros trabalhos, que não darão lugar a nenhum desenvolvimento posterior, falava de histeria *traumáti-*

ca masculina. Após um acidente, enquanto o órgão ferido fica curado, o sujeito continua sentindo dor nesse órgão.

Meu paciente, em todo caso, era efetivamente psicótico. Invadia o consultório a qualquer hora, berrava, rolava no chão. A situação estava ficando insustentável, não só para mim, mas para os outros médicos que dividiam o consultório.

Falei sobre isso com Lacan e pedi-lhe ajuda.

"Como vão as suas supervisões?", lançou-me furioso.

"– Não faço. Gostaria de retomá-las com o senhor".

Ele emitiu o seu famoso grunhido que me convidava a ir procurar em outro lugar. Na mesma noite telefonei a Claude Conté, que Lacan, eu sabia, estimava particularmente. Após um momento de reticência, Conté aceitou meu pedido e me recebeu. Dessa vez, apesar da distância necessária a esse tipo de trabalho, senti um certo calor na acolhida. Eu era atendido e apoiado nesse início de prática tão balbuciante e desajeitado. Foi com Conté que aprendi concretamente o meu ofício, aprendizado que implicava o fim da minha fascinação pelas sessões curtas de Lacan. Dali por diante, eu perdia tempo escutando, compreendendo, e logo constatei que as pessoas que vinham me consultar ficavam mais do que fugiam. Ao fim de alguns meses, o próprio Conté enviou-me pacientes, sempre de grande interesse. Infelizmente, depois da morte de Lacan, nas convulsões que se seguiram ao desaparecimento, esse homem que eu prezava desabou e conheceu um fim trágico.

A polifonia instaurada por Lacan para a colocação em órbita de um novo analista comportava outros alcances que tinham por quadro a Escola.

Analistas tarimbados realizavam seminários e acompanhei vários deles. Primeiramente, o de Melman sobre os textos de Lacan, até nossa briga, o de Conté relativo aos textos de Freud, que tratam particularmente da pulsão sexual.

Participei igualmente de vários pequenos grupos de trabalho nomeados *cartéis*. Um deles deixou em mim, por múltiplas razões, uma profunda impressão. Uma colega, Marie Albertini, convidara cinco pessoas para trabalhar com ela sobre o seminário de Lacan *A identificação*, cujo tema estava proposto num congresso da Escola que devia acontecer em Lille, dois anos mais tarde.

Em tais grupos, as trocas não ficam por muito tempo limitadas às questões teóricas. Amizades, inimizades se formam e se desfazem. Sentimentos mais intensos às vezes nascem. O que me aconteceu. Foi nesse cartel que encontrei uma jovem mulher, A.D., que teve um papel importante e positivo em minha existência de então.

A ternura que nos ligou rapidamente se tornou amizade. A.D. concebera um curioso projeto que me dizia respeito, o de ser minha preceptora em boas maneiras. Minha rabugice, minha personalidade eriçada de espinhos e de falta de jeito, minhas constantes cóleras contra tudo e contra todos, ela imediatamente começou a poli-las, com um êxito talvez insuficiente, mas real. Ao fim de alguns meses, eu me tornava apresentável. A.D. acreditava em mim, achava-me com talento, infelizmente estragado por essa fachada do caráter pouco atraente.

Eis que de novo o dinheiro me faltava. Após tantos anos de privações, eu cometera alguns desvios. De qualquer modo, era preciso mobiliar meu novo apartamento. A.D. emprestou-me dinheiro, enviou-me todas as pessoas que lhe pediam uma indicação, encontrou-me um posto no ambulatório para crianças de Montrouge. Mais tarde, deverei a ela a edição de meu primeiro livro de analista, *O filho ilegítimo*. Ela foi a minha fada madrinha nesse momento de virada da minha existência, aquele em que a minha metamorfose ia encontrar seu desfecho.

Restavam meus duros estudos de medicina. Tinham me custado tantos esforços e sacrifícios... Sou infinitamente grato a Lacan por ter-me conduzido e incentivado a isso, já que meu título de médico será mais tarde a minha melhor garantia de independência em relação aos clãs de analistas.

Restava, no entanto, um último e temível obstáculo a superar antes de defender a tese e de adquirir o título salvador: as "clínicas" que eu evocava anteriormente. Essa prova recapitulativa de tudo o que havíamos aprendido em medicina durava um dia inteiro. De manhã, um doente era confiado ao candidato a fim de que este o examinasse, estabelecesse um dossiê no qual evocaria as hipóteses diagnósticas e terapêuticas mais pertinentes. Esse trabalho escrito era, de tarde, defendido diante de um júri de cinco ou seis professores. Era preciso em seguida submeter-se ao fogo cruzado das questões do areópago.

Esse exame já me aterrorizava pela massa de revisões que era preciso empreender e pelo esforço de memória que exigia: toda a medicina! Em caso de reprovação, fazia-se novamente o exame quatro meses mais tarde, tantas vezes quanto fosse preciso. Essa perspectiva era para mim insuportável, pois adiava o momento em que eu poderia fazer substituições e, sobretudo, sustentar a tese liberatória. Eu precisava absolutamente passar, pois não agüentava mais. O que estava em jogo, como na véspera do concurso da Agronomia, inibia-me tanto que adiei sem cessar o momento de engajar-me a fundo nas revisões. Restavam-me ainda duas pequenas semanas antes da data fatídica, quando aconteceu um dos fenômenos mais extraordinários e mais estranhos de minha análise.

Uma noite, ao deitar, tive com A. uma das minhas habituais e feias brigas. A noite que se seguiu foi particularmente penosa, dividida entre sonhos agitados e horas de insônia.

Por isso, minha sessão do dia seguinte começou por estas palavras:

"Passei *uma dessas noites*!

– O quê? Como? *Você está com leucemia?** ".

Lacan pronunciou essas palavras como se tivessem sido arrancadas da sonolência de sua tarde. Que bicho o mordera? Eu nunca falara de leucemia! Protestei.

"Bom, até amanhã!".

Ele parecia chateado e não me deixou nenhuma possibilidade, nem de retificar seu erro, nem de contar essa má noite: fim da sessão!

Fui embora aterrado. O velho teria pirado? Mas, muito rápido, uma idéia insinuou-se em minha mente, antes de se impor como certeza: *Tenho leucemia*... como questão que me seria colocada em minhas próximas clínicas. Minha convicção era total, absoluta, louca. Arrumei não um, mas dois manuais de hematologia, ramo complexo da medicina, difícil mas compacto. Mergulhei neles com um curioso fervor, começando, é claro, pelos capítulos relativos às diferentes leucemias. Depois, levado pelo interesse repentino que sentia pela disciplina, assimilei em poucos dias toda a hematologia e particularmente a questão das anemias.

---

* *J'ai passé une de ces nuits! – Quoi? Comment? Vous avez la leucémie?* (NT).

Os dias passavam e só me restavam dois ou três para refrescar meus conhecimentos sobre os quatorze outros ramos da clínica médica: cardiologia, neurologia, nefrologia, etc, tarefa evidentemente impossível.

A manhã do exame chegou. Os estudantes estavam divididos em grupos de três. Devíamos consultar um quadro onde estava indicado o serviço para onde cada um devia se dirigir. Li meu nome. Enviavam-me ao serviço do Prof. Krulik. O céu desabou. Tanto quanto eu sabia, o Prof. Krulik dirigia o serviço de reanimação, para o qual eu não tinha nenhuma competência. Eu merecia, por causa da minha loucura, tal infortúnio. Acabrunhado, dirigi-me apesar de tudo para o "prédio axial" onde ficava a reanimação. No caminho, cruzei com outros colegas que também faziam suas provas clínicas:

"O que você está fazendo por aqui?", perguntou-me um deles.

– Vou ao serviço de reanimação, Prof. Krulik.

– Onde você está com a cabeça? Krulik não é na reanimação, é na *hematologia*".

Estranho engano. Talvez fosse belo demais para ser verdadeiro de imediato. Eu estava ao mesmo tempo livre e tomado de vertigem. Três anos antes, Krulik nos havia justamente dado aula sobre leucemias. Foi ele quem pessoalmente me acolheu e que me apresentou uma doente pedindo para examiná-la. Olhei-a com um estranho sorriso, tentando reter as palavras que me vinham aos lábios: inútil examiná-la! Sei o que ela tem. *Ela tem uma leucemia!*

Fiz conscientemente meu exame e consegui facilmente identificar a forma específica da doença. Prescrevi os exames necessários, a terapêutica a considerar e o prognóstico, infelizmente pouco animador, do mal. O assunto foi bem rápido resolvido.

Depois do almoço, enfrentei o júri. Meu exame distinguia-se pela riqueza dos sinais clínicos que eu consignara. "Já que o senhor é tão sábio", disse-me um membro desse júri, uma senhora que eu sabia especialista em anemias, "o que o senhor acha desta fórmula sangüínea?".

Examinei durante alguns minutos os diferentes números que eu tinha sob os olhos. Eu encontrara em um de meus manuais um quadro análogo. Respondi com segurança.

"Trata-se de uma anemia num sujeito epiléptico tratado com dihydan[1] ".

A assistência ficou impressionada. Parecia não ser mais medicina, mas vidência.

"Caro senhor, sua intenção é certamente de se orientar para a hematologia", disse-me a professora.

"– Não, senhora, estou me orientando para a psiquiatria".

Podia eu lhe confiar meu segredo correndo o risco de ser imediatamente trancado no pavilhão dos alienados? A festa foi então estragada pela intervenção do único membro do júri que não era hematologista, mas cancerologista.

"O senhor poderia nos falar agora da síndrome de Garcin?".

Eu não sabia mais ou menos nada dessa síndrome de Garcin, a não ser que se tratava de um câncer raro. Não encontrei esse significante no divã, pensei de imediato. Gaguejei alguns instantes.

O júri pediu-me então que me retirasse durante alguns minutos enquanto decidiam a minha sorte. Pouco depois, chamaram-me de volta para anunciar-me que eu estava aprovado, que teria merecido a menção *muito bem* se não tivesse sido tão medíocre sobre a síndrome de Garcin. Convidavam-me, além disso, a refletir bem quanto à minha vocação de psiquiatra quando a hematologia me estendia os braços.

Que me importavam todos aqueles discursos? Eu estava aprovado, meus estudos de medicina tinham acabado após seis anos de sofrimento e privações. Além disso, *eu pegara a leucemia*. Às pressas dirigi-me ao consultório de Lacan, a quem durante todo esse tempo eu não ousara falar da "minha intuição". O que teria ele pensado de mim?

Cheguei a sua casa, esbaforido pela corrida e pela emoção, e fui, por acaso, imediatamente admitido em seu escritório. Ali, no divã, pude enfim deixar explodir em palavras a minha agitação interior:

"Sabe, eu de fato peguei a leucemia, peguei a leucemia nas provas clínicas. É magia!".

---

[1] Um dos produtos usados no tratamento da epilepsia.

Lacan deixou então o seu mutismo para soltar estas poucas palavras que para mim permanecerão para sempre enigmáticas:

"Não se trata de magia, mas de *pura lógica*".

De que lógica podia se tratar? Lógica do significante, certo. Mas vale dizer, como Molière, que a sua filha é muda porque não fala. No momento em que tive essa espécie de epifania, quinze dias antes, nem os temas tinham sido escolhidos, nem os candidatos divididos entre os diferentes serviços. Além disso, minha análise não tinha assim sido pontuada de "golpes de magia"?

Conheci um dia, na sala de espera, um outro paciente, o qual, como eu, começara tarde os estudos de medicina. Só que, ele, não conseguia terminá-los. Ficava reprovado, repetia e pensava em abandoná-los. Veio-me então esta idéia, desta vez propriamente delirante: como é que se explicava que, a ele, Lacan não tivesse soprado os temas das provas?

O único dado absolutamente claro de minha trajetória estava na força de meu desejo de chegar ao fim e talvez eu tenha deixado ali uma parte de minha energia vital.

O êxito nas provas clínicas suprimiu o último obstáculo de meus estudos. De agora em diante eu podia substituir um médico, o que ia melhorar a minha renda, começar minha especialização em psiquiatria, pensar em apresentar a tese, livrar-me, perto dos quarenta anos, de meu humilhante estatuto de estudante atrasado.

Mas mal um canteiro de obras era encerrado eu abria um outro, eu me engajava num novo projeto. O do famoso passe, desta vez. O procedimento desse testemunho, tal como Lacan o havia codificado, consistia em relatar a dois analistas, eles mesmos em formação – os passadores –, como e por que eu me tornara analista. Num segundo tempo, esses passadores transmitiam meu testemunho, em minha ausência, diante de um júri dito júri do passe. Essa experiência não era totalmente desinteressada. A validação desse passe pelo júri conferia ao candidato o título invejado de Analista da Escola, isto é, a pertença a uma elite. Achavam o assunto perigoso. Alguns tinham ficado tão abalados que haviam posto fim a seus dias. Essa última afirmação me parecia excessiva e em todo caso não me impressionou.

Quando informei Lacan de meu projeto, ele ficou profundamente silencioso, sem opor obstáculo mas guardando a mais extrema e aparente neutralidade.

Telefonei então a Jean Clavreul, o analista organizador do estranho cerimonial, que marcou encontro comigo em seu consultório, na Praça des Vosges. Clavreul estava sentado perto da lareira, distante, atiçando entre duas tragadas de cigarro a cinza apagada da lareira.

Acabou por me apresentar dois envelopes amarrotados, tendo dentro papéis dobrados. Eu imaginara duas urnas mais dignas. Depois, mudando de idéia, retirou alguns dos pedaços de papel, acrescentou outros. Todo aquele teatro me intrigava.

Em minha incalculável ingenuidade, eu pensava que, para além das legítimas ambições de cada um, o interesse superior da psicanálise permanecesse prioritário. Na verdade, logo descobrirei, cada um dos barões do lacanismo, já prevendo o fim do mestre bem idoso, procurava colocar seus homens nos postos-chave da Escola. Ora, nunca estive e não posso estar, por minha própria constituição psíquica, a serviço interessado de quem quer que seja. A estratégia de formação de equipes em vista de uma tomada de poder não me interessa.

Finalmente, tirei um nome de cada um dos envelopes, Pierre M. de um, Catherine M. do outro. Alguns dias mais tarde, contatei essas duas pessoas e marcamos um primeiro encontro. Pierre M. preferia atender-me em seu consultório, Rua de Rennes, e Catherine M. escolheu vir à minha casa. Tive uma longa entrevista com cada um e devia revê-los, a meu pedido, mais ou menos uma vez por mês durante quase um ano. Assim estava desencadeado o mecanismo do que se assemelhava a uma análise da minha análise. Relatei a meus dois passadores, em formulações diferentes, os momentos nodais da minha cura. Insisti no que foi a grande surpresa e a grande lição de minha análise: a volta inexorável do fato religioso, de meu judaísmo, diante do qual eu só pudera depor as armas. Afinal, a antropologia não define o homem como animal religioso?

Mas logo aconteceu aquilo em que eu havia recusado crer, a saber, que o passe produz efeitos, às vezes violentos. Esse segundo turno de análise inventado por Lacan ia balançar o curso da minha existência, que parecia tornar-se mais pacífica e confortável. A cena do novo ato como sempre foi representada em família. Meus dois filhos mais velhos, agora adolescentes, iam encarnar essa tempestade.

O mais velho, aquele mesmo que, por sua exigência de *bar mitzva*, havia desencadeado minha volta ao judaísmo, começou a apresentar inquietantes manifestações e, em minha angústia de pai, pus-me a imaginar o pior. O segundo, que seguira meus rastros passando férias na escola talmúdica de Aix-les-Bains, desejou lá continuar seus estudos. O que significava inscrever-se na órbita ultra-ortodoxa, orientação que eu não podia aceitar, sua mãe ainda menos. Não bastava ele fazer cursos de Talmude em Paris? Minha recusa, esse *stop and go* que foi minha freqüente conduta, o desconcertou. Encolheu-se num silêncio e numa abulia de que nada parecia poder tirá-lo.

Essas inquietações avivaram nossas tensões conjugais. Eu acusava A., em meias palavras, de ser a causa desses distúrbios que já a feriam muito. Nesses tempos de doltoísmo triunfante, a mãe, Grande Outro por excelência, achava-se designada por uma certa vulgata psicanalítica como causa de todos os males de sua progenitura.

A situação tornou-se rapidamente insustentável e a sombra da separação, que eu acreditava exorcismada para sempre, de novo pairou sobre o nosso casal. A. sentia-se muito só, deprimida. Talvez devesse retomar a análise, interrompida pela desagradável intervenção de Melman! Após esse incidente, a quem se dirigir? Só Lacan parecia em condições de passar uma esponja em todos esses respingos. Ela lhe telefonou a meu conselho. Acontecia-lhe, com efeito, atender os dois membros de um casal, não para essas terapias ditas "de casal" ou "familiares", tão em moda hoje, mas cada um por sua conta, mantendo entre eles o muro mais estanque possível.

Lacan informou-me de seu telefonema e pediu meu acordo antes de atendê-la. Aquiesci de bom grado, sua intervenção nos permitia sair desse novo turbilhão destruidor.

O primeiro encontro teve efeitos imediatos e importantes. A. relatou-me certos elementos. Ele a atendeu com uma infinita gentileza, o que a fez derreter-se em lágrimas. Ela acumulara tantos sofrimentos naquela diabólica vida conjugal. Além disso, acusava-se de todas as dificuldades de sua progenitura e buscava entender a razão. Lacan interveio muito claramente sobre esse primeiro ponto: não, ela não era uma mãe ruim, a famosa mãe patogênica em cima de quem tantos analistas se criavam, mas, muito pelo contrário, uma excelente mãe. A. estava convencida de que nosso problema, após tantos anos de conflitos e de incompreensão, seria parcialmente resolvido com um certo distanciamento. Também sobre esse ponto Lacan a surpreendeu. Aconselhou-a, ao contrário, a ficar bem próxima de mim, as coisas se arranjariam. Depois concluiu com esta frase: "Não se deixe impressionar pela análise de seu marido".

Essas frases que A. me relatou mexeram profundamente comigo. Se os problemas dos nossos filhos não eram culpa dela, qual podia ser então a causa? Precisei de longos meses para admiti-lo no divã, numa frase que literalmente arranquei da garganta, rasgando a couraça de meu narcisismo:

"Sou um pai patogênico.

– Você levou tempo para perceber isso!".

A réplica ressoou como um tapa. No entanto, estava conforme a toda a teoria de Freud: o pai é determinante nos sintomas de sua descendência. De resto, Lacan sabia do que estava falando, como fiquei sabendo mais tarde, em matéria de *pai patogênico*. Mas todo analista tira seu saber de seu próprio sintoma. Apesar da afeição e da admiração que tenho por ele ainda hoje, nunca considerei Lacan como um modelo, mas como o operador de meu próprio nascimento subjetivo.

Depois de ter-me deixado experimentar várias soluções, Lacan dali por diante não tolerou mais nenhum desvio. O tempo de concluir tinha chegado, assim como estava selado meu destino de homem diante de uma mulher. O casal que formávamos, A. e eu, constituía o quadro fora do qual eu só podia errar. Foi nessa época que ele emitiu seu célebre aforismo, *não há relação sexual*, que pode ser entendido de várias maneiras, a mais simples sendo esta: todo casal repousa numa discordância que é preciso aceitar. Daí por diante, Lacan vai cuidar, com sua diabólica destreza, de torpedear a menor de minhas veleidades sentimentais.

Voltando outro dia aos problemas de nossos filhos, A. recebeu este conselho:

"Deixe seu marido cuidar disso".

Enviá-los a um colega era impossível, nossos meios não permitiam isso, já que agora era preciso pagar a cura de A. ao preço forte, o dobro do que eu pagava.

"É que ele vem todos os dias", dissera ele, "e você, uma vez só por semana".

Entendi a mensagem de Lacan como um convite para tornar-me analista de meus próprios filhos. Pedi-lhe confirmação e a obtive.

Assim, toda noite, quando o último paciente ia embora, eu "atendia" meus dois filhos, um de cada vez, e lhes pedia para me falarem com a promessa formal de que o que fosse dito ali não interferiria em nossa vida de família e de que eu nunca faria alusão àquilo. A animosidade que tinham em relação a mim encontrou assim um exutório. "Você para mim não passa de um tira, um nazista!", disse-me um dia o mais velho.

Essas entrevistas conduzidas frente a frente tiveram efeitos importantes e positivos. Ao fim de alguns meses, tendo sensivelmente evoluído os problemas escolares e de caráter, Lacan convidou-me a cessar a experiência.

Confrades a par dessa experiência julgaram-na escandalosa. Mas essa reação não me emocionou nem um pouco. Afinal, Freud fora analista da filha, assim como o pequeno Hans fora analisado pelo pai, sob a supervisão de Freud.

Minha vida se desenrolava, assim, na alternância da prática de analista, dos estudos, dos seminários a que eu assistia, dos encontros com os passadores, da vida familiar.

Há algum tempo que Lacan se apaixonara pela teoria dos nós e eu tentava seguir essa orientação, assistindo aos cursos que Michel Soury dava na faculdade de Jussieu. Buscava o meu caminho, embora já o tivesse encontrado: meu interesse pela questão religiosa, pelo judaísmo. Mas eu estava tão isolado nessa questão, objeto até de sarcasmos, que fazia esforço para superar esse interesse, para considerá-lo um momento transitório da minha análise. Mas Lacan trazia-me sem cessar a ele.

Foi precisamente a minha reflexão sobre o religioso que logo inspirou minha contribuição à teoria freudiana, a mais original e a mais bem fundada, talvez o único verdadeiro achado que tenham feito desde Lacan.

Estávamos a um ano do congresso de Lille sobre a Identificação. Para preparar esse encontro, dois dos mais eminentes analistas da Escola, Claude Conté e Mustapha Safouan, organizaram um seminário sobre esse conceito que eu trabalhava em cartel com A.D. há vários meses.

Uma questão colocada no seminário de Lacan *A identificação* intrigava-me particularmente, a da identificação primária. Freud apresenta esse modo de identificação como anterior ao Édipo, ele decorre de um amor primeiro pelo pai, seja qual for o sexo do sujeito; além disso, tem origem na oralidade canibalesca da primeira idade. Em resumo, esse importante processo psicológico acumula os paradoxos e os enigmas. O assunto parecia delicado demais para o próprio Lacan, que, após mostrar sua complexidade e suas aporias, declarou que esse conceito era incompreensível no estado atual da reflexão psicanalítica e que não o estudaria. Segundo ele, seria preciso pesquisar junto às culturas semíticas.

Tal desafio merecia ser aceito. Mas como? Tive o estalo certa noite, no seminário de Conté, ao escutar a apresentação que um confrade, Eric Porge, fazia da obra *Totem e tabu*. Nos dias que se seguiram, essa exposição suscitou em mim uma intensa atividade psíquica, um fervor intelectual como só conheci em toda a minha existência três ou quatro vezes.

O que me chamava particularmente a atenção era esse interesse que Freud mostrava pela teoria, velha de um século, do banquete totêmico de Robertson Smith: o animal totêmico supostamente tabu para um dado clã era, uma vez por ano, devorado por esse mesmo clã durante uma cerimônia de grande importância para o grupo humano considerado. Desde então, unânimes, os antropólogos haviam mostrado que esse rito não existia, que se tratava apenas de um erro de ótica da antropologia balbuciante, de uma fantasia européia projetada sobre os povos primitivos. No entanto, da mesma forma que para Freud, esse banquete ecoava insistente em minha memória.

Eu tinha em mente a lembrança de uma cerimônia religiosa, de um banquete estranho e absurdo que fazíamos em Túnis, em setembro, na véspera da importante solenidade de *Rosh Há-Shana* ou o novo ano religioso judeu. Nessa noite, a família ampliada, "o clã", reunia-se em volta de uma mesa onde era disposta uma série de tacinhas que guardavam as mais heteróclitas iguarias: mel, fatias de maçã, tâmaras, doce de amêndoa com gergelim, sementes de romã, dentes de alho, abóboras, pastéis de espinafre, peixe... De cada uma dessas iguarias, o chefe da família retirava pequenos fragmentos e os estendia a cada conviva. Depois de pronunciarmos uma certa fórmula, engolíamos esse fragmento. Era esse o banquete totêmico que Freud foi buscar nos povos primitivos, numa intuição justa e errônea a um só tempo? Mas nenhum desses alimentos era tabu o resto do ano e havia pletora de iguarias totêmicas e não uma só, como queria a sua teoria.

Essas reflexões me agitaram assim durante vários dias. Perguntei a meus pais, a interlocutores supostamente apaixonados por judaísmo a significação desse rito. Só obtive respostas vagas, insatisfatórias. A lei antropológica segundo a qual os povos costumam ignorar a significação de seus ritos achava-se confirmada. "Símbolos", respondiam-me. "É para nos desejar um bom ano". Mas por que o alho ou a abóbora seriam augúrios de um novo ano feliz?

De repente, numa espécie de iluminação, a solução do problema me apareceu. Entendi que, entre a iguaria simbólica e a fórmula ritual, ou melhor, o verbo dessa fórmula enquanto significante principal, havia *homofonia*. O que comíamos era a palavra trazida pelo alimento, sua escrita. O banquete totêmico consiste em comer um certo texto. Foi o primeiro germe do que desenvolverei anos mais tarde numa obra, *Comer o Livro*. Imediatamente compreendi a importância de meu achado, as novas portas que ele abria à teoria freudiana, à solução de alguns desses paradoxos, como os da teoria do Supereu. Com efeito, este se manifesta na consciência por ordens, palavras; ao mesmo tempo, nos diz Freud, esse Supereu tem origem na oralidade da pequena infância. Entendemos melhor a metamorfose do alimentar em falas se, justamente, forem palavras que comemos, palavras materializadas, logo, uma escrita.

Falei de meu achado a Claude Conté, em sessão de supervisão. Ele me manifestou um interesse polido e me convidou a expor a minha idéia, brevemente de preferência, numa próxima sessão de seu seminário. Através dessa reação, na aparência benevolente, percebi o quanto essas histórias judias irritavam todo mundo, psicanalistas judeus inclusive. "Pare de remexer nessas histórias", disse-me um dia um colega. No entanto, eu estava convicto de ter comigo uma verdadeira nova teoria.

Comecei a trabalhar e redigi uma breve nota de três páginas. Na véspera de minha intervenção, informei Lacan de minha próxima intervenção na Escola. Nessa noite, tive um sonho angustiante. Já me encontrava nessa famosa sessão do seminário. Dois ou três oradores tinham intervindo. As horas passavam sem que os organizadores pensassem em me passar a palavra. O auditório começava a deixar a sala. Senti uma decepção atroz que me despertou.

Contei esse sonho à minha amiga A.D., que me acompanhava nesse seminário. Ele se revelou estranhamente premonitório. Com efeito, a palavra foi primeiramente passada a um colega que fez uma longa exposição cujo conteúdo ninguém parecia entender. Depois, um outro orador tomou a palavra para um desses discursos enrolados em voga então nos cenáculos. Já eram onze horas da noite e a assistência começava a deixar a sala quando de repente Claude Conté se lembrou de que eu também devia tomar a palavra. Debrucei-me para A.D. para lhe murmurar, com um nó de despeito na garganta:

"Viu, meu sonho era de fato premonitório".

Depois, virando-me para Conté, pedi-lhe para deixar a minha exposição para outro dia. Mas este recusou: eu devia apresentar o meu assunto em poucos minutos. Comecei então a falar no meio da balbúrdia de cadeiras arrastadas, de pessoas que se levantam e começam a se retirar. Mas eis que, mal eu tinha pronunciado minhas primeiras frases, o silêncio se fez, o público já de pé sentou-se de novo. Guardei a lembrança de Jacques Hassoun, com a mão na maçaneta da porta de saída, que pára e me escuta de pé, durante os dez minutos que durou a minha exposição. Esta acabada, foi-se embora, lançando-me:

"A sua exposição me excitou".

Em sua boca era um cumprimento. Era tarde demais para discutir a tese que eu acabava de apresentar, mas várias pessoas, dentre elas Porge, vieram me falar do interesse que tinham tido em me escutar.

Eu esperava sobretudo, com a maior impaciência, a reação de Lacan. Estava estupidamente convencido de que as minhas palavras lhe seriam relatadas. Fui à sessão do dia seguinte, angustiado, à espera dessa provável reação. E Lacan me acolheu com uma terrível frieza. Parecia extenuado. Levantei-me a seu convite para efetuar a minha sessão quando, ao passar na sua frente, ele me soprou com violência no rosto, como se me cuspisse na cara. Esse mau humor não podia ter outra causa a não ser a minha exposição da véspera, que ele rejeitava, condenava sem apelação. Minha sessão foi das mais breves. Saí completamente derrubado.

Era demais. Desesperado, decidi parar a análise com ele. Eu estava sendo desaprovado e, no entanto, continuava convencido de ter feito uma descoberta de certa importância. Esse fim de semana foi sinistro. Eu não ia mais às sessões e Lacan não veio atrás de mim. Na terça-feira seguinte, ele dava seu seminário. Pareceu-me muito afetado, muito irritado com os que não entendiam a dimensão indestrutível do desejo. Citou, para isso, o último parágrafo de *A interpretação dos sonhos* de Freud. Depois, decidiu de repente que bastava por aquele dia e foi embora abreviando sua exposição. Estaria ele me enviando uma mensagem? Gostaria de ter acreditado, mas eu não conseguia tomar a decisão de revê-lo.

Pensava falar disso tudo com Claude Conté, que eu ia encontrar no dia seguinte, antes de decidir o que quer que fosse. Este ficou surpreso com o que eu lhe contei da atitude de Lacan. Ele mesmo havia apreciado a minha exposição e propôs-me retomá-la no próximo congresso de Lille. Logo, não havia anátema algum lançado contra mim. O sentimento persecutório era muito pregnante em mim nesses anos e não era totalmente sem fundamento, pois minhas idéias irritavam mais de um.

Propus a Conté prosseguir minha análise com ele. Eu estava de saco cheio de sessões de alguns segundos e gostaria bem de dispor, eu também, de uma pequena meia hora. Conté teve então esta frase, que me tocou por sua sinceridade:

"Não, vá vê-lo de novo. É com ele que as coisas aconteceram. Não se troca assim de analista, sobretudo quando as coisas foram levadas tão longe".

Nesse mesmo dia, A. tinha a sua sessão semanal com Lacan. Ela evocou o estado infeliz em que eu me encontrava.

"Ah, sim! O seu marido! Ele vai bem mal, de fato!", disse ele.

Quis perceber um sinal nessas palavras. Telefonei e Glória atendeu: "Vou lhe passar o doutor".

Ouvi então a sua voz, que parecia sempre cheia de cólera.

"Quando posso vê-lo?

– Mas imediatamente".

Corri para o carro. Nunca andei tão rápido em Paris. Lacan me recebeu com calor. Seu humor de repente havia mudado.

"Então, o que está acontecendo?

– Cabe a mim fazer-lhe essa pergunta. Por que me trata assim, com tal brutalidade, uma vez que sabe os sentimentos que tenho pelo senhor?

– É precisamente por isso, porque acho esses sentimentos totalmente excessivos.

– Pois bem! O senhor escolheu mal o momento para isso, o dia seguinte à minha apresentação, na Escola, de uma comunicação à qual eu dava muita importância.

– Como podia eu saber que você estava fazendo essa comunicação?

– Porque eu lhe havia dito".

Minha réplica deixou-o silencioso. Na verdade, o fato de ele não ter guardado essa informação dada na véspera de minha exposição tranqüilizava-me. Sua desagradável acolhida não tinha relação com o que eu havia dito. Suas primeiras palavras me haviam sobretudo esclarecido quanto ao sentido de tantas atitudes e atos inamistosos. Era preciso reduzir essa transferência inchada, desmedida, que me habitava e me tapava o horizonte. Eu ia partir apaziguado, reanimado por suas palavras. Mas Lacan nunca fazia um favor, durante a cura, sem imediatamente cobrá-lo.

"Você terá que me pagar *algumas* sessões por todo o período que faltou.

– O que o senhor quer dizer por *algumas*?

– Pois bem, digamos três para não deixar passar em branco".

Nas semanas que se seguiram, escolhi não evocar mais o incidente, não mais que a minha teoria da incorporação do Livro como mecanismo da identificação primária. Meu desejo de conhecer sua opinião nem por isso havia desaparecido. O tempo tendo passado e como estávamos num período pacífico de nossa relação, enchi-me de novo de coragem e perguntei-lhe se aceitava ler meu texto. O grunhido que ele emitiu pareceu-me favorável. Bati então à máquina a minha nota e entreguei-a a ele.

Ele raramente reagia aos textos que eu lhe enviava e eu não esperava uma atitude diferente ainda dessa vez. Minha surpresa então foi muito grande quando, alguns dias mais tarde, quando eu me levantava penosamente do divã, ouvi estas palavras de Lacan, emitidas do fundo de sua poltrona, da qual ele não se mexera:

"Li o seu texto. Ele é excelente, notável...".

Esse elogio me desconcertou. Curiosamente, para mim havia ali algo de insuportável. Por isso tentei atenuar-lhe o alcance:

"É apenas um primeiro esboço, devo precisar...

– É excelente", cortou ele secamente, "não há nada a criticar".

Olhei-o. Percebi com tristeza o grande cansaço de meu caro mestre, o quanto ele havia envelhecido nesses últimos anos, embora eu achasse que fosse durar para sempre. Sua voz estava se tornando mais grave e ele com freqüência não deixava mais a poltrona. A melancolia que me invadiu era temperada pela felicidade de ter acertado em cheio, pela satisfação de ter produzido uma peça que faltava no quebra-cabeças da doutrina lacaniana. Meus colegas, hoje ainda, não perceberam isso.

*

"Aprendi mais com meus alunos que com meus mestres", declarava um dos doutores do Talmude e pude várias vezes medir a pertinência desse adágio. Em outros termos, a melhor maneira de aprender consiste em ensinar. Foi essa máxima que me inspirou? Logo tive o desejo de aprofundar meu conhecimento dos textos de Freud, de descobrir por que caminhos esses estranhos e com freqüência inverossímeis conceitos tinham visto o dia. Eles há tanto tempo fazem parte de nossa paisagem cultural que não damos mais atenção de verdade ao que dizem de incrível. Construí assim o projeto de um seminário de leitura desses textos, mas uma leitura um pouco particular, já que se tratava de ler *tudo*, num modo cronológico, desde seus primeiros passos de estudante em Paris, com Charcot. Assim, poderíamos seguir o nascimento e a evolução desses conceitos. O instrumento para tal estudo estava pronto: a edição crítica e completa das obras em inglês, a única então disponível, maravilhosa ferramenta de trabalho apesar de seus defeitos, a famosa Standard Edition estabelecida por James Strachey, com freqüência criticada pelos filisteus da psicanálise. Para que fosse estimulante, essa leitura precisava de um eixo estruturante. Seria o exame da neurose obsessiva nos escritos de Freud. Essa categoria clínica foi a única que Freud inventou ao desmembrar toda uma nebulosa de noções em torno da neurastenia. Ela foi um dos fios condutores de sua clínica. Além disso, o que me conduzira à psicanálise era precisamente essa *Zwangneurose*, essa parasitagem compulsiva do pensamento.

Submeti esse projeto à direção de estudos da Escola, que o aceitou e pôs à minha disposição o local da Escola. Melman, responsável pelo programa de ensino, pediu-me que fosse vê-lo. Não nos tínhamos encontrado mais desde o nosso rompimento. Ele foi extremamente cortês, chegando a me ajudar, sublinhando seu gesto, a pôr de volta o casaco. Evidentemente, a aceitação desse projeto trazia o selo de Lacan. Era repetir que a palavra de ordem da volta à Freud permanecia atual.

Umas vinte pessoas responderam à minha proposta de leitura sistemática e esse seminário durou quase três anos, até a dissolução da Escola por Lacan. Examinamos assim os textos da juventude de Freud, desses anos em que, através de um incrível esforço intelectual, ele fundou a psicanálise. Para isso, tive de percorrer os cinco primeiros volumes da Standard Edition e chegar à obra maior, *A interpretação dos sonhos*. Ler Freud em inglês, numa língua que eu compreendia com alguma dificuldade, permitiu-me, paradoxalmente, em razão do caráter difícil dessa leitura, melhor penetrar o pensamento de Freud. Ali onde eu teria escorregado no texto traduzido em francês, a necessidade de parar em cada passagem forçava-me a interrogar-me sobre o rigor dos enunciados. Evidentemente, uma leitura em alemão teria sido preferível, se meu conhecimento dessa língua não tivesse sido mais ou menos nulo. Esse exercício afinal se afigurou apaixonante e formador. Ele me revelou o rigor implacável dos trabalhos do jovem Freud. Sempre lamentei não ter podido acabar essa experiência.

Eu ignorava que a autorização oficial para realizar seminários nas dependências da Escola fosse provocar sérias turbulências. Outros analistas, entre os mais eminentes da Escola, já que se tratava de Serge Leclaire e de Michèle Montrelay, haviam formulado o mesmo pedido e lhes haviam dito não. Leclaire, em particular, imaginava um seminário codirigido por ele e Antoinette Fouque, a egéria do feminismo. Lacan recusou. Como era possível que dessem uma sala a esse desconhecido (eu, no caso) para um projeto tão acadêmico e desinteressante quando a recusavam a Leclaire e Montrelay?

Foi nesse contexto que, em setembro de 1977, finalmente aconteceram em Lille as reuniões da Escola sobre a Identificação. As jornadas foram particularmente tumultuosas. A recente briga entre Lacan e Leclaire agitava a Escola. A corrente cristã, até ali mascarada, soube tirar proveito. Ela agora avançava de rosto descoberto, sem dúvida alguma buscando assumir o controle da instituição. Em face da IPA judia, a Escola Freudiana podia encarnar uma psicanálise de inspiração cristã. Françoise Dolto foi a primeira a anunciar abertamente a cor, a do *freudo-cristianismo* que contava na Escola com uma corte de outros eminentes representantes, que pertenciam às ordens monásticas, tais como R.P. Michel de Certeau, Bernaërt ou Denis Vasse, que acabava de ser eleito vice-presidente da Escola, aos quais se acrescentavam alguns outros personagens, recém-convertidos. Contra esse projeto coerente, não havia ninguém. A não ser os detentores de um vago discurso enrolado, anarco-esquerdista eventualmente, sem perspectiva.

Às vezes acho que a decisão de Lacan de dissolver sua Escola alguma semanas depois de ter retirado de R.P. Vasse a função de vice-presidente – o que provocou violentos protestos – tinha por objetivo evitar que ela se tornasse, sob o pavilhão de Dolto e de alguns outros, uma oficina da Igreja católica.

Que peso tinha a minha voz e o meu antipático discurso judaizante diante dessa poderosa força? Mas, talvez, ao encorajar-me em meu interesse pelo judaísmo, nascido em seu divã, Lacan tenha buscado acender um fogo contrário, por modesto que fosse. A psicanálise, tal como ele a concebia, só poderia sobreviver numa estrita laicidade.

Nas bancadas do Palais des Sports de Lille, onde estávamos reunidos, aconteceu em segredo um incidente significativo. A. quisera assistir a esse congresso. Procurei sentar-me a uma certa distância dela, uma fileira acima. Evitamos o conjugal, tema clássico do obsessivo! De repente avisto, a uma certa distância, Lacan, que me encarava fixamente, severamente. Acabo me levantando e tomando assento ao lado de minha mulher. Satisfeito, Lacan desviou o olhar. Se as sessões eram breves, com ele a análise não cessava nunca. Sem me dar conta, eu dera, sob o fogo daquele olhar, um passo importante, o fim de um desconhecimento ruim.

Os intervenientes nesse congresso contavam-se às dezenas, divididos em várias salas. Eu era um deles, perdido naquela multidão. Tomei a palavra diante de uma sala quase vazia e aquele público ralo estava ali, eu o sabia, apenas para escutar os oradores que me precediam ou me seguiam na tribuna ao longo da manhã. Uma série de incidentes técnicos, panes de eletricidade, de microfone, tornaram minha tarefa ainda mais delicada. Estou enfrentando o real, pensava, apesar de tudo atingido por uma paranóia legítima. Finalmente, numa indiferença mais ou menos geral, pude expor a minha teoria.

Eu fazia tanta questão de ser ouvido... No dia seguinte, de volta a Paris e a minhas sessões, cruzei no pátio do prédio com um paciente de Lacan que eu conhecia de vista, mas a quem nunca dirigira a palavra, Jean Guir. "Vamos tomar um café, depois da sua sessão?", propus-lhe.

Ele aceitou meu curioso convite, sem parecer mais surpreso que isso. Alguns instantes mais tarde, estávamos à mesa e falei-lhe da exposição feita no dia anterior em Lille:

"Por que me está contando isso, *a mim*?", perguntou-me ele, muito surpreso dessa vez.

"– Não sei, há pouco senti a necessidade, ao cruzar com você.

– É muito estranho. Porque eu mesmo, em Lille, fiz uma exposição que concorda totalmente com a sua. Mostrei que, tomando medicamentos, também incorporamos significantes, através do nome dos medicamentos".

Foi um desses acasos, quase telepáticos, que pontuaram a minha análise. A partir desse dia, Jean e eu tornamo-nos amigos. Mais tarde ele vai ter um papel em meu encontro com Bernard-Henri Lévy, que editará meu livro *Comer o Livro*, nascido do desenvolvimento desse primeiro germe.

*

No mês de maio de 1978, defendi minha tese, fim de um longo calvário de oito anos. *A loucura no Talmude*, era este o título. Graças ao rabino Raphaël Israël, eu havia coletado, pegado na massa dos escritos talmúdicos tudo o que dizia respeito à vida psíquica, à sua patologia, à busca do tesouro de que fala o lavrador da fábula a seus filhos. Esse tesouro que eu fantasmava poderia ser definido assim: a psicanálise estava latente no Talmude e no Midrash? A resposta tornava-se evidente em sua bela simplicidade. Não mais que sob o risco do Evangelho – como disso ficaram convencidos os crédulos –, não existe "psicanálise sob o do Talmude".

Mas, como na célebre fábula, meu trabalho fazia-me possuidor de um tesouro bem mais belo, o conhecimento dos métodos hermenêuticos que, estes, possuíam uma estranha semelhança com os métodos da interpretação freudiana dos sonhos. Eram às vezes até mais precisos, mais ricos, e eu tinha o projeto de introduzir alguns deles no currículo freudiano. Iria fazê-lo por um deles, a *gezera chava*, expressão que traduzi por "transferência significante[2]". Mas as forças me faltarão para investir as doze outras regras de R. Ismaël, que constituem uma espécie de axiomática do discurso do Midrash.

Essa defesa de tese foi uma cerimônia antes cinzenta, diante de um anfiteatro com poucas pessoas, ocupado por alguns parentes dos quatro impetrantes que se apresentavam nesse dia. Minha performance foi julgada antes boa e deram-me uma medalha. Sendo o mais velho dos colegas, coube a mim pronunciar para o conjunto de nossa pequena tropa o famoso juramento de Hipócrates. Não senti júbilo particular.

Celebramos o acontecimento em volta de xícaras de café mais para morno. Meu pai parecia curiosamente sombrio. Convidei-o para almoçar para festejarmos o acontecimento. Após alguns passos dados juntos em direção a um restaurante que ele havia escolhido, declarou-me que preferia voltar para casa, deixando-me ali plantado na calçada. Num célebre texto, Freud conta o mal-estar que sentiu durante uma visita à Acrópole de Atenas. Ele interpretou esse sentimento como o afeto experimentado por um filho no momento de superar seu pai. Freud, dizia Lacan, buscava sempre salvar o pai. Talvez tivesse ganhado em examinar também o sentimento experimentado pelos pais quando seus filhos os superam socialmente, situação com a qual eu me via confrontado nesse dia. Eu era decididamente o único a saborear o acontecimento, numa relativa solidão, mas com a satisfação do trabalho bem feito, satisfação que me proporcionava, através da minha análise, a energia para prosseguir. Só? Duas outras pessoas partilharam sinceramente minha alegria silenciosa e meu orgulho. A. primeiramente, cuja verdadeira felicidade me tocou, e depois ele,

[2] Cf. G. Haddad, *Manger le Livre*, op. cit.

meu analista, talvez pela mesma razão que eu, a satisfação da tarefa assumida e levada a seu termo.

Hoje ainda, o cumprimento desse longo percurso continua a me espantar. Como pude suportar tantas privações, financiar, sem fortuna nem recursos particulares, essa total mudança de percurso? O apoio de Lacan no caso foi decisivo, apoio, ó quanto paradoxal, sem jamais perdoar-me pagamento algum, maldade alguma, sem jamais relaxar o ritmo infernal que ele me impunha. Conseguiu assim dar têmpera a uma personalidade pronta para as lágrimas e o desânimo, para todas as espécies de culpadas e estéreis fraquezas.

Sua maldade preferida consistia em infligir-me longas horas de espera em sua biblioteca. Ora, foram benditas horas que me permitiram consultar muitas obras. Sobretudo, fui a testemunha invisível de sua consulta, experiência que depositou em mim preciosas lições. A disposição dos lugares, como já relatei, permitia-me ouvir, no dia em que ele decidia deixar entreaberta a porta do consultório, as falas de seus pacientes, ainda que sem identificá-los. Minha memória conservou alguns pedaços desses diálogos:

"Durante toda a minha análise, pensei que o senhor fosse judeu, e no entanto o senhor não o é!", dizia-lhe alguém manifestamente decepcionado.

"– Com efeito", respondeu Lacan.

Outra vez, ouvi um psicanalista dizer estas espantosas frases:

"O professor Lucien Israël aconselhou-me a consultá-lo. Meu problema é que durmo profundamente assim que o paciente deita no divã.

– O senhor quer, então, que eu o tome em supervisão?

– É isso".

Assim, há meses, esse praticante nomeado dormia enquanto os pacientes falavam. Eu ignorava que isso pudesse acontecer com os melhores dos analistas. O que também vai me acontecer, a voz de meu analisando chegando a mim então de um longe estranho e dando-me um susto ao surgir uma fala importante.

Num outro dia, fui testemunha de um espantoso diálogo com um consultante manifestamente de origem africana. Eu ouvia mal as suas falas. A voz de Lacan, por outro lado, era perfeitamente audível, a crer que ele falava alto para que o ouvissem:

"Se você estivesse em seu país, consultaria um feiticeiro para o mal de que sofre. Mas aqui, na Europa, você vem ver um psicanalista".

Seguia uma explicação sobre o determinismo inconsciente do sintoma, depois esta conclusão:

"Vou então enviá-lo a um de meus alunos, que o ajudará a resolver o seu problema".

Lacan enunciava a equivalência entre feiticeiro ou xamã e psicanalista portanto abertamente, sem reticência.

*

Minha vida tinha agora achado um outro ritmo, mais intenso. Eu deixara o hospital em La Queue-en-Brie e encontrara um posto de interno no serviço psiquiátrico do hospital de Meaux.

Todas as manhãs eu fazia a longa viagem de carro que me levava de meu domicílio parisiense até Meaux. O trajeto não me pesava. Encontrava nele até os momentos de indispensável felicidade que me proporciona a escuta da música clássica. Voltava a Paris após o almoço para ir à sessão de análise. No caminho de volta, parava duas vezes por mês numa residência para deficientes físicos. Minha consulta começava às dezessete horas.

Às quartas e sextas-feiras à tarde, fazia algumas substituições no centro médico-pedagógico de Montrouge.

Dedicava, enfim, minhas noites à formação, a freqüentar seminários da Escola ou os cursos noturnos do Hospital Saint-Antoine a fim de obter meu diploma de psiquiatra.

Nessa época, a questão do religioso era, por assim dizer, tabu no meio analítico. Falava-se muito do real sem perceber um só instante o terrível real que ia em breve invadir a cena: o ressurgimento do religioso, precisamente, e sob suas formas mais inquietantes. Os analistas têm tão pouco a fibra científica que, para eles, o estudo de um fenômeno implica a adesão a esse fenômeno. Avatar, com certeza, de um estalinismo de juventude jamais analisado. Por outro lado, um analista é forçosamente ateu, o que é bem cômico se considerarmos o número de sacerdotes e de convertidos nostálgicos que habitavam os corredores da Escola, preparando às escondidas a síntese do divã e do aspersório. Mas o que significa o conceito de ateísmo? Em que representação de Deus recusávamos crer? No deus de Baal-Peor, cujo culto consiste em defecar no pé de seu ídolo, ou na teologia negativa de Maimônides? De qualquer modo, há uma diferença! A trindade cristã entretém alguma relação com o monoteísmo ciumento do Islã? Essa profissão de ateísmo fará muitas vezes Lacan rir, o qual lançava como um desafio que os únicos verdadeiros ateus se encontram... no Vaticano. O ateísmo verdadeiro com efeito implica alguns sólidos conhecimentos teológicos. Ele acrescentou, em um dos seminários ao qual eu assistia: "A religião é o complexo de Édipo". Mas ninguém queria ouvi-lo, o que constitui a marca possível de um embaraço, uma incapacidade de manejar essa concepção inovadora.

Ora, o grande assunto de minha análise, sua revelação principal, foi precisamente a descoberta da importância do fato religioso no inconsciente.

Nesse céu falsamente sereno, a publicação da obra de Françoise Dolto, *L'Évangile au risque de la psychanalyse* [O Evangelho sob o risco da psicanálise], título que ela logicamente deveria ter invertido, foi uma surpresa.

Na época, eu tinha uma grande admiração por Dolto, por "Françoise", personagem central da Escola, a mágica, aquela que, diziam, operava milagres através de sua escuta. Os jovens analistas a apreciavam particularmente, eles que remavam desesperadamente para sair do atoleiro. Com efeito, ela deixava "vir a ela as criancinhas". Esse prestígio aumentou a partir do congresso de Lille, quando anunciou publicamente que estava se aposentando para se dedicar à organização de suas notas. Na verdade, para lançar a prodigiosa operação de mídia que ia doltoizar a França inteira e que teve por efeito fazer dela a papisa inconteste de uma certa vulgarização psicanalítica. Essa admiração não resistiu à prova dos fatos.

Antes de mais nada, foi a sua clínica, cuja magia murchou. Eu nunca deixava de escutar, no caminho de volta do hospital de Meaux a Paris, o programa que ela animava diariamente na rádio France Inter em companhia de Jacques Pradel. Eram programas ricos em conselhos que eu me propunha pôr em prática, agora que dispunha de uma consulta para crianças no centro de Montrouge.

Os dois cúmplices evocaram um dia a questão da enurese, mal que atinge as crianças grandes que ainda molham a cama durante o sono.

"É um distúrbio fácil de tratar", anunciou Dolto. Como? "Colocando na cabeceira da criança um copo d'água. Se a coisa não funcionar, substituímos esse copo por um vidro com um peixe vermelho dentro".

Eu estava tão fascinado pela mágica que nem por um instante me coloquei a questão: o que havia então de freudiano, de psicanalítico naquele mágico vidro com um peixe vermelho? Mas não estava eu no início do longo caminho de minha formação?

No dia seguinte, uma quarta-feira, dia de minha consulta para crianças, atendi um menino de seis anos, um portuguesinho que sofria de enurese. Esfreguei as mãos diante de tal presente dos céus. Após uma longa entrevista com a mãe e o menino, usei meu golpe secreto: o copo d'água na cabeceira. Minha intervenção não teve efeito algum, não mais que o vidro de peixe vermelho que, em desespero de causa, administrei. Durante o sono, o menino acabou por derramar o vidro sobre a cama, inundando-a copiosamente dessa vez. Era hora de dar um tempo. Ao relatar a colegas a minha desventura, estes me repetiram a observação que circulava pelos corredores da Escola:

"Os truques de Françoise em geral só dão certo com ela".

Nós analistas, peritos em desalienação, permanecemos particularmente alienados a nossos ídolos da hora. Em que outra disciplina poderíamos ter engolido tais sapos? Lacan ao menos teve o mérito de me dizer um dia:

"Não sou um taumaturgo!".

Curiosamente, o prestígio de "Françoise" permaneceu intacto a meus olhos. Eu acreditava em sua grande generosidade e sobretudo via nela uma aliada. Ela ao menos entendera a importância do religioso na clínica. Já que ela ousara transgredir o tabu da questão religiosa, meu estudo do Talmude deveria certamente interessá-la. Eu previra entregar-lhe um exemplar de minha tese.

A Escola com freqüência realizava jornadas de estudos na Maison de la Chimie. Eu contava aproveitar as que iam se realizar antes das grandes férias de verão, um mês após a defesa de minha tese, para levar minha oferenda. Num corredor que conduzia a uma das salas, cruzei com Dolto. Tremendo de emoção, aproximei-me dela.

"Madame, eu gostaria de lhe oferecer um exemplar da minha tese".

Balbuciei, confuso, apesar de tudo tentando indicar seu conteúdo e orientação. Ela pegou as cópias, olhou o título alguns segundos, *A loucura no Talmude*, e de repente devolveu-me:

"Não, estou muito ocupada neste momento".

Depois retomou seu caminho. Fiquei parado, petrificado. Nossa psicanalista aposentada, a alguns dias de longas férias de verão, não tinha tempo. Na minha vida, nem antes nem depois encontrei tal grosseria. É costume aceitar de presente o manuscrito de um jovem confrade, ainda que acabemos por abandoná-lo na poeira de uma estante, ou por dá-lo a alguém que nele poderia encontrar interesse. Jamais Lacan, no entanto submerso em textos que de todas as partes lhe submetiam, teve tal atitude. Disso fui testemunha.

Anos de esforços tinham chegado a esse texto, ó quanto imperfeito, mas testemunha de minha análise. Será que ia ter por único destino os arquivos da faculdade? Enviei um exemplar às Éditions du Seuil, após ter prevenido Lacan, que me gratificou com um sorriso cúmplice. Sofri a recusa argumentada de François Wahl. Seu texto, escreveu ele, é um híbrido inábil de semi-erudição e de teses mal sustentadas. Talvez. Um outro exemplar endereçado à Gallimard valeu-me uma longa entrevista com Pierre Nora. Este me confessou seu embaraço. Este texto deve ser publicado, disse-me, mas o lugar dele não é nas minhas coleções. Transmitiu-o a J.-B. Pontalis, o qual, também, veio com um discurso análogo: este livro tem que ser publicado, mas não aqui. Minha decepção ao menos era temperada pela cortesia de meus interlocutores.

Foi de novo A.D., minha boa estrela, quem pôs fim à errância de meu texto. Ela havia encontrado uma jovem editora, Françoise Cibiel, que estreava na editora Hachette Littérature. Esta manifestou interesse por meu trabalho e aceitou publicar meu livro "liberado" de seu estilo tese. Propus conservar o título da tese, mas este não agradava aos editores.

"O que o senhor quer demonstrar neste texto?", perguntou-me Gassiot-Talabot.

"– Desejo antes de tudo apresentar documentos.

– Mas esses documentos dizem alguma coisa, senão por que os ter reunido?".

Aquele homem tinha perfeitamente razão. Ele me incentivava a superar certas inibições e, sobretudo, meu medo de parecer ridículo na cena analítica.

"Digamos que Freud, por certos aspectos, aparece como um herdeiro, mas um herdeiro herético, dos mestres do judaísmo, o filho ilegítimo deles.

– Encontramos o título: *O filho ilegítimo*, com um subtítulo mais explicito, como *Fontes talmúdicas da psicanálise*".

A proposta não me entusiasmava, mas eu não tinha melhor. Foi, portanto, sob esse título, portador de uma certa confusão, que meu livro fez sua entrada na cena da teoria freudiana. E eu com ele, filho ilegítimo da psicanálise, herético também.

Minha convivência com a editora Hachette Littérature logo teve outra conseqüência de importância. Com efeito, lá conheci o historiador Laurent Theis, que acabava de criar uma revista, *H Histoire*, e desejava dedicar um próximo número aos judeus da França. Propôs-me participar, dando-me carta branca para a escolha do assunto. A oferta me tocava e me embaraçava. Eu já estava entupido de trabalho com os estudos de psiquiatria, o trabalho no hospital, a redação de *O filho ilegítimo*, a clientela que aumentava. Não tinha, de resto, a mínima idéia do assunto que de poderia tratar. De repente, como às vezes me acontece, uma idéia se impôs à minha mente, indiscutível, urgente, necessária. Eu trataria da estranha história, tão pouco conhecida do público francês, de Aimé Pallière, o seminarista de Lyon que quis tornar-se judeu no início do século, e da relação com seu mestre, o rabino de Livourne Elie Benamozegh. Propus como título: "O caso Aimé Pallière e a verdadeira religião". Esse título guardava múltiplas alusões e uma forte carga emocional. No nevoeiro da minha adolescência, após a minha revolta contra os esquemas familiares, insuportáveis e debilitantes, mas revolta que me deixava só em campo aberto, sem referências, uma leitura me havia por um certo tempo permitido encontrar-me. As marcas profundas dessa leitura jamais se apagaram. Tratava-se do *Santuário desconhecido*, autobiografia de Aimé Pallière. O próprio título da obra, sem que eu quisesse, ressoava com a minha fantasia do véu do Santuário.

Em sua busca dolorosa e incompreendida do judaísmo, busca, na verdade, de pai, Pallière encontrou Benamozegh. Houve entre eles uma troca de cartas e um único encontro em Livourne. Este bastou para decidir o destino do antigo seminarista. De imediato Benamozegh fez de Pallière, que ele mal conhecia, seu legatário e confiou-lhe por testamento a edição de seu *opus magnum*, um volumoso rascunho de mil folhas que será publicado com o título de *Israel e a Humanidade*. Benamozegh quis fazer de Pallière seu intercessor junto ao mundo cristão, começar com ele uma obra de reconciliação entre cristãos e judeus, que decididamente só dará frutos um século mais tarde.

No entanto, a ação de Pallière vai evoluir numa direção inesperada. Não é tanto no seio do mundo cristão que ele vai militar, mas no interior do mundo judeu francês, de judaísmo profundamente descolorido. Ele, o prosélito, não se cansará de louvar as belezas do judaísmo, dos textos proféticos, da língua hebraica que ele dominava.

Embora não se tenha formalmente convertido ao judaísmo – a conselho de Benamozegh –, Pallière durante muitos anos vai ocupar a função de rabino na sinagoga liberal da Rua Copernic. Mas sua mensagem foi friamente recebida pelo mundo judeu francês. "Você deseja", censuraram-no, "que voltemos ao gueto?". Decepcionado, amargo, estarrecido com os horrores da Segunda Guerra Mundial, Pallière voltará a seu cristianismo de nascimento e acabará a existência num mosteiro provençal embora continue a praticar os principais ritos do judaísmo.

Lendo esse testemunho, descobri que o judaísmo podia ser portador de outro fervor que o dos ritos efetuados com desprazer.

Alguns meses antes que Laurent Theis me propusesse escrever em sua revista, houve a memorável apresentação de doente em Sainte-Anne que eu evocava anteriormente, a do rapaz concebido nos campos de concentração, cuja origem judia os pais haviam escondido. A leitura do livro de Benamozegh, conhecido de raros iniciados, lhe havia permitido organizar seu delírio e dar um conteúdo à sua psicose. Para mim, foi sobretudo a descoberta de que Lacan conhecia esse livro, de que ele até teria tido um papel em seu avanço intelectual.

A proposta de Theis provocou a cristalização dessa corrente de lembranças. O próprio título de meu artigo, "*O caso* Aimé Pallière", continha um eco suplementar, remetia à célebre paciente da tese de Lacan, *O caso Aimée*. Eu de fato acalentava a seguinte suposição: talvez ele tivesse dado esse pseudônimo à sua doente Marguerite Anzieu em homenagem a Aimé Pallière? Theis aceitou meu projeto, mas trocou o título.

A composição desse artigo representou para mim um desafio de grande importância e a ele dediquei todas as minhas forças. Li tudo o que Pallière havia escrito, passei dias inteiros na Biblioteca Nacional, tomei emprestado tudo o que restava dos arquivos, bem mal conservados, da Rua Copernic, onde a história de Pallière não interessava a mais ninguém. Comprei caro num sebo a edição original de *Israel e a Humanidade*, duas vezes mais importante que a edição resumida reeditada desde então.

Lacan acompanhava minha pesquisa com interesse. Nesses momentos de extrema paixão – conheci alguns em minha existência –, transformo-me em monômano sobrecarregando os meus próximos, até mesmo qualquer interlocutor, com minha obsessão do momento. Eu só falava de Pallière e de Benamozegh. Tanto que, em sua sessão, A. queixou-se:

"Meu marido se embebeda com o Benamozegh e o Pallière dele".

Para sua surpresa, Lacan a interrompeu num tom de censura:

"O que o seu marido está fazendo é muito importante".

Ela me relatou essas palavras que me reconfortaram. O produto desse esforço com certeza não esteve à altura das energias investidas. Esse tempo era o de meus reencontros confusos com o judaísmo e a exaltação sempre prejudica a escrita. Retomarei sua redação quinze anos mais tarde, esforçando-me para apagar as fraquezas mais gritantes.

O nome, o próprio significante *Pallière*, trazia uma parte da minha neurose, da minha estrutura. Pallière escolhera como pseudônimo de jornalista o de *Loetmol*, tradução em hebreu das duas palavras *pas hier* [não ontem]. Esse trocadilho evidentemente ressoava com esse traço da minha estrutura que se manifestará na minha vida amorosa em síndrome de Solal.

Eu tinha consulta numa terça-feira após uma segunda-feira de Páscoa, dia em que Lacan não atendia. Ali recapitulei brevemente o avanço de meu artigo sobre Pallière. Preparava-me para ir embora, depois de ter pagado a minha sessão, quando Lacan me parou:

"Você me deve a sessão de ontem!

– Mas ontem...

– Ontem, eu o esperei e você não veio.

– Mas nós não tínhamos consulta, era dia feriado...

– Você tem de pagar!", concluiu ele rangendo os dentes de raiva e expulsando-me literalmente do consultório.

Informei-me junto a Glória: "o doutor, ontem, atendeu alguém? Não, ele ficou o dia inteiro na casa de campo em Guitrancourt".

Precisei de um longo tempo para entender o sentido daquela intervenção, antes escandalosa: *pas hier* [não ontem], Pallière, *pas là hier* [não (ali) ontem], esse encontro não acontecido de meu destino que me projetara na neurose. Lacan acabava de enfiar nela um doloroso escalpelo, dor que se transformou em gargalhada: chiste e suas relações com o inconsciente.

A editora Hachette ia despertar em mim uma nova esperança. Françoise Cibiel falou-me de seu projeto de criar uma coleção de livros de psicanálise e pensou em me confiá-la. Essa proposta despertou em mim a ambição, até ali desconhecida, de editor. Meu vínculo particular com os livros, com a sua produção, com certeza também com o poder que a função de editor confere, explicava-o. Mas tal papel, numa editora tão importante, só podia ser representado por um dos tenores da Escola, e eu estava disposto a acomodar-me a um papel mais modesto.

"Eu gostaria muito de *dirigir* essa coleção", disse em sessão.

– Como? Como?".

Lacan tinha aquela voz de raiva fingida, uma das armas favoritas e familiares de sua maiêutica. Entendi imediatamente o sentido.

"Que eu *dirigirei*!

– É isso aí!".

A raiva virou imediatamente sorriso, com a satisfação sentida por todo analista digno desse nome quando consegue suspender uma inibição de seu paciente. Nesse dia tive direito ao aperto de mão reconfortante dos bons dias, os que sucediam a longos períodos de indiferença, até mesmo de hostilidade. O efeito dessas manifestações de mau humor, fingido ou real, era imediato. Eu devia questionar novamente a minha posição, as minhas aderências imaginárias. Mas essa tensão, que às vezes beirava o clima de terror, não era, evidentemente, suportável por muito tempo. Após três ou quatro sessões que pareciam coices, eu tinha direito ao aperto de mão que acalmava e consolava.

"Eu vou dirigir essa coleção", disse a Françoise Cibiel. Ela aceitou e me pediu para preparar-lhe um projeto. O que fiz. Infelizmente, o caso ficou nos limbos.

Minha volta ao hebreu, ao Talmude chamara a atenção de alguns colegas judeus em crise de identidade. Uma colega, Perla D., desejou organizar um grupo de estudo dos textos hebraicos. Entre os participantes encontrava-se Jean-François Steiner, o autor de *Treblinka*. Esse grupo, heterogêneo demais, não funcionou muito tempo, o bastante, no entanto, para que eu fizesse amizade com Steiner, cujo livro eu ainda não lera. Essa amizade nascente forneceu-me a oportunidade para isso.

A leitura de *Treblinka* mexeu comigo. Mergulhei, durante toda a travessia desse texto, num desespero absoluto. Todo um lado recusado de meu ser voltava a me habitar: a Shoah, o genocídio judeu, causa dessa insondável angústia, dessa tristeza infinita que me habitavam desde a infância e que eu esquecera junto com meu judaísmo. Alguns imaginam que os judeus da África do Norte, por terem sido poupados na carne dessa tragédia, a ela seriam insensíveis. Minha experiência pessoal, depois minhas observações de clínico demonstraram-me amplamente a falsidade desse *a priori*. Para além mesmo dos judeus, minha prática de psicanálise permitiu-me observar várias vezes o quanto a barbárie do genocídio retalhava toda a subjetividade moderna. (Quem sabe um dia terei a força de mostrá-lo.). A imagem daquela mulher árabe argelina, médica exilada, que fez a viagem até Auschwitz organizada pelo Movimento Judeu Liberal do qual eu participava permanece, para mim, inesquecível. Lembro-me de seu belo rosto devastado pelas lágrimas enquanto percorríamos os caminhos de Birkenau, quem sabe misturando em seu desespero o martírio judeu com o de seu povo, o de todos os povos. Como poderia eu aderir a esses ódios étnicos cuidadosamente organizados, Moloch moderno ao qual sacrificam nossos filhos?

Lacan acompanhou-me atentamente, durante toda essa nova travessia do horror. Ele estava ali, de pé ao meu lado, interessado, suspirando de angústia, acompanhando meus soluços com esta simples pontuação: "É isso, é isso", dizia.

Só voltei a mim após longas semanas, embora guardando uma marca indelével desse confronto com o genocídio. A Shoah não estava então na moda com o uso falsificado que desde então se impôs. Esse momento me foi posteriormente precioso. Ele me permitiu detectar no discurso de meus pacientes, filhos, netos, cônjuges de deportados, mas também simples sujeitos sem vínculo biográfico e familiar com a deportação, o quanto esse mal é profundo e essencial para entender o mal-estar existencial do homem moderno e para elaborar uma clínica de hoje. Acrescento que a exploração perversa do genocídio torna-se, por sua vez, um fator patogênico.

Sob a pressão de um colega, supostamente com muita experiência, que negava a importância patológica da Shoah, fiz um dia uma estatística grosseria de pacientes para os quais essa questão estava no cerne do sintoma deles. Encontrei, com grande constância, a proporção considerável de um terço.

Há algum tempo, a duração de minhas sessões, já bem curta, foi encurtada ao extremo. Eu mal podia dizer três ou quatro palavras. Às vezes a sessão era suspensa antes mesmo que eu abrisse a boca, por um "até amanhã" que não me deixava nenhuma escolha. Eu havia anteriormente observado que Lacan utilizava essa técnica em momentos excepcionais, quando queria quebrar uma onda de angústia excessiva, um momento de depressão, ou quando percebia uma evasiva, que eu tentava lhe esconder um episódio da minha vida amorosa por exemplo. Essas interrupções brutais agiam então como eletrochoques. Mas ela agora estava se tornando a regra diária. Por que razão? Em nenhum momento eu suspeitava que esse comportamento estivesse relacionado com meu passe em curso, ao qual eu achava Lacan indiferente. Descobri alguns meses mais tarde o quanto a minha iniciativa o interessava e a importância que ele dava a meu testemunho sobre esse fenômeno que ele vira desdobrar-se sob seus olhos: *a importância do religioso no inconsciente*, mais precisamente ainda, a importância do judaísmo como lugar de nascimento e de conservação do monoteísmo.

Pela brutalidade de seus cortes, Lacan desejava acelerar a minha iniciativa. Mas eu estava cego a todas essas implicações a que eu aderia ingenuamente. Lembro-me perfeitamente de uma série de sessões, bem significativa desse período.

Início de sessão: "Cortando-me assim a palavra, o senhor...

– É isso!". Fim de sessão.

Início de sessão: "Que minha análise deve se concluir.

– É isso!". Fim de sessão.

Início de sessão: "Fixemos uma data para esse fim.

– De acordo!" (Estávamos no mês de março). Fim de sessão.

Início de sessão: "Proponho-lhe terminar nas próximas grandes férias.

– De acordo!". Fim de sessão.

Mas por que então Lacan me punha assim para fora? Minha posição na Escola tornava-se cada vez mais desconfortável, em choque com uma antipatia objetiva. Antipatia da corrente cristã cada vez mais poderosa como Dolto me havia manifestado, antipatia dos psicanalistas judeus como Melman, na pura tradição de Freud, para quem a questão judia soava como uma falta de gosto, antipatia da corrente anarco-atéia tendo Clavreul como líder, para quem eu não passava de um delirante entre outros. Qual era, pois, a posição de Lacan nessa luta de correntes em que a ambição pessoal de resto ocupava um lugar importante? Impossível saber. Mas eu acabara por extrapolar para sua pessoa a hostilidade difusa a meu respeito. Lacan necessariamente devia condenar minhas lucubrações freudo-religiosas. Resolvi tirar isso a limpo:

"O senhor quer que eu vá embora para não afiançar mais as minhas babaquices.

– É exatamente por isso". Fim de sessão.

"Mas talvez haja outras razões?

– Não vejo nenhuma outra". Fim de sessão.

Após tantos anos de análise, eu achava algo de esquisito na violência aparente dessas réplicas, machadadas que desfaziam com brutalidade o incrível vínculo transferencial que me ligava a ele.

Tínhamos, portanto, marcado data para um encerramento dessa longa aventura. Eu ainda era interno no hospital de Meaux, minha tese estava defendida e em via de publicação, meu diploma de psiquiatra já pela metade. Essa perspectiva do fim próximo de minha cura proporcionava-me um delicioso sentimento de leveza. Meus recursos ficariam consideravelmente aumentados.

Durante os quatro meses que me separavam de "seu fim", minha análise pareceu-me avançar a passos largos. O peso da neurose ficava mais leve, meu humor não conhecia mais aqueles buracos depressivos que sempre me acompanharam.

"Será mais emocionante que a despedida de Fontainebleau!"* , dizia-me A.D., rindo.

Tínhamos chegado à última semana de julho com sua contagem regressiva, depois, enfim, à última sessão.

"Quando é que o vejo de novo?", perguntou-me Lacan, antes mesmo que eu pudesse acabar a frase que estava começando a articular.

Fiquei mudo alguns segundos. Era, portanto, uma falsa saída, um fingimento a mais. Não fiz nenhuma objeção.

"Pois bem! em setembro como sempre".

Desde Freud e seu célebre paciente *o homem dos lobos*, fixar um termo à análise para mobilizar a energia do paciente e quebrar as suas resistências tornara-se um grande clássico. Sabemos que essa técnica antes foi catastrófica para esse paciente. Lacan, portanto, havia introduzido uma variante original na manobra: um fim de cura em *trompe l'œil.* Ignoro se ele a utilizou com outros analisandos. Talvez fosse eu que a suscitei com minhas questões, num momento em que Lacan, em seu arsenal infinito de espertezas, desentocara esta: estar sempre de acordo com o discurso do paciente. É bem isso! Totalmente! Mas sim! Você tem toda razão! Essas interjeições tinham um efeito paradoxal. Eu me punha a duvidar de seu juízo, de sua posição, de suas crenças.

Minha função de interno só me permitiria então quatro semanas de férias. Voltei sozinho da Itália e me vi em meu apartamento, tendo por única companhia Manuela, uma pessoa que vinha algumas horas por semana fazer a limpeza e abrir a porta para meus pacientes.

Certa tarde de agosto, quando voltei do hospital, Manuela me falou de um telefonema. O nome do interlocutor lhe havia escapado. Mas ela havia anotado o número. Reconheci imediatamente o telefone de Lacan e telefonei.

---

* Despedida de Napoleão aos soldados, em 10 de abril de 1814, no castelo de Fontaínebleau, quando de sua primeira abdicação; nome, igualmente, de um quadro de Horace Vernet (NT).

"Onde você está, Haddad?

– Mas em casa, doutor.

– Por que não veio me ver?

– Eu não sabia... Não tínhamos consulta... Eu achava que o senhor estava de férias... quando o senhor quer?".

Gaguejei. Esse telefonema, essa pergunta me surpreendiam. Além disso, eu estava vivendo um curioso momento. Uma violenta briga entre meu pai e um de meus irmãos, o falecimento de uma de minhas tias, a solidão, o calor do agosto parisiense me haviam mergulhado num desagradável mal-estar.

"Mas imediatamente!

– Muito bem, estou chegando".

O que ele queria de mim? Por que esse estranho convite para ir vê-lo de imediato?

Minha fidelidade a Lacan estava além de qualquer questão. Eu tinha, de uma vez por todas, decidido conformar-me às suas mais barrocas diretivas. Nesses últimos meses, algo havia profundamente mudado em nossa relação, mas também em sua pessoa. Ele não era mais o homem flamejante que eu conhecera no início de minha análise. Não fazia mais, em seu seminário, aquelas longas conferências em que não se sabia quem admirar mais, se o ator ou o pensador de gênio. A idade o pegara. Ele gemia ao subir a escada que o conduzia ao consultório. Seu seminário, desde que se lançara na teoria dos nós, era feito apenas de longos silêncios diante dos esquemas que ele não conseguia mais desenhar. Tudo isso me emocionava e havia metamorfoseado minha dependência em relação a ele num sentimento filial por um pai em declínio.

Cheguei à Rua de Lille em alguns minutos. A sala de espera estava vazia e fui imediatamente admitido em seu escritório. Estava esperando por uma entrevista particular. Não foi nada disso, e sim, como de costume, convidou-me a deitar no divã. Falei do marasmo que tomava conta de mim. A sessão se prolongou por alguns longos minutos.

"Eu imaginava", concluiu Lacan antes de acrescentar estas estranhas palavras: "Voltei de férias especialmente por você. Estava inquieto com você... com a sua análise quero dizer".

O que significava essa declaração? Esse convite para retomar urgentemente as sessões? Em todo caso, tal preocupação por minha pessoa não podia permanecer isolada. Era preciso equilibrar seu efeito por uma contramedida desagradável.

"Como estou aqui especialmente por você, você me pagará o dobro do preço habitual, ou seja, 400 francos. Vejo-o de novo quarta-feira que vem na mesma hora".

Lacan parecia alegre. Ao sair, notei a presença de outro paciente na sala de espera. Se ele voltara das férias especialmente por mim, eu dividia então esse privilégio com alguns outros.

Na semana seguinte, embora admitido diretamente em seu escritório, notei que a sala de espera começava a se repovoar. Houve uma terceira sessão desse tipo, na última semana de agosto. Dessa vez o consultório reencontrara sua afluência habitual.

Lacan costumava maquilar seus atos dando-lhes um ar de farsa, fingindo sobretudo interesse pelo dinheiro. Essa maquilagem não resiste à prova. Que necessidade tinha ele, na sua idade, depois de ter juntado uma bela fortuna, daqueles poucos honorários colhidos no verão de agosto. Na verdade, se Lacan gostava muito de dinheiro, não havia nele nenhuma rapinagem, e ele podia ser de uma generosidade espantosa. Sua secretária Glória me contará, depois de sua morte, a seguinte história. Um dia ela lhe pediu autorização para ausentar-se de tarde. Ele perguntou o motivo. Buscar um apartamento, disse ela, pois o proprietário de seu apartamento lhe pedira para deixá-lo. Horas mais tarde, Lacan informou-a de que Sylvia, sua esposa, havia encontrado um apartamento para ela.

"Mas eu nunca vou poder pagar o aluguel desse bairro!

– Quem está falando de aluguel? Se ele lhe convier, dou-lhe de presente".

Ouvi outros testemunhos emocionantes sobre a verdadeira generosidade, discreta, como se deve, de Lacan e que relatarei posteriormente.

A razão dessa volta inopinada de férias devia, portanto, ser buscada em outra parte – e com certeza era trágica. De acordo com os meus cruzamentos de informações, foi nesse período que Lacan descobriu o câncer de cólon que ele havia decidido não tratar e que ia levá-lo alguns anos mais tarde. J.-A. Miller me relatará este testemunho: a seus próximos que o interrogavam sobre a razão de sua recusa de intervenção cirúrgica, ele respondeu, com o insuportável sorriso irônico que ele ostentava na ocasião:

"É esse o meu capricho".

Ele tinha, entretanto, que acabar a tarefa empreendida, ou tentar fazê-la. Entre outras, encerrar certas análises ainda em suspenso, dentre elas a minha. É esta, em todo caso, a minha interpretação desse estranho episódio de verão.

Se a minha memória cronológica não falha, foi algumas semanas mais tarde que decidi encerrar minhas entrevistas com os passadores. Eu não tinha mais nada a acrescentar ao que já havia dito a eles. Dali por diante, cabia ao júri apreciar meu testemunho.

Eu ignorava qual devia ser a seqüência do procedimento. Essa ignorância foi de curta duração e interrompida por um novo incidente. Eu me encontrava de passagem na Escola quando a secretária me informou que Clavreul procurava me encontrar com urgência. Ao voltar para casa, A. também me informou que o mesmo Clavreul me pedia para telefonar para ele assim que chegasse. O que fiz. Sua secretária no outro lado do fio anunciou-me que haviam perdido os nomes e as coordenadas de meus dois passadores. A coisa era das mais estranhas, já que esses nomes e essas coordenadas me foram passados pelo próprio Clavreul, grande organizador da cerimônia do passe. Como ele pudera perdê-las? E por que aquela urgência? A resposta se impunha por si mesma. O júri do passe, o que estava encarregado de examinar o meu testemunho, estava convocado para dali a pouco examinar o meu caso. Minha dolorosa e tortuosa história, a metamorfose que a psicanálise havia operado em mim, tudo isso ia ser exposto diante desse areópago. Por razões que me escapam, essa notícia desencadeou em mim uma violenta emoção. Um texto bíblico impôs-se à minha mente, o livro de Jó, que li ou reli. Certas passagens, através das lágrimas que eu não podia dominar, pareceram-me descrever minha sorte bem melhor que todas as palavras que eu havia depositado no ouvido de meus dois passadores. Veio-me a idéia de lhes telefonar, de acrescentar alguma coisa, um último toque em meu testemunho. Aceitaram. Pierre M. foi glacial, Catherine M. calorosa. Ela me confirmou que o júri estava convocado para dali a dois dias, uma quarta-feira. O que normalmente eu deveria ignorar. Supliquei-lhe, antes dessa reunião, para ler as passagens do livro de Jó que eu lhe indicava. Ao mesmo tempo que lhe falava, soluços apertavam-me a garganta.

Essa emoção contradizia o sentido que eu acreditava dar à minha iniciativa, o de uma primeira tentativa. Eu contava tentar de novo esse procedimento uma vez a minha análise terminada. Afinal, ser admitido no passe, tornar-se Analista da Escola (diziam A.E.) era obter o cajado de marechal, embora eu estivesse apenas iniciando a carreira.

Nos dois dias que se seguiram, minha emoção caiu de novo e não dei mais atenção à fatídica quarta-feira à noite em que se debateu a minha sorte. Fui serenamente à minha sessão de quinta-feira, desinteressando-me da deliberação da véspera, já que a conclusão era, para mim, de antemão conhecida. Não estava em questão importunar Lacan com essas ninharias. Se eu tivesse que ser informado dos resultados da deliberação, isso certamente se faria por outro canal.

Não guardei nenhuma lembrança das poucas palavras pronunciadas nesse dia no divã. Mas eis que, a ponto de partir, Lacan me parou. Ele continuava sentado em sua ampla poltrona, com aquele rosto grave e cansado que ele agora apresentava. As palavras que me dirigiu ficaram gravadas na minha memória, indeléveis:

"O júri se reuniu ontem à noite para examinar o seu passe. Como você mesmo tinha percebido, sua elaboração ainda estava imperfeita...

– Ah! sim, eu sabia...".

Mas Lacan me cortou, pois o essencial não estava ali, e ele acrescentou estas palavras:

"*Mas de qualquer modo era isso.* Seus passadores foram notáveis".

Depois, veio a frase mais estranha:

"*Continue com os mesmos.* Vejo-o amanhã".

Era então "de qualquer modo isso"! Vale dizer que para ele eu havia de fato atravessado o famoso passe. Mas as últimas palavras, sobretudo, mergulhavam-me na maior perplexidade. *Continue com os mesmos.* Quais *mesmos*? A mesma Escola? Era evidente, já que fora dela não havia passe. O mesmo analista? Evidentemente. Mas não é com o analista que se faz o passe e sim com passadores. O conteúdo da mensagem só podia então ser este: com os mesmos passadores. Ora, esse prolongamento do passe não estava previsto no dispositivo que ele mesmo havia inventado. Eu me perguntava em que complicações Lacan estava me empurrando.

Ao chegar em casa, fiquei surpreso com a atitude de A.:

"Então?", disse-me ela simplesmente.

"– Não. Não fui aprovado".

Seu rosto exprimiu a mais profunda decepção, eu que a imaginava indiferente a todo aquele assunto. Ela manifestava mais tristeza que eu diante do que parecia um fracasso. Relatei-lhe as palavras de Lacan, que assumiram ao mesmo tempo todo o seu relevo.

Troquei alguns telefonemas com "amigos", colegas, tentando entender com eles as palavras de Lacan, aquele enigmático "continue com os mesmos". Tive de suportar os discursos vazios então na moda. Os discursos dominantes costumam, de resto, ser ocos. Só muda a forma. O refrão era: "Ele está simplesmente convidando você a continuar trabalhando!". "Trabalhar" é a palavra fetiche daqueles que precisamente não fazem nada, ou antes andam em círculos, de um colóquio mortalmente tedioso a um grupo de trabalho estéril. O relevo da fala de Lacan estava, em suma, anulado.

Mas logo ouvi outros boatos, menos agradáveis. A deliberação do júri, tal o segredo da instrução, era supostamente confidencial e no entanto houve vazamentos. "H.", diziam, "ficou preso ao pai ideal, H. é delirante...". O que me afetou profundamente e falei disso a Claude Conté, ele mesmo membro do júri. Ele me contou, no modo discreto que era o seu, seu próprio acabrunhamento:

"Acontecem coisas esquisitas nesse meio analítico".

Por essa palavra, *esquisita*, ele pensava na feiúra que dominava agora as relações entre colegas da Escola. Ele mesmo ficara interessado por meu testemunho, embora não me escondesse que, para ele, ao contrário de Lacan, "não era isso". Ficou mudo quanto à expressão "continuar com os mesmos".

Todos esses miasmas me haviam profundamente cansado, acabrunhado Decidi dar-me um prazo de reflexão. Veríamos mais tarde. Tanto que, voltando à sessão, acreditei concluir o assunto por estas palavras:

"Decidi deixar para mais tarde...".

De novo, sempre para minha grande surpresa, no momento em que Lacan estava se tornando cada vez mais lacônico, ele me interrompeu imediatamente:

"Não deixe de maneira alguma para mais tarde. É preciso continuar imediatamente...".

A injunção era sem apelo, daquelas a que só se pode responder, parafraseando a expressão bíblica, por estas palavras: Eis-me aqui. Não podia mais estar em questão furtar-me a essa injunção, que recobria, eu o percebia de modo confuso, um desafio importante.

Um amigo psicanalista de outra obediência, Benno Rosenberg, me perguntará anos mais tarde:

"Você não acha que Lacan interveio demais na sua análise?".

Em outros termos, Lacan não havia amplamente derrogado a sacrossanta regra – vazia de sentido concreto – da *neutralidade benevolente*? Sem dúvida alguma. Sem sua intervenção, teria eu empreendido esses estudos de medicina que, entre outros, me puseram ao abrigo da dependência das redes de clientela e ao mesmo tempo asseguraram minha liberdade de pensamento? Meu interesse pelos textos hebraicos teria despertado? Sem falar de um divórcio felizmente evitado, cuja necessidade parecia inscrita nos astros. Essas intervenções, sabiamente instiladas durante anos, iam produzir um estilo que me foi próprio. Sempre tive gosto pela expressão clara, a sintaxe clássica, a frase curta, sujeito, verbo, complemento; em suma, o oposto do "estilo Lacan". Contaram-me que um colega, interrogado sobre o que havia pensado de uma conferência que eu havia dado, respondeu: "H. é simplista demais". É que, na Escola, todos "lacanizavam", faziam confuso, absconso, desenvolviam idéias em frases pseudo-mallarmeanas. Eu mesmo andei seguindo esses desvios, acreditando assim fazer psicanalítico e agradar a Lacan torcendo a minha sintaxe e enfatizando as minhas orações. Foi o próprio Lacan quem, bem rápido, pôs de um golpe, com seu famoso grunhido de urso com raiva, um termo a essas macaquices. Simplista sou, simplista continuo. Terei ao menos sido um dos raros psicanalistas da minha geração a ter produzido alguns conceitos novos que resistem ao tempo. Da mesma forma que Lacan soube parar minhas veleidades de adotar um dos modelos exibidos pelos subclãs em voga na Escola, cabelos longos de bicho grilo pós maio de 68, ou, ao inverso, nó borboleta e charuto em espiral. Todas essas intervenções decididamente me remetiam a meu próprio estilo, antes cinza e sem grandes artifícios. Ele me ajudou, assim, a superar os efeitos de identificação que se desenvolvem em todas as instituições. Respondi, portanto, ao amigo Rosenberg que era muito grato por essas intervenções que faziam contrapeso aos efeitos de grupo.

Por isso, quando Lacan me convidou para prosseguir sem tardar o processo institucional do passe, esse convite se inscrevia nas manobras que deviam encerrar minha cura, e eu não podia de modo algum me furtar a isso. Não havia escapatória a essa *experiência total* que era uma cura com Lacan a não ser seu desfecho. Outros que eu testemunharam isso.

Telefonei, então, a meus dois passadores e relatei-lhes as palavras de Lacan. Meu pedido os incomodou muito. Iam refletir, disseram-me, isto é, consultar a pequena rede à qual estavam presos e sobretudo pedir conselho a Clavreul na função indevida de cérbero que ele se arrogara. As semanas se passaram. Finalmente Catherine M. me telefonou para me significar sua recusa de prosseguir o processo. Aceitei. O outro passador teve uma reação bem mais estranha. Não dando sinal de vida, acabei por telefonar para ele. Respondeu-me com o tom distante que supomos ao analista digno desse nome:

"Você precisa é de um analista. Penso que é isso que você está me pedindo".

Levei alguns segundos para decifrar aquele discurso maluco. O que aquele cara "entendera" era que eu estava pedindo, a ele precisamente, uma análise.

"Mas eu já estou em análise, com Lacan".

Meu interlocutor não largava o osso. Compreendi que os dois "notáveis passadores" tinham chegado à margem errada de suas competências.

Eu estava doravante sem passadores, já que "os mesmos" se desobrigavam. Só me restava uma única saída. Retornar a ver Clavreul e tirar os nomes de dois outros passadores. Então marquei hora.

A acolhida foi polar. Mais uma vez, durante toda a entrevista, sentado em sua poltrona, Clavreul raspava com um atiçador as cinzas apagadas em sua lareira. Nem uma vez tive direito a um olhar, a um pedaço real de diálogo. Quando lhe relatei o que Lacan me disse, obtive a seguinte resposta:

"Fazem Lacan dizer qualquer coisa!".

Esse "fazem" evidentemente me englobava. Em termos mais claros, eu era um fabulador ou um mentiroso.

"Sabe", disse-lhe, "essa decisão me é penosa e eu com certeza teria preferido não fazê-la. Entretanto, desejo tirar dois novos passadores.

– Recuso".

Com que direito essa recusa? Clavreul, no fundo, era apenas o administrador do procedimento. Ele terá então estas palavras que iam levantar em mim uma imensa onda de nojo e desprezo:

"Porque você nunca esteve no passe, você não está no passe...

– Posso bem admiti-lo.

– ... e nunca estará no passe".

Eu estava assim condenado, em algumas palavras, à eternidade do inferno, à alienação sem remissão. Nunca estarei no passe significava em nosso jargão que eu nunca seria um verdadeiro analista. Era a excomunhão maior. Nenhuma diferença pessoal jamais nos opusera. Eu não entendia então a violência desse ataque, sua carga odiosa cuja fonte prefiro ignorar.

Tive de relatar o incidente em sessão. Lacan suspirou, ficou mudo. À porta, virei-me para ele, que ficara sentado na poltrona, e as seguintes palavras me escaparam, palavras de verdade surgidas como costumava acontecer na presença de Lacan:

"Mas o que eu faço então com essa história de Clavreul?".

Pois não se tratava mais de passe, nem de psicanálise, mas de uma sombria mutreta e de jogos de poder.

"Pois então", respondeu na bucha, "deixe para lá essa história de Clavreul!".

Uma vez mais, Lacan desaprovava em minha presença um de seus mais próximos lugares-tenentes. Eu não podia adivinhar que por trás dessa palavras a própria sorte da Escola estava dali por diante selada. A decisão de dissolver a efervescência de pequenos clãs rivais que se tornara a EFP com certeza já fora tomada.

Um congresso sobre o passe realizou-se em Deauville alguns dias depois, em janeiro de 1978. A cidade, como as mentes, estava recoberta por um espesso nevoeiro. Ouviram-se longos discursos que conheceram a sorte das folhas mortas. Dolto pensou galvanizar as energias vacilantes declarando-se voluntária para submeter-se ao passe e convidou os analistas tarimbados como ela a seguir seu exemplo. Lacan lhe retorquiu que o testemunho de analistas envelhecidos na profissão não o interessava. O que ele desejara era o testemunho de jovens analistas, "isto é, o que pode vir na cuca de alguém para autorizar-se a ser analista. Quis ter testemunhos, naturalmente não tive nenhum... É claro, esse passe é um fracasso completo[3]".

Lacan me pareceu, nesse dia, particularmente acabrunhado. Cruzei com ele alguns instantes mais tarde, no *hall* do hotel onde todos os congressistas estavam reunidos, com uma toca de pele atravessada na cabeça. Gérard Miller o paparicava. Cedia-lhe seu próprio bilhete de avião para Paris. Meu caro velho pareceu-me terrivelmente envelhecido; o mal que ia levá-lo cumpria a passos largos sua obra de morte.

[3] Boletim interno da Escola Freudiana de Paris, nº 23.

"Todos ao hospício"

Quando pela primeira vez me dirigi ao nº 5 da Rua de Lille, no outono de 1969, Lacan, com quase setenta anos, apesar dos cabelos já inteiramente embranquecidos, nada tinha de um ancião. Eu ficava impressionado com sua energia, a voz segura, o andar. Ele atendia os primeiros pacientes a uma hora bem matinal – tive consultas por volta das oito horas da manhã e não era o primeiro a esperar – e fechava o consultório após as vinte horas. O momento do almoço era antes breve, já que a partir das treze horas e trinta costumávamos ser muitos a nos amontoar em sua sala de espera. Quanto às férias, à exceção do mês de agosto, de uma semana no Natal e na Páscoa, de alguns dias em fevereiro, ele sempre estava ali, no posto, em seu querido nº 5 da Rua de Lille. Ao contrário de muitos analistas, o ofício nunca parecia cansá-lo e com certeza o uso (e o abuso) das sessões curtas o ajudava a agüentar. Um tal modo de vida e de funcionamento atesta que, se ele gostava de dinheiro, este evidentemente não era sua motivação principal.

Fui mais tarde admitido no que ele chamava seu seminário, embora, quase sempre, se reduzisse a um puro monólogo. Durante uma hora e meia, de pé, com as cóleras, suas brincadeiras, sua arte consumada do espetáculo, ele magnetizava seu público, o qual, por nada no mundo, teria faltado àquela estranha performance que teria esgotado vários jovens oradores.

Em sua apresentação de doentes, eu assistia a outra espantosa performance, que também durava mais de uma hora contada no relógio. Aii, numa incrível simbiose com o discurso do doente, ele exibia a história, o delírio deste, conferindo ao infeliz uma espécie de gênio, de profundidade metafísica que mexia com as profundezas da alma do ouvinte atento.

Terminado o exercício, o do seminário ou da apresentação, Lacan corria para o consultório, onde já o esperavam numerosos pacientes, vindos alguns da Itália, da Espanha ou de mais longe ainda. Seu almoço se reduzia, então, a um sanduíche ou a um prato que ele comia diante de seus primeiros interlocutores. Lembro-me do *steak tartare* que ele comia falando comigo. Se não guardei o que ele disse nesse dia, por uma misteriosa razão o cheiro da cebola que vinha junto com o que ele dizia ficou na memória. Nenhum paciente, nos poucos minutos que lhe eram concedidos, nunca o encontrou ausente, distraído, "por fora do assunto", mas sempre, ao contrário, de uma incrível presença. Foi este o espantoso fenômeno humano com quem convivi durante mais de dez anos.

No entanto, imperceptivelmente, Lacan estava envelhecendo, seu passo estava ficando arrastado, eu ouvia seus suspiros pesados quando ele subia a escada que o conduzia ao consultório, mas eu não prestava atenção, atribuindo suas dificuldades a doenças passageiras ou fingidas. Para mim, ele era eterno, como acreditei mais tarde eterno este outro fenômeno que marcou meu pensamento e a minha existência, Yeshayahou Leibowitz.

No entanto, foi preciso, pouco a pouco, render-se à evidência. O declínio tornou-se claro em seu seminário a partir do momento em que seu interesse pela teoria dos nós ocupou o essencial de seu discurso. Este logo se transformou em longos silêncios, virado de costas para o público e esforçando-se para traçar sobre grandes folhas brancas cruzamentos de linhas cuja idéia era difícil alcançar. As coisas se complicavam cada vez mais e se reduziam a um diálogo esotérico com dois jovens matemáticos, Michel Soury, que se suicidou pouco antes da morte de Lacan, e Thomé.

O último seminário em que ele conseguiu articular um discurso audível foi aquele dedicado a Joyce, *O sinthoma*. Como remediar a psicose num espaço psíquico onde a metáfora paterna está ausente? Pela prótese do ego, isto é, conseguindo dar-se um nome. Foi esta a tese nova ou a confissão de fracasso que ele formulou nesse seminário. Sem Nome-do-Pai, declarou ele um dia, vamos para um mundo concentracionário, do qual os nazistas foram os precursores. O pai moderno tinha assumido dali por diante essa figura ilustrada por Claudel sob o título de *pai humilhado*. Mas breve não vai haver mais pai algum. Foi esta, parece-me, a visão trágica que lhe ocupou o pensamento no fim da vida e que ele um dia resumiu em sua apresentação por este "todos ao hospício" já relatado, acompanhado de uma assustadora risadinha sarcástica.

Uma das grandes ambições dos psicanalistas nesses anos – mas a coisa permanecia confusa como tudo o que empreendíamos – era encontrar um tratamento para a psicose. Freud, e Lacan após dele, haviam insistido na inadequação da cura psicanalítica para esse fim. Lacan precisara o defeito que tornava por enquanto inúteis, até mesmo nefastas tais tentativas: a não-inscrição do símbolo paterno na estrutura. Como ficar sem o pai, esse pai tão odiado como símbolo por toda a nossa civilização moderna, científica? Ora, nada de grande jamais foi produzido na cultura *a não ser em nome* desse pai simbólico.

Lacan buscara do lado de seu objeto *a*, objeto pulsional uma vez que ausente, depois do lado de sua teoria dos nós, uma defesa para essa carência cada dia mais hiante? É possível. É possível também, e é o que eu acho, que o fim de sua vida foi marcado pela constatação lúcida do fracasso de sua tentativa. Durante uma sessão, mal acabei de pronunciar as palavras "questão paterna", ele me interrompeu com um suspiro:

"Está tudo aí!".

Entendi nisso a confissão definitiva de um fracasso, o de sua tentativa de ultrapassar a questão do Édipo enquanto ponto capital da psicanálise. A psicanálise sem Édipo é apenas um puro delírio. Havia nessa constatação uma profunda tragédia, a que ele me anunciou um dia com um "você está ferrado", passageiro de um imenso *Titanic* onde a orquestra ainda está tocando quando o *iceberg* já rasgou o casco. Se Lacan, como acho, teve um interesse particular por minha cura, para além da simpatia que pode aproximar dois seres, foi porque eu sem querer lhe fornecia essa matéria judia que ele há anos questionava nas entrelinhas, porque lhe parecia, desde seus primeiros escritos sobre a família, que ali, ao longo de uma secular filtração, o operador paterno acabara por cristalizar.

Depois do seminário *O sinthoma*, a fala de Lacan fez-se ainda mais rara, antes de dar lugar a um penoso silêncio que se prolongava por toda a hora do seminário. Às vezes até, depois dessa fúnebre meditação, ele rasgava as folhas grandes sobre as quais fracassara em traçar sabe-se lá que esquema de nó.

A moda Lacan estava começando a passar e o público tornava-se raro. Eu achava curioso que abandonassem o velho em dificuldade depois de terem-lhe declarado tanto amor. Acontecia o mesmo na apresentação de doentes da sexta-feira que ele apesar de tudo continuava a fazer. Mas os longos e apaixonantes diálogos haviam mirrado, virando entrevistas em que os silêncios de Lacan se tornavam cada vez mais longos e penosos.

Correu o boato que ele estava afásico, que sofria de um tumor no cérebro. Mas eu não dava crédito algum a esses rumores insistentes. Eu achava em seus diálogos mudos com o que ele chamava suas "rodas de barbante", que foram seu último objeto de interesse, a expressão de uma autêntica tragédia intelectual, uma mensagem muda a ser decifrada.

Lacan poderia ter-se retirado há anos, aureolado de prestígio e da afeição propriamente religiosa dos alunos. Não quis, preferindo, ao mesmo tempo, escurecer sua imagem, da qual, apesar das aparências, não fazia muito caso. Desejando ficar ali, como teórico e praticante, como clínico, até o limite extremo de suas forças, a serviço desta disciplina, a psicanálise, que com certeza o havia enriquecido como gostavam de repetir as mentes medíocres, mas que foi para ele um verdadeiro sacerdócio.

Sua própria clientela ia se tornando menos numerosa. Alunos decidiam pôr fim à cura em vez de assistir à decrepitude do antigo ídolo. O que provocava nele violentas cóleras que exprimia por atos, socos que pespegava no ombro do desertor. Seria a expressão de sua senilidade ou a colocação em ato dessa prática zen cujo interesse ele bem cedo sublinhou, a saber, a porretada aplicada pelo mestre no aluno cuja mente se esquivava?

Quanto a mim, minha decisão fora tomada há muito tempo, inspirada pelos textos de Platão de que ele tanto gostava: eu acompanharia meu mestre até o fim. Ainda mais que a minha análise, nesse último período, avançava a passos largos, parecia-me. Minha vida, em todos os níveis, conhecia uma primavera tão tardia quanto inesperada. Eu morava e trabalhava num grande e confortável apartamento a dois passos do Trocadéro, agradavelmente decorado sem despesa excessiva graças à amizade de uma decoradora encontrada meses antes.

Meus filhos haviam feito a *bar mitzva*, acontecimento que desencadeou minha volta ao judaísmo, volta que não foi uma simples especulação, mas uma inscrição no real de minha vida. Meu interesse pelo hebreu, pelo Talmude, não havia diminuído com o fim da minha tese. Muito pelo contrário. Todos os domingos de manhã eu assistia à aula de Talmude dada na sinagoga da Rua de Montevideo. Voltei também ao estudo do hebreu. Eu adquirira elementos dessa língua ao longo da infância, nos movimentos de juventude sionistas, ao longo dos estudos secundários na escola da Aliança Israelita. Tudo isso era tão longínquo, recoberto por uma espessa camada de esquecimento. E esse saber esquecido voltava à superfície. Sempre gostei do hebreu, de sua estranha vibração, das inflexões da sua frase, e mais tarde vou me apaixonar pela autobiografia do homem que a ressuscitou como língua viva, Eliézer Ben Yehouda.

Essa efervescência que não cessava acreditou encontrar seu exutório natural no nacionalismo judeu, o sionismo, do qual eu tinha uma representação ideal. Precisarei de anos e de uma experiência direta e vivida para extrair-me dessa ilusão até acabar por execrar a maioria das suas expressões. Eu me inflamava temporariamente por Israel. Lá ia de férias com freqüência e vivia as semanas que lá passava numa verdadeira felicidade. Depois, no momento de tomar de volta o avião para reencontrar Paris, uma penosa tristeza me invadia. O desejo imperioso de ir um dia lá me instalar começava a surgir em mim.

Durante o verão de 78, efetuei uma magnífica viagem pelo deserto do Sinai, uma caminhada, um *trek*, nas montanhas que cercam o mosteiro de Santa Catarina. Dormir ao ar livre, sob as extraordinárias constelações de um céu de deserto, comer sobre um rochedo um pedaço de pão beduíno preparado no local e acompanhado de azeitonas pretas, descobrir de repente uma fonte de água fresca, tomar banho próximo aos maravilhosos corais do Mar Vermelho, vivemos assim, A. e eu, dez dias de grande felicidade e de bela amizade, na companhia de um grupo de caminhantes israelenses, amantes do deserto. Como esquecer que ali teve lugar o extraordinário acontecimento fincado na dobra secreta da minha alma, a revelação da Lei, essa Lei no cerne do ensino de Lacan?

Ora, precisamente esse conceito de Lei, repisado pelos psicanalistas lacanianos, mas esvaziado de todo conteúdo concreto, parecia mais embaraçar que esclarecer. Que fazer com ele? A vulgata freudiana estipulava que um analista devia ser ateu. Mas entre os membros da Escola de Lacan havia monges jesuítas, os catecúmenos de Dolto e muitos convertidos. E o judaísmo nisso tudo? Essa ambivalência do discurso, essa posição obsessiva coletiva ia levar consigo a Escola.

Eu mesmo me sentia paralisado e neurótico no meio disso tudo. Tinha agora uma prática consistente do judaísmo, freqüentava a sinagoga, jejuava no Kippur, comia ázimos na Pessah, não consumia nem as espécies proibidas, nem a mistura leite-carne. E mesmo assim não ousava reconhecer-me crente. Então por que esse respeito pelos ritos a mim se impunha? Minha análise vai me deixar até o fim nessa desconfortável posição (mas cômoda, confessemos, por outros aspectos). Só mais tarde é que, ao descobrir a teologia de Maimônides, depois ao encontrar o maravilhoso Leibowitz, darei esse passo e encontrarei uma coerência maleável em minha busca desordenada de verdade. A busca de Deus, inclusive nessa representação fantasmática de meu olhar pousado sobre o véu do Santuário, não é, com a do sexo, a grande questão da minha vida?

Era este o testemunho que o júri do passe da Escola não soubera nem quisera ouvir. Quanto a Lacan, ele me incitava a levantar a voz, a penetrar a surdez da horda que ele havia posto no mundo.

Em dezembro de 1979, na sessão do seminário que precedia as férias de Natal, eu estava sentado ao lado de Eric Porge. Lacan desenhou no quadro dois nós borromeanos muito simples, cada um formado de três rodas de barbante intricadas entre si de maneira singular. Cada uma das voltas representava ou o simbólico, ou o imaginário, ou o real. Uma vez mais ele repetiu o que não tinha cessado há anos de repisar, a saber, que a queda de um qualquer deles dava liberdade aos dois outros e com o mesmo golpe suprimia o nó, coisa que sabíamos perfeitamente. Virei-me então para Porge e pronunciei estas palavras que se impuseram a mim, espécie de epifania inexplicável, como por vezes me aconteceu em minha relação com Lacan:

"Este desenho é a Escola. Ela acabou".

Eu não sabia estar tão perto da verdade. Nos primeiros dias de janeiro, cada membro da Escola recebeu uma carta em que Lacan nos anunciava que ele mesmo deixava a Escola, sua Escola, vale dizer que, seguindo a topologia borromeana que ele havia construído, ela a dissolvia. O caso repercutiu muito nos meios de comunicação, verdadeiro acontecimento nacional e manifestação do lugar eminente que a psicanálise ocupava então na vida cultural do país.

Esse texto que, mais tarde ficarei sabendo, fora redigido por Jacques-Alain Miller, seu genro, mas, segundo a opinião de todos, por instrução de Lacan. Foi ele e só ele quem quis essa dissolução, de maneira apaixonada, com a raiva dolorosa de destruir a própria obra. Por quê? Com certeza, para não deixar pesar sobre a psicanálise, paixão da sua vida, a carga de uma nova instituição perversa, de poder desmedido. As instituições lacanianas perversas – as instituições não o são todas por natureza? – iam com certeza proliferar depois dele. Mas nenhuma delas poderá pretender ser a legítima herdeira de sua obra e de seu prestígio mesmo controvertido. Cada uma terá de dar provas por si mesma. Vinte anos depois, nenhuma chegou a isso. As preocupações de poder prevaleceram sobre a necessária reflexão quanto ao estado atual da psicanálise, reflexão epistemológica em primeiro lugar, razão pela qual não pertenço mais a nenhuma delas.

Vivi essa dissolução como uma libertação. Todos os barões do lacanismo, do alto de sua pose, viram-se desaprovados. As querelas que os dividiam por uma ilusória sucessão achavam-se reduzidas à sua vaidade. O genro com certeza ia apossar-se do haver. Mas essa corrente não me dizia respeito nem me interessava. Depois das humilhações e dos vexames sofridos, a propósito de meu passe, de meu interesse pelo judaísmo, de minha tese sobre a incorporação de escrita no processo de identificação primária, eu respirava aliviado.

Nas semanas que se seguiram à dissolução, tive um estranho e sinistro sonho que contei a Lacan. Um caminhão coberto de lona encerada, como aqueles que o exército utiliza no transporte de tropas, estava estacionado bem no meio dos Champs-Elysées. Uns homens puseram-se a descarregar sua horrível carga, pedaços de corpos humanos ensangüentados que formaram um montinho na rua. Uma voz *off* informou-me, no interior do próprio sonho, de sua significação:

"Trata-se da Escola Freudiana de Paris.

– É isso", disse-me Lacan acabrunhado, "um montinho".

Ele com certeza jogou com as palavras: pequeno *a**, o único conceito novo que ele acreditava ter acrescentado à teoria de Freud.

Lacan retomou o seminário, conforme o ritmo bimensal habitual. As gaguejadas, os silêncios sobre os nós tiveram fim. Lacan lia um texto que ele entrecortava de observações, de intervenções improvisadas. Ele reencontrara a verve e o humor, apesar de um cansaço cada vez mais visível, e sobretudo a grande dignidade que permanecerá a imagem que guardarei dele.

Minha amiga Laurence Bataille, a enteada de Lacan, me dirá mais tarde que esses textos eram escritos por J.-A. Miller, estando o próprio Lacan incapaz de escrever. Por ter estado presente a cada sessão desse seminário controvertido, em nenhum momento tive a impressão de me ver diante de um robô manipulado, mas de um sujeito que assumia a sua fala.

A carta de dissolução abrira outra frente, inesperada, uma luta jurídica. Essa dissolução, com efeito, não fora pronunciada nas formas legais, com convocação de uma assembléia geral e o voto de uma moção com maioria de dois terços. Mas o que podia significar uma Escola lacaniana desaprovada pelo próprio Lacan? Entretanto, um grupo importante de opositores, sustentado por Françoise Dolto, entrara com um mandado de segurança e a dissolução foi suspensa, da mesma forma que a criação de uma nova instituição, a Causa Freudiana, que supostamente tomaria o lugar da falecida Escola.

Alguns notaram que o nome dado a essa nova instituição, a *Causa Freudiana*, lembrava o de uma precedente organização política, a Causa do Povo, grupelho maoísta do qual os irmãos Miller, com Alain Geismar, foram dirigentes. A mão do genro aparecia cada vez mais evidente naquele jogo de máscaras tiradas e em que novas máscaras se apresentavam. Na verdade, eu não entendia nada do que se estava tramando. Logo vimos aparecer na direção dessa "revolução cultural" um quinteto constituído por J.-A. Miller, Colette Soler, Catherine Millot, Eric Laurent e Michel Silvestre (que foi meu amigo até sua morte prematura), com, em segundo plano, "o irmão", Gérard Miller. Alguns anos mais tarde, essa pequena companhia

* Jogo homofônico: *un petit tas* [um montinho] e *un petit* a [um pequeno a] (NT).

vai voar em pedaços, levada por repetidas cisões. Gérard Miller ainda não havia revelado esse talento de histrião que desde então faz dele o incontornável animador de brincadeiras de rádio e tevê. Puro e duro, encarnava então na Escola a causa do mao-lacanismo. Estranha relação a que ligava os dois irmãos! Gérard tinha pelo irmão Jacques-Alain uma admiração infinita. Ao inverso, o mais velho confessava pelo irmão caçula, cuja verve polêmica ele explorava, sentimentos sem amenidade:

"Você que conhece a Bíblia", perguntou-me um dia, "Abel e Caim, não é Abel o mais velho?

– Não, conforme os textos, Caim é de fato o mais velho. Mas por que esta pergunta?

– É estranho, sempre vivi meu irmão Gérard como meu potencial assassino".

Eu então admirava muito Jacques-Alain Miller, pela inteligência, pela cultura, pelas exposições sólidas e argumentadas que contrastavam com o vazio dos discursos enrolados que ouvíamos na Escola, inclusive entre os melhores. De despeito, estes tinham pejorativamente qualificado qualquer exposição um pouco articulada como resultado do *discurso universitário*. Miller teve o jogo na mão para avançar seus peões no ventre mole desse vazio epistemológico e eu me via perfeitamente em seu estilo e em sua iniciativa. Eu me imaginava trabalhando a seu lado, participando de um esforço coletivo do qual ele seria o *primum inter pares*. O que eu não podia imaginar é que essa pessoa altamente dotada não possuía a alta ambição intelectual que eu lhe atribuía. Ele sonhava apenas com o poder absoluto, solitário, guru de seita. Imaginei até, um pouco para rir, que ele tivesse a ambição desconhecida ou recalcada de *rebbe hassidique*, esses rabinos carismáticos da Polônia, país de origem de sua família, que reinavam sem restrição sobre as comunidades judias. Não havia ele conquistado o poder segundo o modo de transmissão em vigor nessas comunidades, casando-se com a filha do *rebbe* titular – Lacan, no caso – de quem queriam herdar poder e fortuna acumulada, explorando a credulidade das ovelhas? Por enquanto tudo isso estava para mim mascarado por minha fidelidade a Lacan. Eu ignorava que o grupo Miller funcionava como um verdadeiro aparelho insurrecional, com suas reuniões secretas para preparar o pós-Lacan, em sei lá que castelo como eles mesmos vão contar num número da revista *L'Ane*, que eles haviam criado e com a qual colaborei durante dois anos.

Suspensa a dissolução, esta se transformara em pugilato. Formaram-se clãs, trocavam-se invectivas, não se falava mais entre adversários. Lacan pedira aos que desejavam participar da nova instituição, a Causa Freudiana que definitivamente jamais verá o dia, que lhe escrevessem. Recebeu mais de mil cartas. Um curioso fenômeno epistolar ia, em conseqüência, se desenvolver. Cada um entrou com sua carta enviada em centenas de exemplares. Tanto que toda manhã trazia sua colheita de correspondência.

Miller e seu grupo criaram um pequeno boletim, *Delenda*, em que todos podiam despejar seus sentimentos. O título lembrava a célebre frase de Caton após a queda de Cartago *Delenda est Carthago*. Era preciso extirpar até as fundações todo rastro da bela cidade púnica vencida, minha cidade natal, de resto. Voltava-se ao estilo dos grupos "revolucionários", o da agitação-propaganda e dos processos estalinistas. Eu mesmo era um ativo militante dessa dissolução. Não entendia que era opor-se à decisão de Lacan querer perpetuar uma Escola lacaniana sem ele. No meu íntimo, eu me alegrava que essa instituição irrespirável, onde entendi que não tinha perspectiva alguma, fosse destruída.

Miller buscava reunir os partidários favoráveis a essa dissolução e, como eu era um deles, ele me cortejou. Propôs-me um dia colaborar com a nova fórmula de sua revista *Ornicar?* que ele se preparava para lançar. Redigi o texto intitulado a *Transferência significante*, em que eu colocava em paralelo a técnica midrashica da *gzera chava* e a da interpretação da transferência. Esse artigo o agradou. Pediu-me para apresentá-lo durante uma conferência dada no doutorado que ele estava dirigindo em Paris VIII[1]. Ele estava assim demonstrando interesse, fingido ou real, por meu trabalho sobre o Talmude, o que só podia me aproximar dele e de seu grupo. Neste se encontrava Laurence Bataille. Ela bem rápido vai se tornar a primeira opositora do cunhado.

Minha relação com Miller, com Judith, sua mulher, a filha do mestre pela qual eu sentia afeição e estima, tomou um aspecto decisivo mais tarde,

---

[1] Esse texto está de agora em diante anexado à minha obra *Comer o Livro*, op. cit.

na publicação de meu livro *O filho ilegítimo*. Voltarei a isso. Um dia até sonhei, e tive dificuldade de contar em sessão, com uma espécie de beijo extático que eu trocava com Judith. Esta me dizia, antes que nossos lábios se juntassem, "Foi você quem quis", como se uma transgressão irreparável, incestuosa ali se cometesse.

Durante esse tempo, Lacan prosseguia seu seminário e sua apresentação de doentes no hospital Sainte-Anne, atendia suas dezenas de pacientes. Ele com certeza afiançava o que se praticava em seu nome. Sua fala se fazia cada vez mais rara, seu cansaço cada vez mais evidente. Mas sua presença era incontestável.

Uma primeira assembléia geral da Escola realizou-se sob a presidência de um oficial de justiça, o Sr. Zécri. Os partidários da dissolução por certo eram majoritários, mas não na maioria qualificada. Uma segunda assembléia foi convocada dois meses mais tarde na Maison de la Chimie, lugar privilegiado das reuniões da Escola. A justiça assim havia decidido: doze oradores tomariam a palavra, seis para cada campo. Propus a Eric Laurent, braço direito de Miller, ser um dos seis que defenderiam a dissolução. Após uma breve hesitação, ele aceitou. O tempo destinado a cada um era curto, dez minutos, se minha memória é boa. Fiz um discurso muito violento, tão violento até que, com a distância, lamento algumas de minhas palavras. Afinal, aqueles que se opunham à dissolução demonstravam sua profunda angústia, a de não deixar que um grupelho sectário captasse a herança de Lacan. Nessa época, o terrorismo, em primeiro lugar o terrorismo palestino, escolhera a tomada de reféns como principal modo de ação. Depois dos campos de concentração, dos quais Lacan um dia dissera que constituíam o real de nosso tempo, a tomada de reféns não seria a emergência de um novo real? Em suma, depois de Auschwitz, vivíamos num universo de reféns. Os opositores da dissolução, minoritários, ao imporem sua vontade chicaneira, não estariam, assim, tomando como reféns a maioria dos colegas? Foi este o meu argumento. Injusto talvez, mas não sem verdade, estou convencido de que ele contribuiu para o desfecho de uma crise que se eternizava. Naquele momento, os partidários da dissolução por pouco não obtiveram o limite da maioria.

No intervalo dessas estranhas batalhas oratórias, fomos todos convidados para um grande almoço no Palácio das Exposições da Porte de Versailles. Eu dividia a mesa com algumas pessoas do grupo de Miller, os jovens lobos lançados à conquista do poder, Eric Laurent, Nicole Kress-Rosen... Estávamos na periferia do imenso galpão, mas próximos da mesa de honra, a que fora reservada a Lacan e a seus próximos, a secretária, a filha, os dois irmãos Miller. Logo Gérard dirigiu-se à nossa mesa e murmurou no ouvido de Nicole, depois no de Éric, que o "doutor" os convidava à sua mesa.

Eu estava diante de Lacan, sob seu olhar fixo e como que vidrado. Meus dois companheiros deixaram-me e vi-me assim só numa mesa, na efervescência de centenas de pessoas agrupadas em mesas de seis. O que fazer? Deixar meu lugar e juntar-me a outra mesa? Não me mexer e esperar que outros convivas completassem a minha? As reflexões se chocavam dentro de mim. Eu afinal podia pensar que Lacan quisera aquela situação, que ele adivinhara minha insidiosa manobra de infiltração no novo grupo dirigente e que ele a derrotava. Eu achava o momento carregado de símbolos, um sinal para o presente e sobretudo para o futuro. Meu destino estava inscrito nessa postura, nessa impossibilidade de integrar um grupo, *outsider* da psicanálise sob o olhar esmagador de Lacan.

Um garçom pôs fim a esse dilema:

"Senhor, não é possível ficar sozinho nessa mesa. Veja, há um lugar vazio na mesa ao lado. Sente-se ali".

Aliviado, aceitei o convite.

Uma nova assembléia geral foi convocada para o início do verão. Dessa vez não houve realmente debate. Os que se opunham à dissolução haviam abdicado e comunicaram isso. Alguns já haviam criado a própria organização. Uma nova palavra mágica, um nome de cidade, dominou nossa assembléia: Caracas, capital da Venezuela. Uma psicanalista argentina refugiada nesse país, Sylvia Rabinovitch, organizara com J.-A. Miller a grande reunião dos "lacano-americanos", a dos analistas sul-americanos, argentinos em sua esmagadora maioria, interessados pelo ensino de Lacan. J.-A. Miller, tal como Napoleão na Austerlitz de seu imaginário, montara uma estratégia para abater a psicanálise anglo-saxã em seu bastião da International

Psychoanalytical Association (IPA), essa instituição que, em 1964, "excomungara" Lacan e seu ensino: contorná-los pelo sul, conquistar a América latina, subir pelo México antes de sitiar, depois se apossar de Nova Iorque, sede da IPA.

Mais tarde, Rabinovitch desentendeu-se com J.-A. Miller. Pouco tempo depois, ela sofreu um grave acidente de trânsito. Miller declarou, então, publicamente:

"Eis o que acontece com os que traem o Campo Freudiano!".

"Campo Freudiano" é a metáfora pela qual ele gostava de se designar. Discurso em princípio reservado aos rabinos integristas, "Eis o que acontece aos que transgridem o Shabbat", e que, melhor que longas polêmicas, revela o naufrágio *post-mortem* do ensino de Lacan.

Nesse meio tempo, a dissolução foi votada por esmagadora maioria. Para festejar o acontecimento, conhecido de antemão, um coquetel fora organizado nos salões da Casa da América Latina, bem próxima. Numa magnífica tarde ensolarada de início de verão, essa dissolução assumia para mim, pobre ingênuo, as cores de uma vitória. Nos salões, no jardim em volta, copo na mão, nos congratulávamos.

"*Está ganho*", jubilava um.

– É bem a questão", replicou um outro, "*é de quem** agora".

Mas a mais espantosa das cenas se passava no jardim. Lacan estava sentado à sombra de uma árvore e muitas pessoas vinham cumprimentá-lo, congratulá-lo. Para isso precisavam, estando eles de pé, inclinar-se diante dele. Estranho ritual! Um riso silencioso, como um pequeno choque elétrico, às vezes sacudia todo o seu corpo. Na minha cegueira, eu ainda não media a gravidade de seu estado. Cruzei com Glória, sua secretária, que viera buscar bebida para ele.

"O que está esperando para ir cumprimentar o doutor?", disse-me.

Com efeito, eu permanecia retraído, sem jeito. Enchi-me então de coragem e saí para o jardim a fim de cumprimentar meu velho mestre. Estendi-lhe a mão, esforçando-me para sorrir e gaguejar alguma palavras,

* Trocadilho: *C'est acquis!* [não há contestação, está ganho] e *c'est à qui* [é de quem?] (NT).

algo como felicitações: "É formidável!". Ele me olhou longamente. Em seu olhar não havia nenhuma alegria, antes um trágico infinito, uma tristeza de além-túmulo. Como tinha eu imaginado por um único instante ter participado de um acontecimento feliz quando ele vinha enterrar a sua obra com as próprias mãos antes de ele próprio desaparecer? Com que vitória eu me alegrava? Aquela dissolução que representava o desastre de uma vida e de uma obra naquele instante era de fato vivida como tal por Lacan. Eu poderia também ter lido naquele rosto esgotado, naquele olhar apagado, os sinais de uma morte bem próxima. Mas eu não queria ver nada a não ser seu cansaço. Algumas semanas mais tarde, Lacan voou para Caracas. Em seu último seminário, ele havia falado com uma alegria manifesta dessa viagem. Havia até evocado, para rir, a hipótese de que, caso a região lhe agradasse, ele lá se instalaria. Eu estava convencido de que na volta Lacan insuflaria uma energia nova àquela Causa Freudiana criada há pouco e bloqueada até ali pela recusa da dissolução.

Nesses últimos meses, meu humor, por muito tempo sombrio, tinha definitivamente mudado. Eu tinha entendido, como que tocado levemente, a espécie de complacência que existe em manter um estado de espírito doloroso, mórbido. Essa constatação foi saudada como deve ser por Lacan. Eu me tornara alegre, capaz de animar um ambiente, e até me aconteceu um dia, no *Palais des Congrès* onde eu apresentava uma comunicação, desencadear o inextinguível riso frouxo de toda a sala.

Num outro dia, vendo na televisão uma reportagem sobre Léopold Trepper e a Orquestra Vermelha, senti como que fisicamente que minha fascinação por esse tipo de sacrifícios me deixara. Não conheci mais os momentos de abatimento que haviam pontuado a minha vida e esterilizado tantas energias. Mas essa leveza recente às vezes me levava às raias da idiotice, e foi animado por esse sentimento que eu havia cumprimentado o velho acabrunhado!

O longo aperto de mão, o olhar trágico de Lacan haviam cortado na hora meu pueril entusiasmo. Eu não era o único naquele estado. Circulando nos salões, logo cruzei com uma amiga, Nicole Sels, a valorosa bibliotecária da Escola com quem às vezes trocávamos lembranças de nosso comum país natal, a Tunísia. "Eu não suporto mais esse ambiente", disse-me ela, "que tal ir ao cinema comigo?".

Aceitei e alguns minutos mais tarde um táxi nos deixou nos Champs-Elysées. Tomamos dois lugares para uma sessão que ia começar, um pouco ao acaso, desse acaso que costuma fazer bem as coisas. Tratava-se de *O poderoso chefão II*, de Francis Ford Coppola. Eu não tinha *a priori* vontade alguma de ver esse filme, no entanto, desde as primeiras imagens, fiquei fascinado. A *garden-party*, os convivas andando de copo na mão, depois indo inclinar-se diante do velho padrinho Don Corleone cuja mão eles beijam enquanto a sombra do filho aparece atrás de perfil, acreditei por um instante não ter deixado a Casa da América Latina. As estruturas das instituições psicanalíticas, inclusive as que reivindicam Lacan, teriam algo de mafioso?

A Máfia de fato apresenta ingredientes que conhecemos bem, nós, psicanalistas: a família, com suas tragédias incestuosas, suas mortíferas rivalidades fraternas, a paixão pelo dinheiro e pelo poder a qualquer preço, *Cosa Nostra*, nossa Causa Freudiana, a transferência também, talvez... Observei isso alguns anos mais tarde a um dos gurus do pós-lacanismo, maravilhosamente competente, de resto, na manipulação de credulidades. Por que não organizar um congresso, jornadas de estudos, tendo por tema: Estruturas freudianas da Máfia como instituição fundamental das sociedades modernas. O homem achou que eu estava brincando.

Mas, no fim das contas, as turbulências institucionais só interferiam em minha vida na periferia. Eu tinha tantas obras a terminar... A transformação de minha tese de medicina em obra publicável primeiramente, o que me exigiu profundos remanejamentos e longas noites de trabalho.

Tinha também de pensar na monografia de psiquiatra a fim de encerrar definitivamente meus estudos. Meu filho mais velho acabava de se inscrever no primeiro ano de medicina na mesma faculdade e eu achava um pouco inconveniente essa proximidade. Ia dedicar a monografia a meu achado sobre a identificação primária através dos ritos alimentares. Para enriquecer a matéria, mergulhei na leitura da obra *O cru e o cozido* de Claude Lévi-Strauss, que me apaixonou. Tempo feliz em que uma obra tão árida se tornava *best-seller*! Miséria de nossa época em que as vendas com demasiada freqüência costumam acompanhar os falsos livros! Encontrei em Lévi-Strauss sólidas confirmações à minha tese segundo a qual "comer texto" é um fenômeno universal, sendo esse texto, no caso, apenas tradição oral encarnada em ritos culinários.

Meu trabalho acabado tomou a forma de uma pequena brochura e logo enviei um exemplar a Lacan. Alguns dias mais tarde, no encerramento de uma sessão, com a brochura na mão, Lacan me declarou:

"Seu trabalho é notável".

Dessa vez, o julgamento de meu mestre me emocionou profundamente. Minha monografia de capa cor areia, mal impressa, esteve em evidência várias semanas sobre a sua escrivaninha. Graças a Bernard-Henri Lévy, foi publicada anos mais tarde, sob o título *Comer o Livro*.

A pressa com a qual eu simultaneamente levava a cabo esses diferentes trabalhos, com os dias ocupados pelo trabalho de interno no hospital de Meaux, as consultas no centro médico-pedagógico de Montrouge, a clientela, parece-me hoje sintomática. Se, conscientemente, eu recusava ver os sinais do declínio de minha análise, de modo inconsciente eu os havia perfeitamente integrado. Assim, eu desejava que a troca excepcional que havia mudado tanto a minha vida no extraordinário encontro com o velho tivesse a sua conclusão nesses trabalhos.

Minha vida se tornara incomparavelmente mais confortável, as finanças se equilibravam e eu estava começando a pagar as dívidas, as que contraí junto aos bancos bem como os pequenos empréstimos feitos com meu pai. No entanto, minha análise, e a de A. também, mordiam feio no nosso orçamento.

Quanto a A., Lacan adotara uma curiosa atitude. Acontecia-lhe no fim das minhas sessões, e cada vez com mais freqüência, acrescentar à ritual pergunta "Quando é que o vejo de novo?", seguida de minha não menos ritual resposta "Mas amanhã, doutor!", esta, antes estranha: "Mas e ela, quando é que a vejo de novo?".

Ela era A., minha mulher. Eu sabia que ela via Lacan uma vez por semana, nas quartas-feiras.

"Não sei, acho que ela vem vê-lo quarta que vem. Ela não marcou uma consulta?".

Eu me perguntava o que significava aquela obcecante pergunta, que reconhecimento de minha parte ele desejava obter, prolongando esse olhar ao congresso de Lille, que me forçara a sentar-me a seu lado. Que vínculo indissolúvel queria ele cimentar entre nós? Glória, a fiel secretária, comentará isso com A. após o falecimento de Lacan:

"Ah, como ele perguntou pela senhora!".

Não havia nessa insistência nenhum equívoco, e eu tinha ficado profundamente mexido, como uma mensagem paterna no declínio de uma existência.

Logo foi a volta. De imediato percebi que a situação havia mudado profundamente. Lacan parecia ter jogado suas derradeiras forças em sua viagem a Caracas. Dali em diante estava fora de questão o seminário e a apresentação de doentes. Suas faculdades, sua memória pareciam profundamente alteradas. Antes de introduzir cada paciente, Glória lhe dizia o nome assim como os honorários que ele costumava pagar – variavam do simples ao triplo. Certos pacientes foram informados de que não podiam mais prosseguir sua análise com o doutor. Outros, analistas em formação, alunos conforme a expressão consagrada, decidiram eles mesmos parar por ali com ele. Não suportavam a decrepitude do mestre.

"Então, você está me largando", dirá ele a alguns.

Eu havia atravessado a minha análise lutando dia após dia contra a inútil tentação de pará-la. Nesse último período a tentação me abandonou. Minha decisão estava tomada: custasse o que custasse, eu acompanharia até o fim meu velho mestre, meu analista que me dera tanta coisa.

Perinde ac cadaver, lancei um dia a Eric Laurent, com quem cruzei nas escadas.

A doença de Lacan, ainda que eu guardasse a louca esperança de que ele poderia se safar, mesmo que por um tempo, o de uma derradeira conferência testamental, mergulhava-me numa profunda tristeza.

"É um suplício para mim, doutor", disse-lhe eu, "vê-lo neste estado".

Trocamos um olhar onde se lia algo de nossa ligação recíproca. Eu sabia que a fidelidade de seus últimos alunos era para ele um grande reconforto.

Minha presença junto a Lacan, no entanto, não se justificava apenas por essa piedade filial. Ao contrário do que contavam os fiéis alunos da véspera tornados coveiros antes da hora, eu, que via Lacan todos os dias, não tinha a impressão de estar em presença de um zumbi ou de um figurante. É verdade que ele às vezes afundava numa breve letargia de que rápido emergia. Sua fala tinha se tornado rara, mas não tinha perdido a pertinência, a arte do corte.

Eu me confrontava com tristeza, mas serenamente, com a agonia daquele que, na transferência, ocupou um lugar paterno. Minha referência, a imagem dos alunos de Sócrates acompanhando o mestre até a última gota de cicuta bebida.

Seus últimos meses foram, para ele, propriamente assustadores e, para mim, uma dura lição sobre a baixeza do comportamento dos psicanalistas de toda obediência, individualmente e em instituição.

Tínhamos nos separado após o voto da dissolução com a esperança de, na volta das férias, nos lançarmos numa nova aventura institucional, a da Causa Freudiana. A Escola Freudiana se revelara um conglomerado de pessoas que tinham achado cômodo a ela pertencer e para as quais a doutrina de Lacan não tinha forçosamente um caráter essencial, referencial. A Causa Freudiana reuniria os "verdadeiros" alunos. Uma nova geração, da qual eu fazia parte, surgira. Aliando nosso entusiasmo de iniciantes à experiência da velha guarda, certamente faríamos grandes coisas. Escreveríamos uma página nova da psicanálise, daríamos um impulso novo a uma vida cultural francesa que manifestava seus primeiros sinais de declínio.

Minha candura se explica facilmente. Nunca senti gosto excessivo pelo poder. *A fortiori* nesse contexto em que a reflexão teórica, a produção de conceitos, a verdade pareciam-me ideais próprios a nos reunir. Que mais bela ambição, a meu ver, que trabalhar na criação de uma obra que postularia um lugar no grande Livro da mente? Aquele para quem seria prioritária a busca do poder só podia ser um espírito medíocre, sem ambição válida. A contemplação de meu abissal desprezo vai me dar, algum tempo mais tarde, uma vertigem de que na verdade nunca me recuperei.

O céu ia, pois, bem rápido ensombrecer. J.-A. Miller e seu fiel adjunto, Eric Laurent, lançaram um curioso projeto: *Delenda*. O que era, no ano anterior, um pequeno boletim, transformou-se em grandes reuniões, em *meetings*, que foram realizados na Rua Las Cases.

De imediato, essas reuniões me desagradaram. Tínhamos ganhado nosso combate pela dissolução, o tempo da quietude, do trabalho de reconstrução não tinha então chegado? Fizeram-me entender... que eu não havia entendido nada. O espírito da falecida Escola Freudiana de Paris ainda estava ali nas mentes. Estávamos na verdade na agitação-propaganda, nessa mortífera afirmação de Stalin segundo a qual quanto mais o socialismo avança e triunfa, mais a resistência de seus inimigos se reforça. Paranóia!

Miller odiava de um ódio propriamente patológico a EFP criada por seu sogro, Lacan. Mais tarde, a cada crise do grupo de psicanalistas reunidos em torno dele, crises que eventualmente ele mesmo suscitava, ele evocará o espectro da EFP. Esse ódio deve recobrir aquele, paradoxal, que ele teve pelo próprio Lacan, o qual, é verdade, nem sempre o tratava bem. Disso vejo como prova o pouco entusiasmo e o pouco cuidado com os quais Miller cumpre a tarefa, a ele confiada por Lacan, de publicar os resumos de seus seminários. Disso fui testemunha a propósito do seminário III, *As psicoses*, ao qual eu trouxe no último momento uma contribuição inesperada. Ele me confessou um dia que não partilhava a admiração dos analistas pelos escritos do próprio Freud. Mas o que seria a doutrina psicanalítica sem as obras de Freud?

Esse ódio poderia, deveria ter-se resolvido, pelo menos ter-se temperado em sua própria cura, cura que ele prosseguia há mais de quatro anos com Charles Melman, seu irmão siamês em muitos aspectos, esse mesmo com o qual bati de frente no momento de minha volta ao judaísmo. Entre os dois homens, o analista e seu paciente, na verdade dois rivais, um ódio mortal, insensato, logo estourou a pretexto de uma sombria história de local, o da antiga Escola.

As reuniões de *Delenda* serviram de detonador para a terrível explosão que definitivamente dispersou aos quatro ventos os alunos de Lacan. Cada uma dessas reuniões tratava em princípio de uma das grandes questões da psicanálise, e os tenores da velha guarda estavam convidados a dar conta do estado atual da questão. Tais debates são feitos apenas em pequenos grupos de trabalho, na serenidade de uma reflexão documentada. Ora, eles aconteciam diante de uma sala estourando de gente e onde era até difícil, pelo menos para as primeiras sessões, entrar. Num tal clima, a reunião supostamente teórica virava *meeting*, senão tribunal do povo. Os mais experientes só podiam revelar sua carência. Na verdade era um jogo de massacre que não duraria muito tempo.

A revolta da velha guarda não ia tardar. Foi de uma violência inaudita e conduziu ao naufrágio a jovem Causa Freudiana. O sinal foi dado por Melman. Analista de vários membros da família, J.-A. Miller encabeçando, ele aproveitou a rica informação recolhida no divã para escrever, no estilo característico do tempo, uma longa carta supostamente confidencial e dirigida a alguns próximos, na verdade difundida a centenas de exemplares, que todo mundo leu. Esse texto incrível trazia, a nosso conhecimento, os seguintes pontos:

Lacan estava morto. O corpo que se encontrava no nº 5 da Rua de Lille (quando caía a noite, ele voltava para dormir na casa da filha e do genro), que ainda atendia pacientes (dentre eles eu), já era apenas um semicadáver, tendo perdido o espírito, um demente segundo o vocabulário médico. As missivas que de vez em quando recebíamos, em puro estilo Lacan e assinadas por ele, para dar instruções gerais em vista da entrada em funcionamento da Causa Freudiana, eram, na verdade, concebidas e redigidas por J.-A. Miller. Pseudo-epígrafes, em suma.

Nesse meio tempo, cada um recebeu uma carta, igualmente lacaniana em sua formulação, desaprovando a Causa Freudiana. Logo ficamos sabendo que era falsa, uma verdadeira-falsa, em oposição às falsas-falsas que eram, portanto, verdadeiras. O estilo particular de Lacan afigurava-se, portanto, perfeitamente imitável e não garantia mais a autenticidade das missivas que ele nos enviava. Em suma, éramos os joguetes de uma sombria maquinação, de um teatro de sombras, cuja encenação era regrada por Miller. A atmosfera estava se tornado shakespeareana, as adagas tinham deixado a bainha.

A leitura dessa carta me perturbou e me escandalizou. Ela confirmava o mal irreversível que não ia tardar a levar Lacan. Mas como declarar publicamente morto um homem que não estava? Ainda e sobretudo quando se fora um de seus mais próximos alunos, quando a ele se devia sua figura no mundo, sua fortuna, tudo? Seja qual for o fundamento dessa informação, o pudor, o respeito não impunham discrição, silêncio? Tal barbárie lançava sobre a psicanálise uma luz inesperada. Não estávamos mais numa arena científica, mas na das disputas políticas mais selvagens.

Além disso, a Causa Freudiana possuía suas instâncias dirigentes, um *bureau* onde Miller e os seus estavam em minoria. Por que não levantar e resolver democraticamente o problema em assembléia geral devidamente convocada? Anos mais tarde, Melman dirá que psicanálise e democracia são incompatíveis. A tirania, repliquei, é portanto mais bem adaptada a ela ou, pior ainda, as estruturas totalitárias?

Logo vimos aparecer os pró-Melman e os anti-Melman, os dois grupos igualmente contrários à Causa Freudiana. O conjunto dos barões do lacanismo que pertenciam à sua direção pediram demissão, exceto um, seu presidente, Claude Conté, que além disso era meu supervisor e de quem eu estimava particularmente a modéstia e a discrição. Algum tempo depois, Conté desmentiu os boatos propagados pela "carta": o mutismo, a demência de Lacan.

Tive uma entrevista com Conté, que confirmou publicamente suas palavras algumas semanas mais tarde. Não, Lacan não era aquele zumbi que Melman havia descrito. Ele o encontrava, falava com ele, e Lacan lhe dava breves diretrizes. Por outro lado, disse-me, as reuniões do *bureau* da Causa Freudiana aconteciam de modo totalmente democrático.

"Conté, ajude-me", dissera-lhe um dia Lacan num total desamparo.

No entanto, Conté não tardou a entregar os pontos também. Tinha ficado só no *bureau*, todos os amigos tinham partido e exerciam pressão sobre ele. Acabou por segui-los. Informou-me disso diretamente e convidou-me para uma reunião no Hotel Pont-Royal. Um novo grupo ia se constituir, e para lá me dirigi a fim de me informar. Gérard Miller, que era paciente de Conté, lá se encontrava também.

Para resolver a crise mortal que atravessava o lacanismo, um "Fórum" fora convocado no Palais des Congrès. Os opositores de Miller recusaram participar.

Na reunião do Hotel Pont-Royal, permiti-me, como um inocente, fazer a pergunta: já que esses opositores constituíam a esmagadora maioria dos membros da Causa Freudiana, por que não ir a esse Fórum e impor a vontade da maioria? Pierre Legendre, um perito em análise das estruturas de poder, chamou-me de ingênuo. Eu dividia com ele, algumas semanas antes, a tribuna de *Delenda*. Ele havia dissecado os estatutos propostos para a organização da Causa Freudiana. Nunca encontrei, disse ele em substância, uma máquina jurídica tão perversa e tão trancada, totalitária, numa só palavra. O que nos impedia no momento do voto, no início da instituição, de rejeitar esses estatutos, de emendá-los? Afinal, Miller não dispunha nem da força armada, nem de amuletos mágicos. No entanto, alguns meses mais tarde, a análise de Legendre foi confirmada por minha experiência. Nesse meio tempo, eu havia sido eleito para o *bureau* da Escola da Causa Freudiana. Constatei então, do interior, como "haviam" organizado as instâncias dirigentes. "Haviam" feito estatutariamente de modo que não existisse lugar e, em todo caso, não esse *bureau* do qual eu era membro, de onde se podia discutir assuntos importantes da Escola, a orientação, a política, os trabalhos, o tema dos congressos. Em compensação, debatemos longamente a cor dos móveis da biblioteca, o número de canetas e a marca do material de escritório a ser comprado. Estávamos, psicanalistas eminentes, reduzidos ao papel de compradores. Essa estranha estrutura da nova "escola" feita de círculos vazios era redobrada num outro nível. Ao lado da Escola da Causa Freudiana (ECF), Miller e seu clã haviam multiplicado os satélites: o Campo Freudiano, centro de formação pago que drenava somas importantes, um departamento de psicanálise na Universidade Paris VIII, uma seção clínica e muitas outras instituições que nasciam e desapareciam ao longo das estações. Para funcionarem, essas conchas vazias utilizavam como peões passivos as mesmas pessoas, membros da ECF. O único ponto de interseção das diferentes instâncias de fato existia entretanto, era... a própria pessoa de Jacques-Alain Miller. Éramos jogados de um lado para o outro num girar que sempre parecia lisonjeiro de início, mas que se revelava ser apenas manipulação de homens e exploração financeira. Estávamos a anos-luz do ensino de Lacan.

Eu não dispunha então de conceito algum para entender esse jogo institucional. Foi só mais tarde, ao ler o *Sistema totalitário* de Hannah Arendt, que tive a estranha impressão de que sua descrição das estruturas totalitárias – fragmentação e vacuidade das estruturas formais do poder a fim de que este seja o atributo exclusivo de uma única pessoa, *Führer, Duce, big brothers* de todo tipo – coincidia perfeitamente com as que eram aplicadas na ECF. De início, eu não soube entender a análise feita por Pierre Legendre, da mesma forma que ele não soube nem quis me responder.

Três grupos agora disputavam os despojos de Lacan. Mas não íamos parar por aí. A antiga responsável pela biblioteca da falecida Escola, Solange Faladé, até ali muito próxima dos Miller, declarou que ficaria com essa biblioteca e estava criando sua própria instituição em torno dessas obras. Cada um desses grupos explodiu por sua vez numa deflagração, num despedaçamento sem fim que continua desde então. Cada um dos barões do lacanismo apressava-se para obter o seu feudozinho (com seu correlato monetário) no antigo império. Espetáculo grotesco e indigno que se desenrolava sob o olhar do moribundo que estava na origem daquela união. Espetáculo trágico também. Foi nesses meses agitados que Michel Soury, que acompanhava Lacan em sua reflexão sobre os nós, se suicidou.

Eu mesmo fui testemunha de uma cena espantosa. Estava participando de uma reunião dos responsáveis pela Escola da Causa Freudiana ainda em gestação. Estávamos esperando Marcel Czermak, considerado com razão a estrela ascendente da psiquiatria lacaniana e amigo muito próximo de J.-A. Miller. Eles tinham, juntos, criado a Seção Clínica. Estávamos começando a nos interrogar sobre o atraso de Czermak, quando este surgiu, transtornado. Tendo ouvido de Melman revelações aterrorizantes, vinha jogar sua demissão na cara de Miller. (Demitiam-se então aos socos). Miller permaneceu de uma calma impressionante.

"Fale", desafiou-o, "fale-nos um pouco dessas coisas terríveis.

– Aqueles que quiserem saber só têm que vir comigo. Vou lhes explicar.

– Por que não falar diante de todos?

– Eu conheço os seus estratagemas, Jacques-Alain!".

Czermak estava irreconhecível, como que possuído. Ninguém o seguiu.

Conté tendo por sua vez rompido com Miller, por coerência, interrompi minha supervisão com ele. Minha trajetória por enquanto consistia em seguir Miller, que parecia encarnar a fidelidade a Lacan.

Meu livro *O filho ilegítimo. Fontes talmúdicas da psicanálise* foi publicado nesse período tão conturbado, em janeiro de 1981, bem longe das preocupações gerais, tanto as dos psicanalistas quanto as do mundo cultural. Dediquei-o a Lacan e a seu ensino e imediatamente lhe enviei um exemplar. Minha sessão estava terminada e estávamos os dois à porta. Lacan olhou por alguns segundos a capa, sem muito reagir. Mas eu já sumira.

Essa publicação mergulhou-me numa viva angústia que eu dividia com minha editora Françoise Cibiel. Encontrávamo-nos uma vez por semana e seguíamos a curva bem medíocre das vendas. O silêncio da imprensa era quase total, apesar das inúmeras providências que a editora e eu mesmo tomávamos. Houve um risinho de escárnio de duas linhas no *Le Nouvel Observateur*, algumas linhas no *Le Monde*. Aproximar Talmude e psicanálise, que idéia absurda, blasfematória para um ateu de boa qualidade! Estávamos indo em direção ao fracasso mais perfeito que poria fim por muito tempo à experiência que eu estava esboçando nessa obra propedêutica.

De repente um artigo inesperado começou a mudar o jogo. O eminente psicanalista Lucien Israël, um aluno de Lacan que formara em Strasbourg gerações de psiquiatras e de psicanalistas, publicou no pequeno semanário *Tribune juive* um longo artigo muito elogioso. O prestígio do homem, os elogios do artigo tiveram pelo menos esse mérito de chamar a atenção do público judeu. Os conselhos ao pé do ouvido funcionaram, as vendas recomeçaram.

Pouco depois, deixando o consultório de Lacan, cruzei com minha amiga Laurence Bataille. Há alguns meses, desde que o furacão havia dispersado a aristocracia lacaniana instalada, eu estava cada vez mais próximo do círculo familiar, e Laurence se tornara um amiga. Contou-me que Judith ficara apaixonada por meu livro, que não o largara o fim de semana inteiro.

Alguns dias mais tarde teve lugar o Fórum em que nasceu, sobre as cinzas da Causa Freudiana, a nova Escola da Causa Freudiana. A intervenção que apresentei foi apreciada. Miller, no entanto, rejeitou categoricamente minha proposta de participar, no seio de um coletivo, da rápida edição dos seminários de Lacan. O Livro é o instrumento do poder, em breve seria a minha teoria. Não se podia de modo algum largar o mais ínfimo pedaço.

Uma intervenção nesse Fórum chamou a minha atenção, a de Charles Méla, especialista de literatura medieval e amigo de Escola Normal de J.-A. Miller, que evocou o Talmude, os rabinos massoretas. Eu não estava mais totalmente só a sustentar meu estranho discurso sobre o judaísmo.

Judith Miller acabava de lançar uma luxuosa revista, *L'Ane*. Telefonou-me para me propor uma entrevista dedicada a meu livro com Charles Méla, numa página dupla da revista mensal, com a minha foto de presente.

Gaguejei de alegria. A entrevista era precedida de uma curta e elogiosa introdução de Charles Méla. Ele assegurou definitivamente ao livro um honesto sucesso de livraria e fez calar os sarcasmos dos colegas para os quais meu trabalho não poderia pertencer ao "Campo Freudiano", ele não seria lacanianamente *casher*. Pois bem, ele assim se tornara, pela graça batismal de Judith.

Decididamente, os Miller me enchiam de mimos. Mais o apoio deles nem sempre teve o efeito previsto. Assim, a intervenção de Judith junto a Catherine Clément, então crítica no jornal *Le Matin* e cronista no *L'Ane*, em vista de uma recensão da obra, encontrou uma recusa brutal. Meu livro lhe caíra das mãos, disse ela. Fiquei sabendo mais tarde a verdadeira razão dessa recusa. Eu era um "canalha sionista". Essa anedota ilustra a reação sintomática que eu provocava em certos judeus em ruptura com o judaísmo. Falar do Talmude a respeito de Freud deixava-os furiosos. Afinal, o famoso tobogã de Canguilhem que conduz as elites da Rua d'Ulm no divertido deslizamento do êxito social não deixa todos eles nas lixeiras da Prefeitura.

Breve terei a confirmação dessa estranha reação. Laurence Bataille, que apreciava o que eu escrevia, julgou bom convidar-me para jantar com Elisabeth Roudinesco, a qual desde então se autopromoveu historiadora da psicanálise, *caudillo* das recensões midiáticas das obras relativas à questão freudiana. A querida Laurence tinha uma simpática e infeliz mania. Quando gostava de duas pessoas, era preciso que essas se encontrassem e fatalmente se apreciassem. Deu-se mal. Assim que nos sentamos à mesa, tive de agüentar a fúria da "historiadora e memorialista da psicanálise". O que é que eu tinha então que chatear todo mundo com as minhas histórias de judaísmo! A psicanálise não tem nada a ver com o judaísmo! Lacan não tem nada a ver com o judaísmo! Palavras brandidas como um *diktat* que não tolerava réplica alguma. Laurence bem que tentou, com sua habitual doçura, explicar meu projeto, botar panos quentes na conversa. Demais, era demais. A irascível megera levantou-se da mesa arrastando, bem constrangido, seu companheiro, que não havia dito uma palavra diante desse *ersatz* de terrorismo estalinista. Laurence, uma vez batida a porta, dirá suspirando: "Ela é assim!", um *assim* de que a psicanálise não cessa desde então de sofrer, considerando o poder editorial e midiático conquistado por essa censora. A alguém que lhe perguntava por que meu nome estava foracluído em sua *História da psicanálise na França*, ela terá esta resposta deliciosa: "Porque o que ele conta é inexistente".

Essas reações verificam o que Henri Meschonnic soube tão bem exprimir: "Trazer a referência judia... ao centro do teórico decididamente procede, para alguns, ou talvez para muitos, em nossa paisagem à francesa, de uma insuportável falta de gosto[2]".

Terei direito também a reações mais sutis. Assim, Eric Laurent, primeiro diretor da Escola da Causa Freudiana, acreditou amigavelmente me prevenir: "Você não acha que está exagerando ao pretender que Lacan se interessava pelo judaísmo? Só a palavra 'talmudista' na Proposta de outubro de 1967, numa obra de várias dezenas de volumes...

– Mas essa palavra já não é em si importante? E não é tudo, em cada seminário...".

Mas o colega já tinha virado os calcanhares. Uma palavra... Desde então, esquadrinhei de forma quase exaustiva o conjunto da obra e consegui juntar centenas de páginas de notas que estudarei mais tarde.

*

A crise da instituição lacaniana tivera outros efeitos. O corpo docente do departamento de psicanálise de Paris VIII também fora varrido por um furacão de demissões. J.-A. Miller tornara-se um pestífero, o que o tornava ainda mais simpático a meus olhos.

Gérard Miller telefonou-me num dia de fevereiro de 1981 para me propor um posto de professor substituto em Paris VIII para um ensino sobre "psicanálise e judaísmo". Achei que estavam reconhecendo a pertinência da via de pesquisa que eu propunha no rastro de Lacan, do que ele havia dito em Bruxelas durante uma programa de rádio sobre os vínculos do *midrash* e da psicanálise.

Eu estava feliz demais, lisonjeado demais para entender que eu representava apenas um tapa-buraco num momento de crise. Meu erro foi crer

---

2 H. Meschonnic, *L'Utopie du Juif*, Paris, DDB, col. Midrash, 2001.

que esperavam de mim o exercício de uma crítica construtiva e não uma função ancilar. Esse erro me valeu, dois anos mais tarde, sob o primeiro pretexto surgido, ser mandado embora. Fui expulso do departamento. Eu já havia então perdido toda ilusão quanto a essa pseudo-Escola e aproveitei, com o apoio de Laurence Bataille, para pedir demissão de minhas pretensas funções de responsabilidade, vazias de todo conteúdo.

Mas ainda não estávamos aí. Por enquanto eu estava vivendo uma lua de mel inesperada que, parecia, não acabaria nunca. Fui cooptado para o comitê editorial de *L'Ane*, onde escrevi regularmente. Psicanalista, médico psiquiatra, escritor, professor na universidade, membro da redação de uma revista de prestígio, colaborador da revista *Ornicar?*, que felicidade maior esperar? A dissolução da EFP permitira esses meses exaltantes, ensombrecidos no entanto pela tristeza e a angústia que o estado de saúde de Lacan suscitava.

Apesar de meu horário bem entupido, lancei-me com todo ardor na aventura do ensino. Logo tive um pequeno grupo de fiéis que me seguirá durante toda a minha passagem pela universidade.

Minha reflexão sobre essa estranha dissolução da EFP desenvolvia-se a partir das censuras que Lacan fez a Freud. Em primeiro lugar, o fato de não ter ousado o confronto com El Shaddaï, deus de seus pais. Daí minhas pesquisas sobre o judaísmo. Em segundo lugar, o de ter criado sua própria Igreja, a Associação Internacional de Psicanálise (IPA), que ele apelidara de Sociedade de Assistência Mútua contra o Discurso Analítico (SAMCDA). Essas duas censuras deviam estar ligadas. Segundo Lacan, quando Freud constatou que seus melhores alunos, seus íntimos, tais como Ferenczi ou Otto Rank, não pareciam ter entendido a singularidade de sua doutrina, preferiu embalsamá-la numa instituição que tinha por modelo a Igreja na esperança de que um dia um espírito inovador despertaria a bela adormecida. Lacan, no fim da vida, dava-se conta de que seus alunos, como os de Freud, não "sacavam" realmente o seu ensino – sua famosa queixa: "Fracassei em meu ensino!" – e talvez também tenha preferido embalsamá-lo. O problema é que seu ato não deu nascimento a uma ou a várias Igrejas, mas a uma ou a várias instituições totalitárias.

Freud e seus comentadores, Lacan inclusive, glosaram muito sobre essas duas formas de organização humana que lhes pareciam paradigmáticas:

a Igreja católica e o exército. Acho que ninguém se deu conta de que uma nova forma de organização domina agora todas as instituições, a saber, o sistema totalitário tal como Hannah Arendt soube descrevê-lo. Esse desconhecimento voltou no real.

Talvez Lacan também tenha ficado fascinado pela melancolia de São Tomás de Aquino no fim da existência. Desde o ato fundador da EFP, a Proposta de outubro de 1967, ele inseriu esta citação para caracterizar o fim de uma análise tal como a concebia: *sicut palea*, que Lacan traduzia por "como bosta" (na verdade "como palha"). Ao fim de seu percurso, o sujeito considera a sua obra uma merda. A dissolução foi talvez o *sicut palea* de sua existência.

*

Os opositores de Miller agitavam-se cada vez mais: Lacan, diziam, estava demente, seqüestrado pela filha e pelo genro. Exigiam um desmentido. A família imaginou então uma comédia vergonhosa. Por duas vezes, Lacan fez uma aparição pública. A primeira vez, foi numas das "*éprouvantables**" reuniões de *Delenda*. Vimo-lo entrar na sala tal Édipo em Colona, sustentado por Judith-Antígona. Sentou-se na primeira fileira, o corpo às vezes sacudido pelo estranho riso silencioso que aparecera desde a doença. A cena a que se assistiu foi propriamente insensata. Alguns que, há pouco, se exibiam como seus alunos, ousaram reclamar nada menos que uma perícia psiquiátrica ali, imediatamente, em público. A dignidade, o respeito por um mestre adulado ontem dava lugar a um comportamento de furiosos.

A segunda aparição aconteceu num espaço mais controlado, o da Seção Clínica; em que Catherine Millot dava uma conferência. Eu me achava sentado não longe de Lacan. Assisti, constrangido, à sua briga com a mesinha dobrada que lhe servia de escrivaninha e que ele não conseguia levantar. Judith acabou por fazê-lo e colocou sobre ela um bloco novo e uma caneta. Tratava-se na verdade de um simulacro. Lacan não tomou nota alguma, ele

* Amálgama formado a partir de *éprouver* [experimentar, sentir] e *épouvantables* [insuportáveis, assustadoras] (NT).

era agora totalmente incapaz disso e a folha ficou em branco. Dolorosamente, constatei que a filha o tratava como uma criança da qual se exige que fique comportada.

Eu não imaginava o fim tão próximo. No entanto, na hipótese de Lacan ter sido capaz de reunir suas energias, o que ele teria gostado de acrescentar após um ensino de trinta anos? Mas eu não me resignava a vê-lo desaparecer num tal desastre.

Eu estava a ponto de acabar a minha formação de psiquiatra. A defesa da monografia estava marcada para o outono seguinte. Como o posto de interno no hospital de Meaux não estava mais disponível, cumpri meu último estágio em Aulnay-sous-Bois, no serviço do Dr. Castets.

No mês de julho, separamo-nos para as férias, como de costume. O encontro estava marcado para a primeira segunda de setembro. Na manhã desse dia, recebi um telefonema de Glória para informar-me que "o doutor estava ligeiramente doente" e que eu devia ligar no fim de semana. Até o fim, a família havia decidido fazer aquele teatro. Mas, na manhã de 10 de setembro, Jacques-Alain Miller telefonou-me para anunciar-me a morte de Jacques Lacan, meu analista, que expirara na véspera.

Senti uma tristeza terrível, um sofrimento terebrante como eu nunca experimentara e que só experimentei em toda a minha vida duas outras vezes, na morte de Yeshayahou Leibowitz, depois na de meu pai. Eu acabava de perder aquele que foi para mim, na transferência, como eu lhe disse um dia, um pai e uma mãe substitutos, um mestre amado que me permitira alcançar regiões da mente que, sem ele, eu nunca teria conhecido.

Dei a notícia a A. e ambos começamos a chorar, antes de nos aprumarmos. Alguns minutos depois, recebi meus primeiros pacientes do dia antes de ir para o hospital. Lembrei-me da maneira como Lacan me recebera no dia em que perdera a filha mais velha atropelada. Naquele dia, tinha uma aparência relaxada, quase sorridente, embora um momento antes estivesse totalmente tomado pela dor, como me confiou Glória. Esforcei-me para imitar aquele estoicismo. Mas eu não podia pronunciar ou pensar nestas duas palavras, *Lacan morreu*, pois então a dor escapava a meu domínio.

O desaparecimento de Lacan foi um acontecimento nacional. Os meios de comunicação, os jornais sobretudo, colocaram na primeira página. Na verdade, e a distância confirma a coisa, essa morte marcava o fim de uma época da vida cultural francesa em seu conjunto, antes brilhante. A mediocridade logo se abateria sobre a vida intelectual aspirada pela frivolidade dos meios de comunicação.

Rápido se assistiu a um fenômeno curioso, desconhecido dos antropólogos e da decência. É de regra, com efeito, observar, à morte de um grande homem, ao menos até os funerais, um momento de silêncio e de homenagem, considerar em primeiro lugar sua contribuição positiva. Ora, eis que a imprensa viu-se invadida de artigos venenosos, saídos da pena de antigos alunos rompidos com ele há tempos, mas também, mais espantoso, de discípulos de última hora. O jornal *Libération* publicará, assim, uma página inteira de reações de membros da falecida Escola Freudiana. A intervenção de meu assessor de imprensa permitiu-me estar entre estes. Prestei homenagem à obra de meu mestre, ao que eu lhe devia. Fiquei consternado no dia seguinte, ao ler esse jornal, ao constatar que a minha intervenção era a única a saudar sem ambigüidade nem reserva o desaparecimento daquele que tanto nos dera. Alunos que foram seus próximos julgaram melhor, nas poucas linhas que lhes foram concedidas, criticar o desaparecido.

Meu texto, por sua singularidade naquele estranho concerto, emocionou a família. Laurence Bataille telefonou para me contar e me informar que Judith também o apreciara e que esperava a minha visita.

Eu não teria, por mim mesmo, jamais ousado. Apesar dos laços tecidos nos últimos meses, eu não me sentia, com razão, pertencer ao círculo dos íntimos. Dirigi-me, então, em companhia de A., à Rua d'Assas, à residência dos Miller, ali onde Lacan vivera seu último ano. Fomos recebidos com muita amizade.

"Obrigado por seu artigo no *Libé*", disse-me de imediato Judith, cujo rosto, terrivelmente emagrecido, estava devastado pela dor.

"Desde a morte do pai que ela não come", disse-me Glória.

Jacques-Alain Miller estava presente, assim como Pierre Martin, presidente da nova Escola da Causa Freudiana, antes de brigar alguns anos mais tarde, como tantos outros, com Miller.

Depois de umas frases trocadas, Miller nos conduziu ao quarto de dormir onde repousava o corpo de Lacan. Havia muito tempo que a visão de um cadáver não me impressionava mais. No entanto, diante daquele corpo que de repente me pareceu muito pequeno, tive algo como um espasmo, talvez um soluço abortado. Afinal, ali não estava Jacques Lacan, mas um simples corpo morto. Lacan não existia mais, e era ele que eu chorava. Depois fomos reconduzidos ao salão para uma pequena conversa.

O funeral aconteceu no dia seguinte, um sábado, no cemitério de Guitrancourt, onde Lacan possuía uma casa. Manifestei desejo de assistir à cerimônia. Miller opôs-se categoricamente. Virando-se para Pierre Martin, invocou seu testemunho.

"Durante sua viagem a Tóquio, ele não lhe disse: *sem flores, nem coroas?*".

O que essa história de flores e coroas vinha fazer aqui? Estávamos, seus últimos alunos, reduzidos ao *status* de vegetal de enfeite? Fomos muitos a não perdoar J.-A. Miller por nos ter recusado esse último ato de luto e de fidelidade. Pierre Martin e um pequeno trio de fiéis (não o serão por muito tempo) teoricamente representaram o conjunto da Escola.

Duas semanas mais tarde, A. e eu viemos sós a Guitrancourt. O pequeno cemitério e o túmulo foram fáceis de encontrar. Este estava recoberto por um monte de feixes e de coroas já murchas. Veio-me então a ironia das palavras de Miller, *sem flores, nem coroas.* Entre os feixes sem viço, com o celofane amassado, esmagada pelas fortes chuvas de outono, uma me chamou a atenção. Trazia uma faixa escondida pela metade com uma inscrição em hebreu.

Tive vontade de retirar o feixe, ler-lhe a inscrição, mas ali, na hora, o ato me pareceu sacrilégio. Quem podia tê-lo enviado? Era a homenagem de uma dessas pessoas com as quais, discretamente, quase secretamente, à revelia de seus próximos, Lacan estudava textos hebraicos cuja existência eu mais tarde descobriria, por acaso?

Diante daquele túmulo que nenhuma pedra ainda recobria, minha tristeza reencontrou sua vivacidade e surpreendi-me murmurando as primeiras palavras do *kaddish*, a prece judia dos mortos, eu, o descrente, mas cuja descrença vinha se tornando a cada dia mais suspeita.

Mas a campanha de imprensa não cessava. *Le Monde* publicou um venenoso artigo do psicanalista André Green, o qual, durante anos, foi um fiel do seminário. Mas tal comportamento parece freqüente entre os analistas: odiar ferozmente o que se tinha, na véspera ainda, adorado. Será mais tarde o comportamento da "biógrafa" Roudinesco, membro da Escola durante anos. Para Green, Lacan, simplesmente, não era um clínico, isto é, definitivamente, não um analista. Decididamente, é outro costume da profissão: o assassinato mental dos colegas. "Você nem é um!". Eu havia sofrido, em meu nível, a mesma execução simbólica por parte de Clavreul. Lacan no entanto havia formado uma boa quantidade dos analistas de renome dessa geração: Anzieu, Laplanche, Pontalis, Widlocher e *tutti quanti*. J.-A. Miller telefonou-me no dia seguinte à publicação desse escandaloso artigo.

"Você notou, como eu, essas infâmias na imprensa", disse-me. "Poderia redigir, a partir de sua experiência, um texto de três folhas? Assinará com o seu nome, autor de *O filho ilegítimo*, e o enviará ao *Le Monde*.

– Vou tentar.

– É urgente. Tente deixá-lo na minha casa antes de domingo à noite".

A tarefa não era fácil. Entreguei-me de imediato, escrevendo e reescrevendo várias vezes essas três folhas que intitulei *Lacan, um clínico*. Dois dias mais tarde, num fim de tarde de domingo, deixei uma cópia de meu texto na residência de Miller e enviei o original ao *Le Monde*.

Se meu artigo conveio a Miller, *Le Monde* recusou sua publicação. Tinham bruscamente decidido, depois de terem deixado despejar uma carreta de injúrias sobre Lacan, encerrar o debate.

"Encontraremos outro uso para o seu texto", disse-me Miller.

Nossas relações iam às mil maravilhas. Anoitecia e Miller pediu-me para acompanhá-lo ao Drugstore dos Champs-Elysées para comprar jornais.

"Você deveria ler a obra de Paul Ricœur sobre a Interpretação", aconselhou-me. "No que diz respeito ao seu trabalho sobre o Talmude, seria bom dar uma olhada no que diz Aristóteles da analogia".

Na verdade, ele queria me informar alguma coisa, de outra importância.

"Sabe", acabou por dizer, "tomei uma grande decisão, estou começando a atender como analista.

– Esperou então a morte de Lacan para isso?".

Minha reação o surpreendeu por sua vivacidade.

Com efeito, durante anos, J.-A. Miller fora a encarnação de um símbolo que Lacan quisera plantar na Escola, tal um vigia entre os analistas, o do *não analista*, experimentado por seu saber, até mesmo por um currículo analítico, da problemática freudiana. A presença do não analista impediria o psicanalista de ceder em sua inclinação natural, a de um autismo esotérico, de um jargão. Ele estava intimado a prestar contas de sua prática. E eis que esse símbolo, que me havia fascinado, estava desaparecendo. Com que olho Lacan teria considerado a decisão de seu genro, ele que havia martelado que "o analista só se autoriza por ele mesmo"? É evidente que ninguém pode dizer. Era certamente, em todo caso, o encerramento de uma experiência, o fim de uma tensão fecunda.

Ele partia no dia seguinte para uma *tournée* de conferências na Argentina, o novo terreno de caça e expansão, acompanhado por Eric Laurent. Milhares de ouvintes se juntavam para escutá-los. Nesse momento, o interesse dos argentinos pela psicanálise e por Lacan era propriamente inimaginável. Eu mesmo, dez anos mais tarde, fui convidado pela Universidade de Buenos Aires. Quando penetrei no anfiteatro que me haviam designado, acreditei ter-me enganado de lugar diante daquelas centenas de pessoas aglutinadas, sentadas no chão, nas bancadas, de pé.

Judith convidou-me com A. para jantar. Fizemos a refeição em sua vasta cozinha. Ela me falou da *tournée* triunfante de "Jacques-Alain e Eric". Estaria ela escrutando meu grau de fidelidade a seu esposo? Devo tê-la tranqüilizado, pois tive a honra de ser convidado de novo, na volta dos dois missionários. Ao deixá-la, pedi-lhe autorização para visitar de novo o nº 5 da Rua de Lille, lugar onde eu vivera momentos tão essenciais. Ela deixou.

"Eu gostaria tanto de fazer daquele lugar um museu em memória de meu pai... Infelizmente, temos problemas sérios com Thibault e Sybille, meus irmãos".

Voltei então certa manhã ao consultório do bom doutor, doravante vazio. Glória me recebeu. Revi a pequena sala de espera, a grande biblioteca, o espaço que os separava, ele também ocupado por uma biblioteca, o consultório onde eu me deitara diariamente durante mais de dez anos, onde eu acreditava dia após dia jogar a minha vida num lance de dados.

Essa visita proporcionou-me alguma surpresa. O lugar guardava um número grande de belos objetos, pinturas, dentre elas um quadro grande de Balthus, e sobretudo bibelôs que eu por assim dizer nunca havia notado. A crispação e a angústia que eu sentia durante as minhas longas horas de espera me haviam impedido.

Mas outra curiosidade, um pouco malsã, me atormentava. Uma porta permanecia fechada, a da parte privada do apartamento, pela qual Lacan e sua secretária desapareciam, quando não tinham que cuidar de pacientes, e que tinha sua própria porta para as escadas. Superei meu constrangimento e pedi para transpor aquela porta. Glória hesitou alguns segundos, depois acedeu ao meu pedido.

"Só deixo entrar aqui as pessoas que eram muito próximas dele e sei o quanto o senhor gostava dele".

Por trás da porta, na verdade havia apenas um pequeno recinto que servia de secretaria a Glória. Foi nesse espaço confinado e sombrio que a fiel pessoa passou tantos anos da vida a datilografar seus textos, a atender e a filtrar as chamadas, a fumar também sem parar. Ao lado dessa passagem de dois ou três metros, ficava o quarto de dormir de Lacan, quase que inteiramente ocupado por uma cama grande, uma verdadeira cela de monge.

"Ele às vezes trabalhava aí até as três horas da manhã. Mais de uma vez, encontrei-o adormecido no meio das folhas de papel sobre as quais tinha trabalhado...".

A modéstia do lugar me emocionou profundamente. Pareceu-me de acordo com o que eu compreendera da verdadeira pessoa de Lacan, para além do ar que ele ostentava em sociedade, barroco, provocador, arrogante, essa sociedade de vão espetáculo. Mas eu sabia, eu havia muitas vezes percebido a humildade profunda do homem, humildade sem a qual nenhuma vida autêntica da mente é possível, e essa humildade se encarnava naquele lugar onde ele viveu sozinho o essencial de seus últimos anos.

Agradeci a Glória por sua confiança e deixei pela última vez na minha existência o nº 5 da Rua de Lille, que voltou ao mesmo tempo à sua banalidade de apartamento burguês. Sim, deixei, real mas também simbolicamente, esse lugar que foi o consultório de Lacan.

Chegou a noite do grande jantar na casa dos Miller. Entre os convivas encontravam-se condiscípulos da Escola Normal, bem como Ahmed Sinaceur, então embaixador do Marrocos junto à UESCO antes de se tornar ministro do rei Hassan II, acompanhado da esposa. Eu estava sentado em frente de Miller. Evocávamos Canguilhem, a filosofia, quando de repente este, fixando-me com o olhar, fez em voz alta esta surpreendente observação:

"Encontrei entre os papéis de Lacan um certo número de documentos que você lhe enviou. Estão agora comigo".

Eu de fato entregara a Lacan o romance escrito durante a adolescência, dois livrinhos de poesia, textos diversos e, sobretudo, algumas cartas, meu montinho de segredos em suma, que na verdade só ele, conhecendo o contexto, podia entender. Mas o que significavam essas palavras? Guardavam alguma ameaça velada? Aquilo não podia me impressionar. Eu não tinha nada a esconder, a não ser uma certa dor íntima. De resto, ao deixar freqüentemente aberta aos quatro ventos a porta do consultório, Lacan acostumara seus pacientes a essa situação de não segredo. Mas, em princípio, as palavras de J.-A. Miller eram propriamente escandalosas, um estupro da deontologia mais elementar.

"Faça o que bem lhe aprouver", respondi-lhe, "tudo isso pertence agora a um passado que não volta mais".

Sicut palea, por minha vez.

Ficarei sabendo pouco depois, por Laurence Bataille, cuja desavença com a irmã e o cunhado começava a se intensificar, que J.-A. Miller recusou restituir, a alguém que lhe pedia de volta, os papéis e as cartas que enviara a Lacan durante a sua análise.

Mas eu ainda estava na inércia da minha trajetória e não dava muita importância a essas mesquinharias. Muito pelo contrário, por amizade e cortesia, sentia-me obrigado a retribuir o recente duplo convite para jantar dos Miller. Achei interessante convidar também o irmão Gérard com sua linda esposa. Não era ele meu superior hierárquico na Universidade de Saint-Denis?

"Será razoável?", objetou Jacques-Alain, que continuava fingindo estar brigado com o irmão. Mas aceitou e a data do jantar foi marcada para o início de novembro.

Enquanto isso, dois acontecimentos importantes tomaram todo o meu tempo. As primeiras jornadas de estudos da nova Escola da Causa Freudiana se realizaram no fim de outubro no Palais des Congrès, diante de várias centenas de ouvintes. Como toda a velha guarda havia desertado, levando com ela a reputação de experiência clínica da Escola, encontrávamonos entre "calouros", ainda deitados algumas semanas antes no divã de Lacan e tendo apenas poucas "horas de vôo" em nosso ativo. Era preciso fazer contrapeso às chacotas de nossos antigos colegas. Essas jornadas tiveram, pois, o título de "Jornadas Clínicas". De minha parte, nelas apresentei um caso que me havia profundamente perturbado, o de uma mulher de mais de quarenta anos, não judia, que encontrava sérias dificuldades em sua vida conjugal, tendo o marido de repente revelado e escolhido assumir sua homossexualidade.

Ela estava um dia visitando uma exposição em Beaubourg, quando foi confrontada com imagens da deportação, em particular a foto de um monte de cadáveres de mulheres. Alguns passos mais adiante uma vitrine expunha objetos que haviam pertencido a homens célebres – informação tomada, tratava-se de falsos objetos, uma espécie de derrisão macabra. De repente seu olhar pára num objeto singular, *a estrela amarela* de Max Jacob. Essa visão desperta nela uma infinita angústia que a incita seriamente a querer se jogar no Sena. Algo a segura à beira do ato derradeiro, a idéia de consultar previamente um psicanalista, Claude Conté no caso, que a enviou a mim. Foi uma cura apaixonante. Ela contribuiu para me ensinar, entre outras coisas, o que se tornará uma característica de minha própria clínica, a saber, a importância do genocídio judeu na formação da subjetividade do homem moderno, em seu profundo mal-estar existencial, inclusive nos não judeus. Em Auschwitz, não se mataram apenas judeus e ciganos, o próprio ser humano é que foi gravemente ferido. Nada na biografia dessa mulher a predispunha a tal desamparo. Era filha de um modesto professor do Jura* que não havia nem resistido nem colaborado.

Tomei a palavra ao fim das duas jornadas de estudos, esgotantes, tediosas, como são todos os congressos, tendo de brinde o enrolado discurso

* Departamento do leste da França, na fronteira com a Suíça (NT).

lacanóide que parecia necessário à afirmação de uma fidelidade doutrinal e do qual o próprio Lacan me havia um dia definitivamente curado. Eu estava falando há alguns minutos quando um riso incontrolável tomou conta da imensa sala. Nada tinha de hostil, mas eu não entendia a razão. O caso que eu apresentava era, além disso, particularmente trágico. Seria a minha expressão simples que contrastava com tudo o que fora dito? O auditório parecia expulsar, nesse riso enorme, e que não cessava, toda a angústia acumulada durante as jornadas. Mal eu retomava a palavra, o riso retomava. Foi necessária a chamada à ordem de J.-A. Miller, que presidia, para que eu chegasse ao fim da minha exposição. Reli mais tarde o resumo publicado. Nada podia ali explicar aquele movimento conjunto. De todo modo, eu estava confuso.

Mas Miller e outros responsáveis pela Escola vieram felicitar-me por minha performance. Foi então que ele disse estas palavras:

"Você tem um estilo que deveria servir de exemplo".

Alguns dias mais tarde, na volta às aulas na universidade, J.-A. Miller organizou, dois meses após a morte de Lacan, dois meses tão cheios de acontecimentos, uma noite especial de homenagem ao mestre desaparecido. Sob sua presidência, três oradores deviam tomar a palavra e desenvolver certos aspectos importantes de sua obra. François Regnault falou da relação de Lacan com o teatro, Eric Laurent tentou esboçar o retrato de *Lacan teórico*, e eu mesmo, retomando o texto recusado por *Le Monde*, falei de *Lacan, clínico*. Dos três oradores eu era o único médico psiquiatra, diploma que eu obtivera duas semanas antes e que estava sendo registrado no Conselho da Ordem dos Médicos. Minha intervenção simples, testemunho emocionado de minha própria experiência, foi particularmente apreciada pelo auditório. Só eu, na verdade, havia evocado o homem real, em sua prática cotidiana. Assim, coube a mim a honra insigne de ter pronunciado o elogio fúnebre de Lacan nessa atividade que para ele importava mais que tudo, que o ocupou até a beira da morte, para além dos sofrimentos de seu câncer, sua *clínica*. Além disso, não era esse significante, em seu equívoco, em seu mal-bem-entendido que me conduzira a ele e pelo qual, num círculo fechado, eu saudava seu túmulo? Nossas três intervenções foram publicadas na revista *L'Ane*.

Sintomaticamente, J.-A. Miller, desde a morte de Lacan, nada escrevera nem mesmo dissera que demonstrasse a sua dívida. Esta, sem dúvida infinita, o esmagava.

Encontramo-nos, no fim da noite, com Judith, que me agradeceu pela homenagem prestada a seu pai. Lembrou ao esposo que dois dias depois, uma quinta, estariam jantando na minha casa. Aproveitei esse momento de graça para pedir a Miller para participar de seu seminário. Ele recusou categoricamente. Para além das efusões combinadas desses últimos dias, e das quais eu ainda queria ser a vítima, Miller não tinha confiança em mim, confiança na minha flexibilidade. Ele via em mim o radical insubmisso, o incontrolável.

"Até quinta", disse-lhe.

Esse jantar foi uma má idéia, mas ajudou-me a encontrar o meu caminho. Nessa noite, apesar de nossos esforços de convivência, a falsidade de nossas relações saltou-me aos olhos. Eu estava apenas desempenhando um papel transitório sobre um vasto tabuleiro de xadrez que eu não via, mas que estava começando a adivinhar. Um profundo desconforto tomou conta de mim a noite inteira, talvez o pressentimento da grave crise que ia me conduzir alguns meses mais tarde a romper com essa Escola da qual eu era um dos dirigentes a um só tempo fundador e figurante. Confiei a Miller o quanto me atraía o país de Israel, aonde ia cada vez com mais freqüência. Ele não conseguia entender essa atração, nem meu gosto pelos textos hebraicos. Separamo-nos cortesmente, mas foi nosso último encontro amigável, fora das reuniões coletivas de trabalho. Algo, nessa noite, definitivamente se rompera, ou revelara a sua fratura. Realmente não éramos do mesmo mundo, apesar de nossas comuns origens judias.

Coisa estranha a psicanálise! Em cada uma das crises que me acontecerá mais tarde conhecer, Lacan me aparecerá em sonho e esse chamado nostálgico à sua lembrança me ajudará a superá-las. Tive assim, nessa noite, um sonho espantoso.

Lacan – era a primeira vez que eu sonhava com ele desde que morrera – estava sentado na beirada do grande sofá-cama, um móvel impressionante, alto, estilo Luís XV, que nos servia de leito conjugal. Ele parecia muito velho e seus pés não tocavam o chão. Grossas lágrimas rolavam-lhe pelas faces. Perguntei-lhe a causa dessa tristeza.

"É que não consegui resolver *todos* os seus problemas", disse.
Tranqüilizei-o, reafirmei-lhe a minha afeição e a minha gratidão.
"Ah! o senhor resolveu muitos".
Ele então disse esta última frase perturbadora:
"Você é meu filho adotivo".

Companhia de Freud editora

OBRAS PUBLICADAS

Psicanálise e Tempo
Erik Porge

Psicanálise e Análise do Discurso
Nina Leite

Letra a Letra
Jean Allouch

Mal-Estar na Procriação
Marie-Magdeleine Chatel

Marguerite ou "A Aimée" de Lacan
Jean Allouch

Revista Internacional nº 1
A Clínica Lacaniana

A Criança na Clínica Psicanalítica
Angela Vorcaro

A Feminilidade Velada
Philippe Julien

O Discurso Melancólico
Marie-Claude Lambotte

A Etificação da Psicanálise
Jean Allouch

Roubo de Idéias?
Erik Porge

Os Nomes do Pai em Jacques Lacan
Erik Porge

Revista Internacional nº 2
A Histeria

Anorexia mental, ascese, mística
Éric Bidaud

Hitler – A Tirania e a Psicanálise
Jean-Gérard Bursztein

Littoral
A Criança e o Psicanalista

O Amor ao Avesso
Gérard Pommier

Paixões do Ser
Sandra Dias

A Ficção do Si Mesmo
Ana Maria Medeiros da Costa

As Construções do Universal
Monique David-Ménard

Littoral
Luto de Criança

Trata-se uma Criança – Tomos I e II
Congresso Internacional de Psicanálise e suas Conexões – Vários

O Adolescente e o Psicanalista
Jean-Jacques Rassial

— Alô, Lacan?
— É claro que não.
Jean Allouch

A Crise de Adolescência
Octave Mannoni e outros

O Adolescente na Psicanálise
Raymond Cahn

A Morte e o Imaginário na Adolescência
Silvia Tubert

Invocações
Alain Didier-Weill

Um Percurso em Psicanálise com Lacan
Taciana de Melo Mafra

A Fantasia da Eleição Divina
Sergio Becker

Lacan e o Espelho Sofiânico de Boehme
Dany-Robert Dufour

O Adolescente e a Modernidade – Tomos I, II e III
Congresso Internacional de Psicanálise e suas Conexões – Vários

A Hora do Chá na Casa dos Pendlebury
Alain Didier-Weill

W. R. Bion – Novas Leituras
Arnaldo Chuster

Crianças na Psicanálise
Angela Vorcaro

O Sorriso da Gioconda
Catherine Mathelin

As Psicoses
Philippe Julien

O Olhar e a Voz
Paul-Laurent Assoun

Um Jeito de Poeta
Luís Mauro Caetano da Rosa

Estética da Melancolia
Marie-Claude Lambotte

O Desejo do Psicanalista
Diana S. Rabinovich

Os Mistérios da Trindade
Dany-Robert Dufour

A Equação do Sonhos
Gisèle Chaboudez

Abandonarás teu Pai e tua Mãe
Philippe Julien

A Estrutura na Obra Lacaniana
Taciana de Melo Mafra

Elissa Rhaís
Paul Tabet

Ciúmes
Denise Lachaud

Trilhamentos do Feminino
Jerzuí Tomaz

Gostar de Mulheres
Autores diversos

Os Errantes da Carne
Jean-Pierre Winter

As Intervenções do Analista
Isidoro Vegh

Adolescência e Psicose
Edson Saggese

O Sujeito em Estado Limite
Jean-Jacques Rassial

O que Acontece no Ato Analítico?
Roberto Harari

A Clínica da Identificação
Clara Cruglak

A Escritura Psicótica
Marcelo Muniz Freire

Os Discursos e a Cura
Isidoro Vegh

Procuro o Homem da Minha Vida
Daniela Di Segni

A Criança Adotiva
Nazir Hamad

Littoral
O Pai

O Transsexualismo
Henry Frignet

Psicose, Perversão, Neurose
Philippe Julien

Como se chama James Joyce?
Roberto Harari

A psicanálise: dos princípios
ético-estéticos à clinica
W.R. Bion – Novas Leituras

O significante, a letra e o objeto
Charles Melman

O complexo de Jocasta
Marie-Christine Laznik

O Homem sem Gravidade
Charles Melman

O desejo da escrita em Ítalo Calvino
Rita de Cássia Maia e Silva Costa

IMPRESSÃO

GRÁFICA MARQUES SARAIVA
Rua Santos Rodrigues, 240 - Estácio / RJ
Telefax: (21) 2502-9498